지문패턴 데이터를 활용한 학습코칭

Conversation with
Fingerprinted

지문과의
대화

Conversation with
Fingerprinted

머리말 序文

사람의 각기 다른 지문에는 어떤 비밀이 숨겨져있는 걸까? 그 어떤 누구와도 똑같지 않고 평생 변하지 않는 지문. 그 지문 속에 무엇이 감추어져 있는지 궁금하다.

자신이 누구인지에 대한 고민과 앞으로 무엇을 하면 좋을지에 대한 고민은 누구나 살아가면서 한번쯤 해보았을 것이다. 필자 또한 그렇다. 인간 실존의 이유에 대한 고민은 물론 '앞으로 뭐 해 먹고 살지?'라는 고민은 정말 셀 수도 없이 해본 것 같다. 그 생각의 결과는 아직까지도 완벽하게 마무리 짓지 못했지만 앞으로도 마무리 지을 일은 없을 것이라고 생각한다.
애초에 완벽한 해답이란 없는 질문이기 때문이다.

또 완벽한 해답이 없는 일이 있다. 바로 원만한 대인관계를 이루는 것.
함께 어우러져 살아가는 사회 속에서 대인관계는 매우 중요한 능력이라고 생각한다. 원만한 대인관계를 이루는 것. 말은 쉽지만 도대체 어떻게 해야 원만한 대인관계를 이룬다는 것인가? 많은 사람들이 자신의 기준에 맞춰 원만한 대인관계를 이루는 법을 이야기 하곤 한다.
대인관계 또한 애초에 해답이 없는 문제이기에 맞다/아니다 로 그들을 판단 할 수 없다. 그러니 자신의 기준에 맞춰 판단했으면 한다. 세상은 그 누구도 대신 살아줄 수 없기에 나만의 기준점이 매우 중요하다고 생각하기 때문이다.

똑같은 상황에서 어떤 사람은 별일 아닌 것처럼 웃어넘기지만, 다른 누구는 심하게 화를 내거나 스트레스를 받기도 한다. 누구나 각자가 가지고 태어난 성격 때문에 그런 현상이 일어나는 것이라고 생각한다. 현대 문명 속 필연적으로 경쟁을 하면서 살아가는 우리들은 수많은 상황에 늘 직면하게 된다. 그 상황에 대한 해답은 없지만 어떻게 하면 현명하게 대처를 할까에 대한 공부를 해야 한다. 그 공부 중 가장 중요한 과목은 바로, '나를 아는 것'. 나를 아는 것 만큼 지혜로운 일은 없다. 나의 성격은 어떤지, 어떨 때 스트레스를 받고, 어떤 일을 해야 적성에 맞는지. 나를 알고 나면 세상살이가 훨씬 수월해질 것이다.

다시 본론으로 들어와서, 그렇다면 지문에 숨겨진 비밀이 무엇이란 말인가?

수많은 사람들의 지문을 살펴보았다. 이게 무슨 원리냐고 물어보는 사람, 과학적인 근거가 있느냐고 물어보는 사람, 믿을만하냐고 궁금해 하는 사람, 그냥 속는 셈 치고 한번 맡겨보는 사람. 한술 더 떠 말도 안된다는 표정은 기본, 심지어 의심의 눈초리 까지 받기도 했다. 사람들은 각양각색의 반응을 보였다. 지문은 나무의 나이테와 같다고 생각한다. 같은 산, 같은 자리에서 자란 나무라 할지라도 나이테의 문양이 제각각 다르다는 점에서 말이다. 나무의 나이테를 보면 동서남북의 방향과 나무의 나이까지도 알 수 있지만, 그것보다 더 놀라운 사실은 매년 그 지역의 자연환경에 의해 영향을 받은 것이 나이테에 들어난다는 사실이다. 가령 홍수가 났던 해와 아주 극심한 가뭄이 이어졌던 해는 나이테의 간격에서 차이를 보인다. 나무의 나이테가 그 지역의 기온과 일조 건은 물론 강수량 등, 자연환경 특성에 대한 모든 것을 고스란히 간직하고 있다는 것을 보면 나무의 나이테가 사람의 지문과 너무나도 비슷하다고 느껴진다.

세상에 유일무이한 사람의 손에 새겨진 지문!

흔히 지문의 특징을 이야기할 때, 한번 가지고 태어난 지문은 절대 변하지 않는다.

"유일하게 지워지지 않는 서명은 사람의 지문이다"미국의 소설가 마크 트웨인(Mark Twain)이 한 말이다. 영구불변(永久不變)이 있다고 한다. 심지어 상처로 인하여 피부를 이식하여도 땀샘에 의하여 원래의 모습 그대로 복원이 된다고 하니 놀랄 일이다. 사람의 증거라고 하여 문명이 발달하기도 전부터 지장을 찍어 약속의 증표로 삼았던 이유도 그렇다. 손끝에 있는 지문은 사람마다 다른 형태를 가지고 태어나 죽는 그 날까지 영원함을 간직하고 있다는 것에는 무슨 의미가 있는 것일까?

지문이 변하지 않는 것 이상으로 사람의 특성과 같은 기질 역시도 변하지 않는 것은 아닐까 궁금해진다. (본문중)

궁금증으로 시작했던 일들이 이제는 직업이 되었다. 그동안 경험한 수많은 실패와 성공 속에서 아직도 성장 중이다. 날을 잔뜩 세운 채 질문을 던지는 사람들을 설득하면서 다짐했다. 무엇인가 하나는 꼭 완성 시키겠다는 다짐. 그 생각은 지금도 여전하며 앞으로도 변함은 없을 것 같다. 부쩍 세상이 변하고 있음을 몸소 느낀다. 그럴 때 마다 너무나도 감사한 마음이 든다. 변함이 찾아온 이 세상과 속, 지문에 관심을 가지는 사람들, 충분한 가치가 있다고 고개를 끄덕여주는 사람들에게.. 이제는 현재를 살아가는 기성세대로서 미래를 이끌어갈 후세대를 위하여 진지하게 이 일을 완성시키고자 심혈을 기울인다. 일제강점기 죽음을 무릅쓰고 위기와 맞서 나라를 구하셨던 선조들의 간절함 역시 후손들을 위함이었을 것이다. 그분들의 숭고하신 희생정신이 결코 헛되지 않게 하고, 대한민국의 만세를 위하여 자그마한 지혜를 보태고자 한다.

지문과의
대화

Conversation with
Fingerprinted

목차 目次

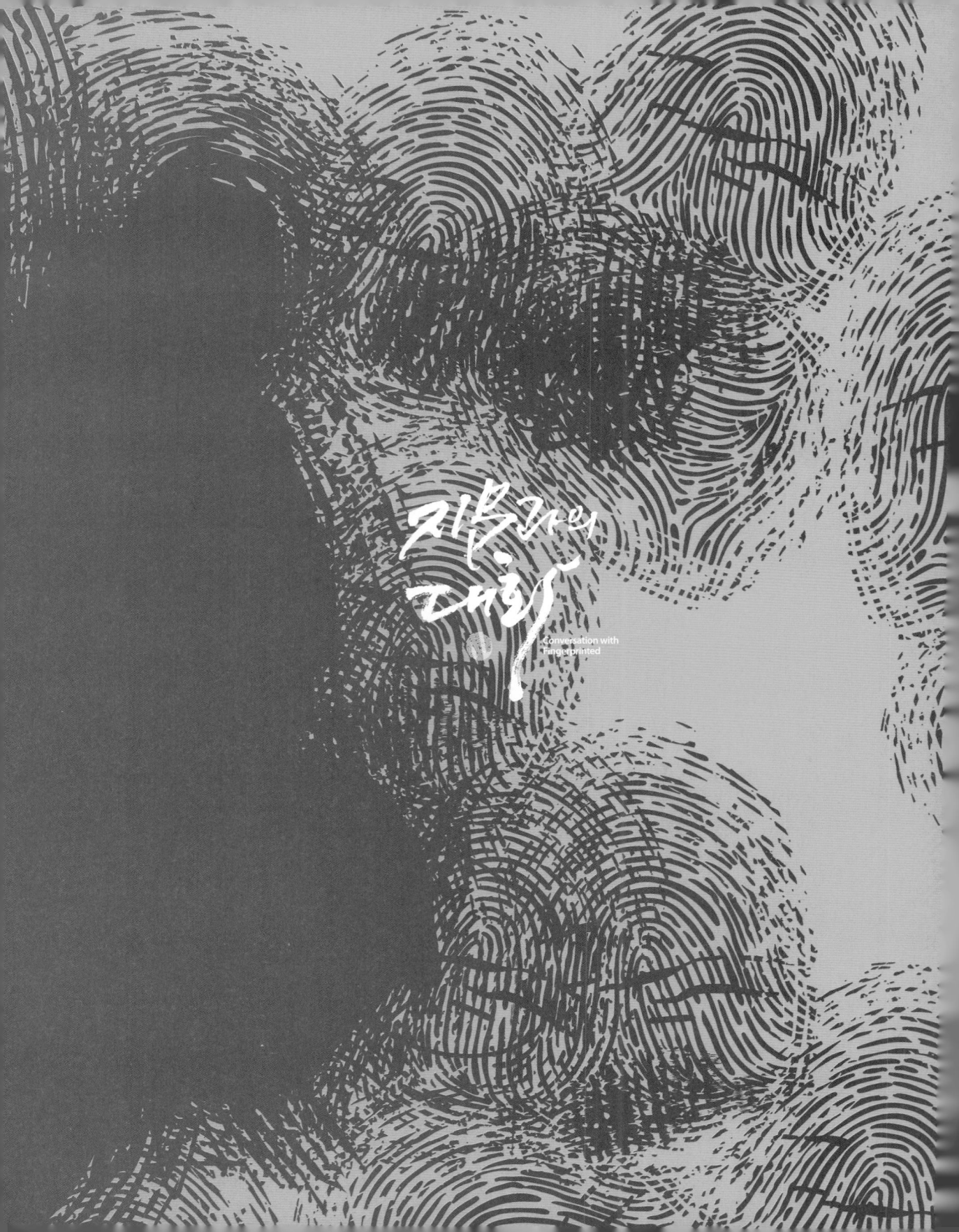

지문과의
대화

Conversation with
Fingerprinted

I

궁금한 지문 이야기

Ⅰ 궁금한 지문 이야기

1. 지문(指紋)

지문으로 무엇을 알 수 있다고요?

아니 문제를 풀어보는 그 지문이 아니고 손가락에 있는 지문 말인가요?

그게 정확합니까?

과학적인가요? 잘 맞나요?

참 많이도 들었던 질문이다.

말도 안 된다는 듯 신기한 눈으로 바라보는 것은 기본이고, '얼마나 잘 맞는지 어디 한번 해보자'하며 다가오는 사람들이 대부분이다.

물어보는 질문도 각양각색인 걸 보면 세상엔 천차만별의 사람들이 존재하는 것이 맞는 모양이다. 남의 심정을 아랑곳하지 않고 입에서 나오는 말을 여과 없이 하는 사람들은 대부분 지문유형이 비슷하다면 믿겠는가?

타인을 배려하는 성격을 지닌 사람과 그렇지 않은 성격을 지닌 사람은 지문에서부터 차이를 느낀다. 그들의 지문을 각각 들여다보면, 아 그래서 그렇구나. 하며 또 한수를 배우게 된다.

지금은 그나마 나름 내공이 쌓였는지 유연하고 재미나게 웃어넘기지만, 한때는 어떻게 하면 설득하여 이해를 시킬 수 있을까를 놓고 고심을 한 적도 있었다.

다 세월이 약이라는 말이 있듯 세월 따라 내공도 커지고 경험도 풍부해져서 이제는 별거 아닌 듯 맞받아치거나 웃어넘기곤 한다.

외국에서는 과학을 평가할 때 70% 이상의 확률만 있으면 인정을 한다고 하는데, 우리나라는 마치 100%가 되어야 과학으로 인정을 하려고 하니 어려울 수밖에 없다.

그래도 요즈음은 사람들의 의식 변화가 일어나고 있는지 예전보다는 훨씬 좋아진 것이 사실이다.

사람을 어떻게 정확하게 검사하고 진단을 하는 것이 옳을까?

정확하게 알아본다는 것이 가능은 한 것 인가를 놓고 의문을 가질 수밖에 없다.

사람의 성격과 재능을 검사하는 도구는 무수히 많다.

많은 도구 중 대부분이 지필식 형태의 설문지(문제지)에 응하게 되어 있다.

누구보다도 자신에 대하여 많이 알고 있을 거라고 생각하는 사람들에게 묻고 싶다. 자신에 대한 수많은 질문에 망설이지 않고 답할 수 있는가?

주관적인 방법으로 검사를 하던, 객관적인 방법으로 검사를 하던 검사를 하는 사람들의 목적은 동일하다.

자아성찰을 통해 자기발전을 하고 더 나은 삶을 살기 위함이다.

지문적성검사는 지문을 이용해 선천적으로 타고난 객관적인 부분을 검사하는 무수히 많은 도구 중 하나라고 알아주었으면 한다.

2. 피문학과 지문

피문학은 지문 그리고 그것들과 연관된 선들과 손 모양이 갖는 의미를 연구하는 학문이다.

임신 8주 차에 이르면 11개의 공 모양의 구조가 생성되는데, 손바닥 살은 엄지와 나머지 손가락들 여섯 부분으로 이루어져 손바닥의 표피로 발달을 한다.

14주가 되면 피부의 주름인 지문이 나타나기 시작 한다.

태아의 손에 등고선 지도 같은 모양이 형성되는데 이것을 지문이라 한다.

지문이란 무엇일까?

지문은 50개에서 100여 개에 이르는 선들로 구성이 되는데, 이것을 가리켜 융선 이라고 한다.

융선은 시작과 끝, 갈라지는 지점, 버블(작고 둥근 모양의 선)들로 이루어져 있다.

바닷가의 모래언덕 또는 나무의 나이테 등은 그 지역의 특성은 물론 역사를 간직하고 있으며, 인간의 지문 무늬도 그 사람만의 고유한 특성과 유전적인 역사가 있다고 보아야 한다.

그렇기 때문에 인생의 방향은 지문을 통해 찾을 수 있다. 즉 지문은 우리 인생의 지도와 같은 셈이다.

의미 있는 유익한 삶, 성취하는 보람된 삶의 인생 지도를 만들기 위해 지문을 살펴보면 매우 도움이 될 것이다.

그렇다면 지문을 왜 궁금해해야 하는가?

유전학자들이 연구해본 결과 모태에서 13주경에 형성되기 시작하여 19주경에 완성이 되는데, 지문의 융선과 숫자가 DNA 유전 때문에 결정이 된다고 한다.

지문 선의 방향과 모양 융선은 각기 개인의 차이에 따라 다르다는 것이다.

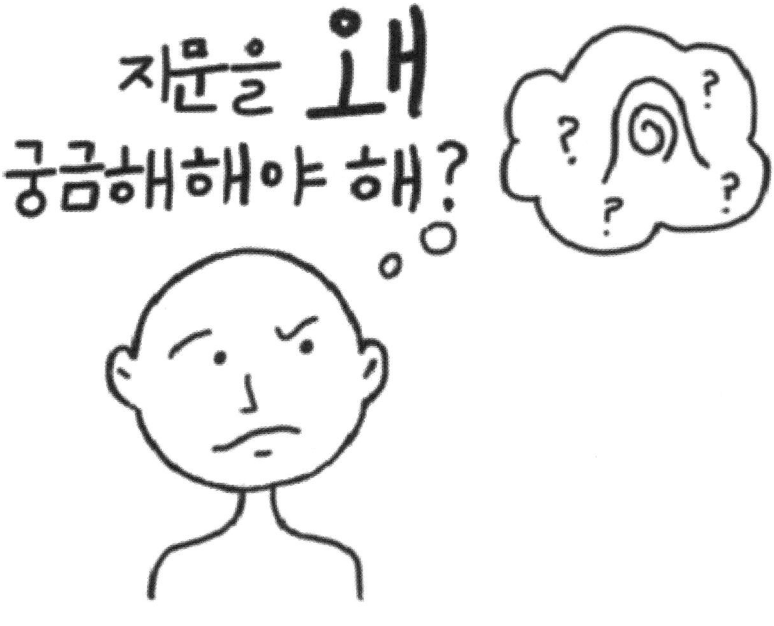
지문을 왜
궁금해해야 해?

지문(指紋)에 의한 개인 식별법을 연구한 영국의 유전학자 프랜시스 골턴(Francis Galton)은 《종(種)의 기원》에 자극을 받아 연구 방향을 유전학으로 돌려 1869년 <유전성의 천재와 그 법칙 HereditaryGen- ius>이라는 논문을 발표, 뛰어난 사람을 낳기 위해서는 환경보다 유전이 중요하다고 주장하였다.[1] 최초의 지문유전연구학자인 보네비(kristine Bonnevie)와 골턴은 지문과 정신적 불안정의 관계를 분석하여 놀라운 결과를 도출하였다고 하는데, 그것은 바로 엄지손가락의 지문에 중요한 감성인자가 있다는 사실이었다.

감성 인자는 무엇일까?

감성(感性) 인자(因子) 는 자극이나 자극의 변화를 느끼는 성질의 원인이 되는 요소나 물질이다.

어떠한 자극에 반응하는 원인은 사람의 성격에 따라 지문에 다르게 나타난다.

필자는 무수히 많은 사람의 지문을 들여다보았으며, 지문은 사람마다 제각각 다른 특징을 고스란히 간직하고 있었다.

지문적성검사를 통해 상담하다 보면 흔하게 접하는 사례들을 소개하고자 한다.

한눈에 보아도 건장하고 우락부락한 모습을 한 아저씨를 만난 적이 있다.

누구나 선입견을 품을만한 인상을 가진 사람이었다.

아마 이런 지문일 게 분명해! 라고 자신 있게 들여다보았다.

엄지손가락 지문을 들여다보는 순간 아니 이상하다. 뭐 잘못 보았나?

검지 지문을 들여다보았다. 어! 그렇네! 엄지지문과 비슷한데....

차례로 열 손가락 지문을 다 들여다보았는데 예상을 빗나간 지문을 가지고 있었다.

순간 무슨 이야기를 먼저 해야 하는지 잠시 고민했다.

설마 지문을 잘못 본 것은 아닌가 하며 그의 지문을 다시 들여다보았다.

지문을 본 그대로 이야기를 해야 하는지, 아니면 처음 본 그 선입견 그대로를 주저리주저리 이야기해야 하는지 속으로 갈등했다.

내담자가 앞에 있는 상태에서는 늘 긴장의 연속이고 지체를 한다는 것 자체가 쉽지 않은 일이었다.

그래 어쩔 수 없지 뭐 그냥 당당히 해보는 거야.......

선생님? 선생님은 보기와는 다르다는 이야기를 많이 듣지 않으신 지요?

선생님 지문을 들여다보니, 배려해 주는 마음이 아주 좋고, 이해해 주는 마음이 넓고, 자상하고 온화한 성품을 가지신 분이라고 나왔는 데요?

설마 잘못 본 것은 아닌지 몰라서 조심스럽게 질문을 던져 보았다.

선생님 성격은 배려심, 이해심, 온화함, 생각이 많고 결정과 거절이 좀처럼 어려운 성격의 소유자라고 나오는데 어떻게 생각하시나요?

멋쩍은 표정을 지으시는 그 중년남성의 표정을 살폈다.

잠시의 침묵이 흐르고, 무슨 답변이 나올까? 궁금한 마음도 잠시
....

무뚝뚝할 것만 같던 그 모습은 온데간데없고 뒤통수를 긁적이며 하는 말, 네 그렇습니다.

선생님 말씀대로 제 성격과 똑같습니다. 라고 맞장구를 친다.

정말 신기한 일이다.

보기에는 분명 강한 카리스마를 가지고 남들에게 호령하면서 앞장서서 진두지휘할 것 같은 강렬함이 있어 보였는데 이게 웬 말인가?

어이없어할 겨를도 없이 이런저런 질문들이 오가고 신이 난다.

지문에는 도대체 무슨 정보가 있는 것일까?

자 이제부터 지문을 따라 여행을 가 보도록 하자.

3. 지문 유형(類型)의 특징

지문은 지구상 그 누구와도 똑같지 않다는 특징을 가지고 있다.

단 한 명도 같을 수 없다고 알고 있다.

맞는 말이다.

쌍둥이 지문을 들여다보면, 일란성 쌍둥이는 지문의 유형이 거의 비슷하지만, 이란성 쌍둥이는 지문의 유형에 다소 차이가 있다.

지문의 유형은 생김새를 놓고 구분 지었을 때를 이야기하는 것이다.

지문의 유형을 놓고 구분 짓는 문제 역시도 해석이 엇갈리는 부분이 존재한다.

정확하게 딱 맞아 떨어져 번호로 구분을 하거나 명칭을 붙이기에 수월한 예도 있지만 그렇지 않은 예도 있다.

대분류 3가지 정도만으로 분류하면 그리 어려운 일이 아니겠지만, 그보다 더 많은 10가지 유형으로 분류 한다는 것은 때로는 어려움이 따르기도 한다

많은 사람의 지문 유형을 들여다보면 특징적인 부분을 알게 된다.

쌍둥이의 지문도 똑같지 않다.

한 개인의 열 손가락을 보면 비슷한 지문유형으로 이루어져 있다는 것이다.

재미나게도 같은 종의 생물이 집단을 이루어 일정 기간 한 장소에서 살아가는 군락(群落)과도 같다고 해야 할까?

이러한 현상은 본인이 가지고 있는 특징이기도 하지만, 유전적인 부분 즉 아버지 또는 어머니 할아버지 할머니의 유전적 요소를 고스란히 간직하고 있다는 것이다.

"부전자전(父傳子傳)"은 대대로 아버지가 아들에게 전하거나 닮았음을 뜻한다.

분명 콩 심은 데는 콩이 나게 되어있다.

생김새가 조금 다를지언정 확실한 것은 팥이 나지는 않는다는 것이다.

지문의 생김새 즉 유형(類型)은 비슷하거나 공통적인 것끼리 묶은 것이다.

비슷하게 보이거나 공통점이 있다고 판단 되는 것을 찾은 것이다.

삼각점이 없거나 있기도 하며 때론 두개의 삼각점이 있는 지문도 있다.

그렇다 보니 삼각점을 찾다 보면 생김새를 놓치기도 하여 유형(類型)을 잘못 보는 예도 있다.

전체를 놓고 판단하거나 분류하는 것이 바람직하다.

지문 유형(類型)에 대한 분류를 정확하게 하기 위해서는 다양한 지문을 많이 보는 것이다.

흔히들 알고 있는 지문의 특징은, 절대 변하지 않는다는 것이다.

"유일하게 지워지지 않는 서명은 사람의 지문이다"미국의 소설가 마크 트웨인(Mark Twain)이 한 말이다.

영구불변(永久不變)이 있다고 한다.

심지어 상처로 인하여 피부를 이식하여도 땀샘에 의하여 원래의 모습 그대로 복원이 된다고 하니 놀랄 일이다.

사람의 증거라고 하여 문명이 발달하기도 전부터 지장을 찍어 약속의 증표로 삼았던 이유도 그렇다.

손끝에 있는 지문은 사람마다 다른 형태를 가지고 태어나 죽는 그 날까지 영원함을 간직하고 있다는 것에는 무슨 의미가 있는 것일까?

지문이 변하지 않는 것 이상으로 사람의 기질 역시도 변하지 않는 것은 아닐까 궁금해진다.

상담을 하다 보면, 어렸을 때와 달리 어른이 되어서 성격이 변했다고 하는 사람도 있고 그냥 그대로라고 하는 사람도 있다.

어느 쪽이 정답인지 아는 사람은 있을까?

아마도 변했다고 하는 사람은 환경의 변화로 인해서 그렇게 인지를 하는 것은 아닌지 궁금해진다.

물론 사람들 모두가 세월이 흘러가는 만큼 세상도 변하고 나이 또한 먹게 된다.

변했다고 하는 사람이건 변하지 않았다고 하는 사람이건 상관없이 모두 다 어릴 때나 어른이 되어서나 생각은 같다고들 한다.

생각하거나 인지하는 방식의 차이가 있으므로 성격이 바뀌었다고 하는 것은 아닐까?

성격이 변했다고 하는 어느 중년 여성을 만난 적이 있었다.

저는요, 어렸을 때는 무척 내성적이었는데 지금은 그렇지가 않아요.

이건 변한 것 아닌가요? 라고 한다.

말 그대로라면 변한 것이 분명 맞는 듯 보인다.

그래서 그분에게 물어보았다.

혹시 어렸을 때 가정환경에 대하여, 아버지는 어떠셨는지, 엄하시지는 않으셨는지, 무섭지는 않으셨는지요?

저희 아버지는 무척 무서웠고 뭐 조금이라도 잘못한 것이 있으면 다짜고짜 야단맞기 일쑤였고 심지어 매를 맞기도 하였답니다.

그럼 어머니는요?

엄마는 그래도 나은 편이었는데 그렇다고 해서 자상하게 감싸주고 보살펴 주시지는 않았던 것 같습니다. 라고 한다.

그렇다. 이분은 성격이 변한 것일까?

생존본능을 가지고 있는 사람은 살아남기 위하여 환경에 적응할 수밖에 없다.

어렸을 때 가졌던 생각을 마치 내성적인 성격의 소유자라고 단정을 지었을 수 있다.

어느 날 갑자기 내성적이었던 사람이 외향적인 사람으로 변해 버릴 수 있을까?

많은 궁금증을 자아내게 하는 대목이다.

사람 대다수는 환경에 적응하면서 살아가기 위하여 다양한 형태로 처신을 하게 되어있다.

원래 형태의 본질(本質) 즉 본래부터 가지고 있는 성질이나 모습이 있다는 것이다.

본래부터 가진 그것이 수시로 변한다거나 다른 형태로 바뀐다는 것은 쉽게 이해가 가지 않는 이유이기도 하다.

만인부동 종생불변(萬人不同 終生不變)을 예술적으로 표현한 어느 시인의 지문 이야기가 멋지다.

영원한 무늬
지문(指紋)

박종영

거룩한 이름을 달고 태어난 우리,
열 개의 손가락 끝에 그려져 있는 지문은
만인부동 영구불변이라 했다.

지문의 무늬도 궁상문, 와상문, 제상문, 쌍기문이 있어
모호하면서도 예술적인 부호로 매력적이다.
결국 지문의 세밀한 선의 굴곡은
그 사람의 개성이 외부에 표시된 간극의 미세한 선이다.

신의 조화는 무한하다.
태어날 때의 지문이 어른이 되어서도 그대로 유지되고
세상을 열어가는 손끝의 소중한 눈,
정교한 지문의 감각은 어두운 세상의 길잡이라 했다.

사람의 얼굴이 저마다 다르듯,
손과 발끝에 각인된 지문이 각자 다른 것은
사람을 식별하는 유일한 방법으로 신이 부여한 영원한 무늬다.

저마다 손가락 끝에서 작용하는
오묘한 무늬의 손놀림은
오직 하나뿐인 생명을 아름답게 도전하는 방편이다.

손을 흔들면 바람이 되어 꽃을 피우게 하고,
붓을 잡으면 아름다운 글이 되어 세상을 가르치는 빛이 된다.

신이
사람을
식별하기위해
만든 것이

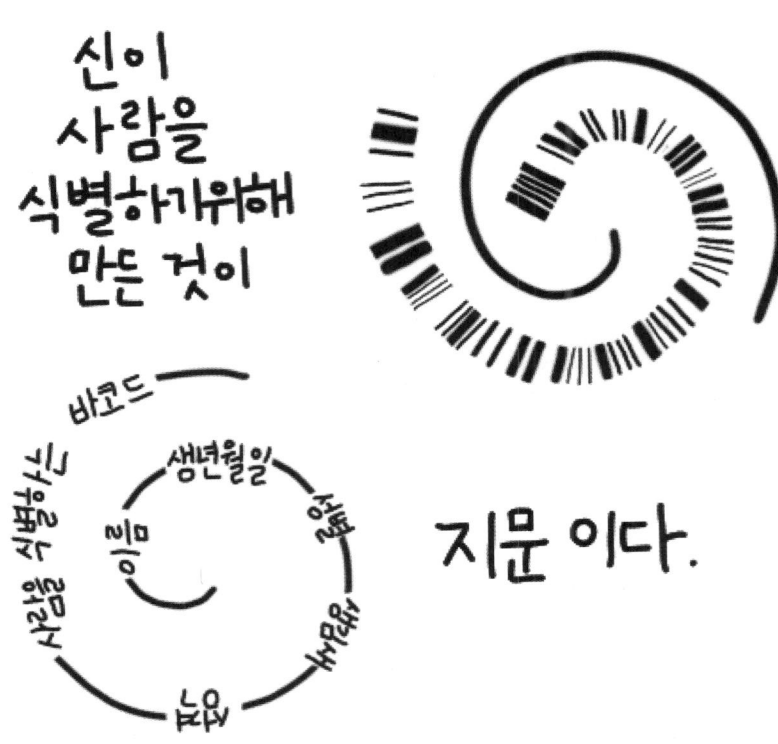

지문 이다.

Conversation with
Fingerprinted

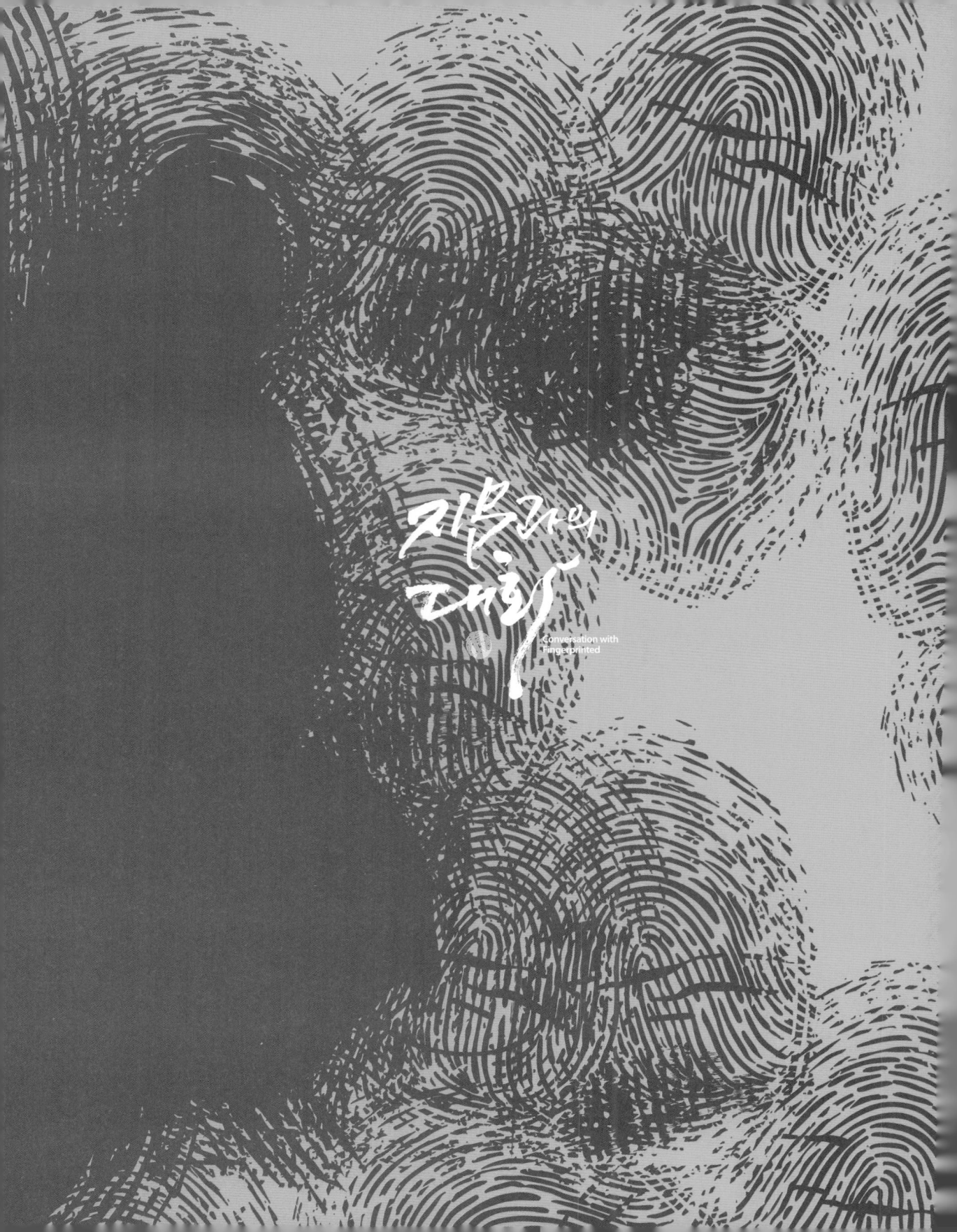

지문과의
대화

Conversation with
Fingerprinted

II

지문패턴 활용하기

1. 지문의 역할

지문(指紋)이 어떤 일을 할까요?

손끝에 새겨져 있는 지문(指紋)의 역할이 궁금하다.

만약 손끝에 지문(指紋)이 없다면 많은 일들을 할 수 있을까?

별로 생각하고 싶지는 않지만 아주 단순한 일만 할 것이다.

불행하게도 사람들의 손끝에 지문이 없었다면 지금과 같은 문명은 없었을 것이다.

오만가지 일을 할 수 있게 만들어준 지문이 있었기에 가능한 일이었다.

지문(指紋)을 별 대수롭지 않게 생각할 것인가?

지문(指紋)을 소중하게 생각하고는 있는가?

누구나 태어날 때부터 있었던 지문(指紋)이기 때문에 당연하게 생각할 수밖에 없다.

누구나 평상시에는 소중함을 전혀 모르고 살아간다.

마땅히 소중함을 생각할 이유가 없을뿐더러 그럴 여유조차 없기 때문이다.

지문(指紋)을 "세상을 열어가는 손끝의 소중한 눈"으로 표현을 하였다.

오직 손끝의 감각, 마음의 눈으로 그림을 그리는 시각장애인 화가 눈이 보이지는 않지만 아주 훌륭하고 감동적인 그림을 그리는 미국의 존 브램블리트(John Bramblitt)가 있다.

시력을 잃어 눈이 전혀 보이지 않는데 그림을 그리는 것이 과연 가능할까?

아무리 생각해봐도 그림을 그릴 때는 시각적 능력을 이용하는 것이 당연하다.

시각장애를 앓는 사람으로서 결코 쉬운 일이 아닐 수밖에 없다.

그는 연필이나 붓이 아닌 울퉁불퉁한 질감을 표현하는 패브릭 페인트를 사용하였다고 한다.

손끝의 촉각적 감각을 통해 그림을 그리려고 했던 그는 질감을 통해 그림을 느끼는 것뿐만 아니라 색깔까지 명확하게 구분해 낸다는 것이다.

손끝의 지문으로 물감을 느끼고 함께하다 보니 색깔마다 물감에 포함된 기름 비중이 다르다는 것을 알게 되었다는 것이다.

그의 피나는 노력 끝에 눈이 보이지 않는 그의 장애는 더이상 걸림돌이 되지 않았다고 하며, 존은 자신이 원하는 대상을 시각적으로 볼 수 없으므로 오히려 그 사물을 본질에서, 깊이 있게 마음의 눈으로 볼 수 있게 되었다고 한다.

손가락은 대뇌에 가장 많은 신호를 주고받는다고 한다.

외부의 정보를 눈을 통해 받아들이기도 하지만, 손을 통해 받아들이기도 한다. 손가락 끝마디 지문으로 느낀 촉감이 대뇌에 전달되기 때문이다.

전체적인 느낌을 받아들이거나 판단을 하는 데는 시각적인 부분으로 보고 판단하는 것이 우선이다.

그러나 미세한 부분 혹은 꼼꼼하게 들여다보아야 할 때는 무조건 손끝의 감각에 의존하게 된다.

눈으로 보고 손으로 만지고 비벼보고 하면서 최종적으로 판단을 한다.

물론 각각의 역할과 비중이 다르긴 하지만, 기능별로 부족한 부분을 보완하거나 확정하는 데에 도움을 주는 것이다.

손은 외부로 튀어나와 있는 작은 뇌라고 불리기도 한다.

외부에서 손의 감각을 통해 얻어진 정보가 대뇌에 보내져 분석을 통해 판단되도록 이루어져 있다.

엄격히 말하면 손의 기능보다는 손끝의 지문을 통해 얻은 정보가 가장 정확하거나 확실하게 받아들여 진다고 보는 것이 맞다.

눈을 감고 앞에 놓여있는 물체에 손바닥으로 문질러 보면 바로 알 수 있다.

손바닥의 느낌과 손가락의 느낌 그리고 손끝의 느낌을 각각 살펴보면 바로 알 수 있다.

손끝 지문의 역할이 새삼 위대하게 느껴진다.

2. 지문패턴 분류와 숫자 표기

지문패턴에 대한 구분을 위해서는 지문의 생김새 또는 지문의 유형 내지는 패턴에 따라 명칭을 부여할 수도 있다.

명칭에는 특별한 의미가 있다고 판단이 되어 붙이기도 하였지만, 특징적인 부분을 고려하였다고 보면 된다.

지문의 생김새가 어떻게 구성 되었느냐를 놓고 유형에 명칭을 붙였다고 보면 쉽게 이해가 될 것으로 보인다.

지문 유형과 그 유형에 따른 명칭을 이해하고 기억하면 더욱 도움이 되겠지만 그렇지 않으면 번호와 지문의 유형을 대입시키는 것도 하나의 방법이다.

세상을 열어가는
손 끝의 눈

이 책에서는 독자들이 전체적으로 이해하기 쉽게 지문의 번호만을 가지고 이야기하도록 하겠다.

지문의 생김새와 숫자를 유심히 들여다보면 비슷한 공통점도 있어서 더욱 호감이 간다고 해야 할까?

또한, 숫자를 통해 기록하고 이야기를 나누다 보면 시간 절약은 물론 나름 재미난 현상들이 자주 일어날 것이다.

간단하게 대분류를 하자면 삼각점이 없는 지문, 삼각점이 한 개인 지문, 삼각점이 두 개인 지문 이렇게 세 가지로 나눌 수 있다.

그러나 여기에서는 지문의 유형을 10가지로 분류하기로 하고 다음과 같이 분류를 하였다.

대분류	지문 유형의 분류	유형의 명칭	번호	실제의 지문	이미지 지문
호형문 (弧型紋, Arch)	간단호 (Simple Arch)	안정형	1		
	텐트호 (Tented Arch)	탐구형	2		
기형문 (箕型紋, Loop)	정기문 (Ulnar Loop)	감성형	3		
	반기문 (Radial Loop)	창의형	4		
두형문 (斗型紋, Whorl)	공작눈문 (Peacock's Eye)	열정형	5		
	내파쌍기문 (Imploding Loop)	사고형	6		
	쌍기문 (Double Loop)	관계형	7		
	나선형문1 (Double Whorl)	현실형	8		
	나선형문2 (Spiral Whorl)	주도형	9		
	환형문 (Concentric Whorl)	원칙형	10		

※위의 지문은 오른손을 유관으로 관찰하였을 때의 지문 유형임.

지문의 생김새 즉 유형이라고 하는 것이 누구나 똑같은 유형만으로 이루어져 있을까?

간혹 어떤 사람은 3번의 지문 유형이 열 개의 손가락 모두에 있는 사람도 있으며 우리나라에서는 그리 보기 드문 현상은 아닐 것이다.

어떤 경우에는 1번의 지문유형이 열 개의 손가락에 보기 드문 현상인데도 불구하고 간혹 만나기도 한다.

열 개의 손가락에 열 가지의 지문 유형이 제각각 다르게 나타나는 사람이 있을까?

그러나 아직 만나지는 못했으나 있을 수 있는 일이기도 할 것이다.

세상은 온갖 일들이 공존하고 있기 때문이다.

3. 성격의 다섯 가지 특징

성격은 사람에 따라 한 가지 또는 여러 가지를 가지고 있으며, 그중 주로 많이 나타나는 성향을 주 성향 다음에 많이 나타나는 성향을 보조성향과 잠재성향으로 분류한다.

성격은 상황에 따라 나타나는 정도의 차이가 있기도 하여 때로는 보조성향이 더 많이 표현되기도 하며 타인이 보는 것과 자신이 느끼는 정도의 차이가 있기도 하다.

여기에서 설명을 하는 특징은 지문 유형에 따른 주 성향을 설명하는 것이다.

특성	설명
외향성	타인과의 대인관계를 적극적으로 이끌어가며 활동적인 것을 추구하는 기질 사교성, 사회성, 활동성, 적극성, 도전성
개방성	상상력이 풍부하여 모험과 경험을 좋아하며 다양한 분야에 호기심이 많은 기질 예술성, 창조성, 다양성, 긍정성, 궁금증
성실성	목표를 설정하여 끊임없이 전진하고 성취감을 얻고자 노력하는 믿음직한 기질 준비성, 계획성, 책임감, 꾸준함, 지속성
친화성	부드럽고 자상하여 타인에게 원만하며 협조적으로 관계를 잘 이끌어가는 기질 배려심, 이해심, 원만함, 협동심, 친근감
신경성	생각이 많아 불안감을 느껴 예민하게 반응을 하며 불쾌해하고 신경질적인 기질 분노, 두려움, 우울함, 불안감, 긴장감

▲빅 파이브

'빅 파이브(Big Five, 성격의 요인)' 모형은 사람의 성격을 '개방성', '성실성', '친화성', '신경성', '외향성', 가지 요소로 분석한다. 가지 요소를 간략하게 설명하자면, 개방성은 새로운 경험에 얼마나 열려 있는지 보여준다. 성실성은 말 그대로 성실한 정도를 의미한다. 성실성이 높은 사람은 신중하며 질서를 중시하는 편이다. 친화성은 다른 사람들과 잘 지내고 싶어 하는 특성이다. 친화성이 높으면 이타심이 많다. 신경성은 예민함과 섬세함을 의미한다. 신경성이 높으면 우울증이나 불안장애에 걸릴 가능성이 높다. 외향성은 에너지의 흐름이 외부와 내부 중 어느 쪽으로 향하는지 그 방향에 따라 결정된다. 흔히 외향성이 높은 사람들은 사교적이고 적극적이며 자기 의사를 분명하게 표시할 줄 안다. 빅 파이브 모형은 이 같은 요소들을 개인이 얼마나 갖고 있는지 측정함으로써 성격을 확인한다. [2]

2) 생활심리학 [휴먼리서치=김은비 기자]

33

4. 유형별 코치 포인트

인격적인 성향에 따라 사람은 누구나 행동적인 특성이 다르며 개인마다 차이가 있다.

성격유형이 한가지 유형인 사람은 그 성향이 강하다는 것을 의미하기도 하며, 두 가지 이상의 성격유형이 복합된 사람은 각각의 해당유형이 관련되어 있다고 볼 수 있다.

성격유형에 따른 학습유형 및 지도방법은 학습적인 문제를 가지고 있는 것은 아니며, 심적인 부담감과 스트레스를 해소시켜주어 효율적인 코치방법이다.

성격유형	학습유형	코치 포인트
안정형	원론학습	안정감 주기, 감싸주기, 평온함 주기
탐구형	원리학습	개념 전달하기, 토론하기, 근거 제시하기
감성형	관심학습	안아주기, 스킨십해주기, 눈 마주쳐주기
창의형	칭찬학습	칭찬하기, 축하하기, 감탄하기, 이해하기
열정형	개방학습	수용하기, 들어주기, 경청해주기
사고형	격려학습	격려하기, 응원하기, 북돋워 주기
관계형	교감학습	배려하기, 소통하기, 친밀감 느끼기
현실형	인정학습	인정하기, 존재감 느끼기, 역할 맞기기
주도형	존중학습	존중하기, 무시하지 않기, 기다려주기
원칙형	신뢰학습	믿어주기, 원칙 지키기, 정확히 해주기

학습 코치에 필요한 마음가짐은 다음과 같다.

첫 번째, 친밀한 사랑의 관계를 조성하여 마음을 즐겁게 만들어 준다.
두 번째, 과도한 위협이나 억압적인 행동은 소외감을 형성하니 자유롭게 해 준다.
세 번째, 실수나 실패는 관대하고 너그럽게 대처하여 자신감을 길러준다.
네 번째, 스스로 판단하고 결정한 것에 대하여 의사를 적극적으로 반영해 준다.
다섯 번째, 상황에 따른 감정을 다그치지 말고 이해하고 감싸 안아준다.

지문과의 대화

Conversation with
Fingerprinted

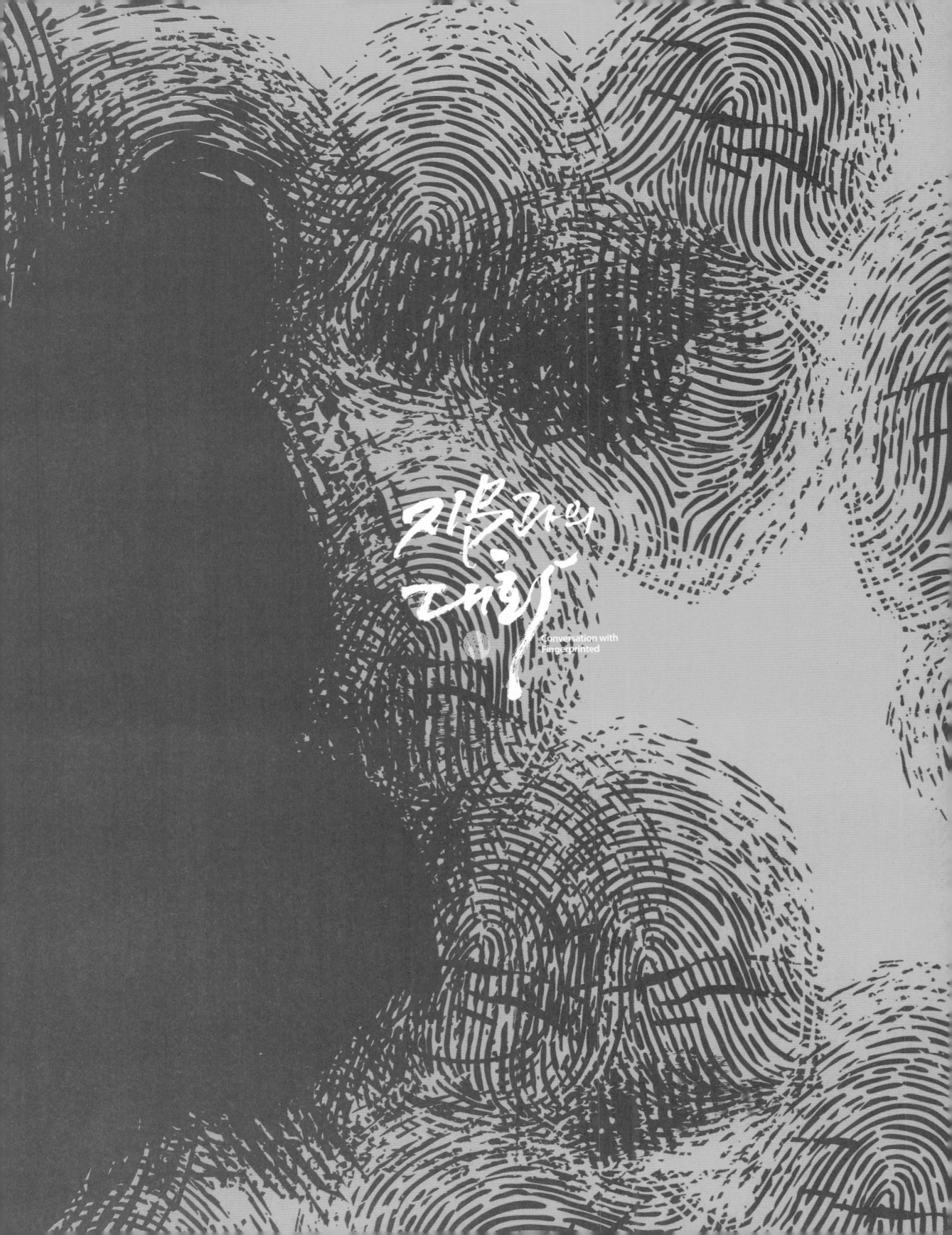

지문과의
대화

Conversation with
Fingerprinted

Ⅲ

열 가지 지문유형
들여다보기

Ⅲ 열 가지 지문유형 들여다보기

지문유형(指紋類型) 1번은 안정형(安定型)

안정형의 성격 5 요인에 의한 특징

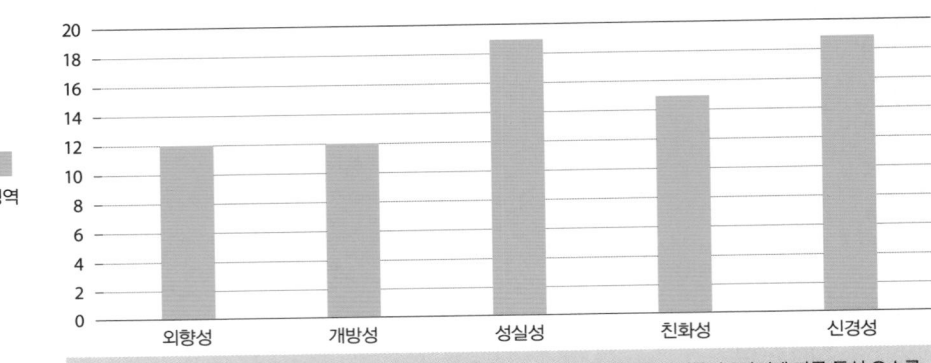

우수영역

• 인격적 성향의 특징을 토대로 현대 심리학계에서 가장 널리 인정받고 있는 성격이론과 5가지에 따른 특성 요소를 성격유형과 대입시켜 분석한 것임.

안정형(安定型)

우리나라에는 대략 5% 정도 있다.

완만하고 잔잔한 물결과 같은 조용한 느낌과 차분함이 있다.

모범적인 사람으로 규칙적인 생활습관과 안정적인 환경을 추구한다.

외향적이지 않은 이유는 뭘까? 모범생이기 때문이다.

쾌활함이 많지 않다는 것은 나서기를 좋아하지 않아서? 그렇다.

착한 사람은 성실하므로 책임을 다하여 맡은 일을 성실히 수행한다.

장점

차분하고 은근 지속적이다.

예의범절이 바른 가운데 성실함이 있다.

미래에 대한 철저한 준비 자세가 있다.

믿음직하고 속내를 잘 드러내지 않는다.

Conversation with Fingerprints 지문과의 대화

단점	내면의 감정 표현을 매우 어려워한다.
	적극적으로 관계를 끌어내지 않는다.
	새로운 환경에 대한 불안감이 크다.
	내성적으로 폐쇄적인 사고를 하기도 한다.
스트레스 원인	불안감을 느끼는 심리가 이유 없이 나타난다.
	안정적이지 않은 환경에 대하여 두려워한다.
	막연한 미래에 대하여 괜한 걱정이 많다.
스트레스 해소방안	스스로 아무 일이 없다고 다독거려준다.
	내일 걱정을 미리 하지 말고 오늘을 즐겁게 보낸다.
	마음의 안정을 위해 차분한 마음으로 심호흡을 한다.
학습 코치방법	한 번에 많은 것을 주입 시키지 않고 단계적으로 한다.
	급하게 몰아붙이지 않고 차분히 기다려주면서 이끈다.
	불안감을 느끼거나 겁나지 않게 평온함을 내세워 지도한다.
	채근하거나 무섭게 하지 않고 안정감을 주는 가운데 대화를 한다.

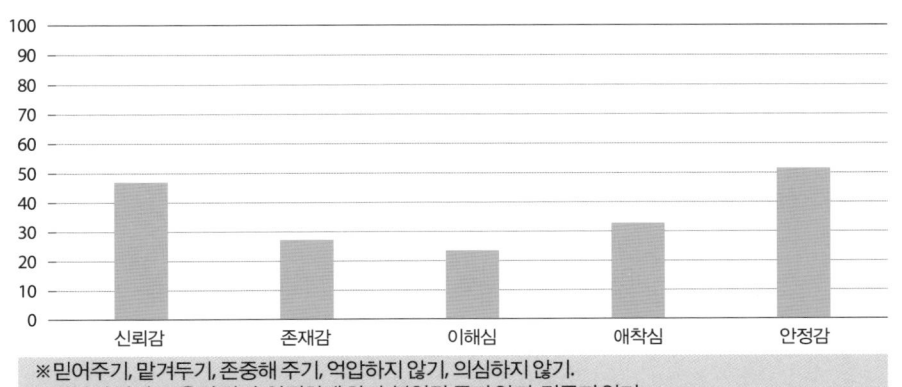

※믿어주기, 맡겨두기, 존중해 주기, 억압하지 않기, 의심하지 않기.
※차분히 하기, 조용히 하기, 안전하게 하기, 불안감 주지 않기, 겁주지 않기.

안정적인 공무원이 꿈인 대학생

구분	엄지	검지	중지	약지	소지
왼손					
오른손					

저는요 안정적인 직업을 원해요.

왜 그렇게 생각하는지는 모르지만, 모험하는 것보다는 비교적 안전했으면 해서요.

만약에 돈을 더 많이 받을 수 있는 영업과 같은 일을 해야 한다면?

어떻게 하겠습니까?

생각할 겨를도 없이 대답한다.

"그래도 하고 싶은 생각은 없어요."라고 대답을 한다.

불안한 것 자체가 싫기도 하지만 굳이 만들 이유가 없는 것이다.

양쪽 엄지손가락 두 개가 같은 유형 안정형을 가지고 있다.

성격의 특징으로는 전통주의적인 생각으로 지속적이고 안정적인 환경을 선호하며, 성실하고, 불확실한 미래에 대한 대비는 물론 평온하고 꾸준한 일상생활을 좋아하는 특징을 가지고 있다.

규칙적이고 모범적이지만 경쟁적이고 불안한 것을 싫어한다는 것이다.

고지식하거나 융통성을 부리지도 않는다고 한다.

사전준비와 계획을 잘하는 대신 변화무쌍하고 활동적인 것은 별로 좋아하지 않는다.

어릴 때부터 겁이 많았으며 두렵고 무서운 분위기를 좋아하지 않았어요.

그래서 보수적이거나 소극적이라는 이야기를 많이 듣곤 하였답니다.

과장된 것보다는 원만한 것을 좋아하여 직업으로는 언제나 한결같은 공무원을 꿈꾸고 있으며, 앞으로도 역시 변함이 없고 안정적인 사무 관련직을 원한다고 한다.

창의적이고 안정적인 감성형

구분	엄지	검지	중지	약지	소지
왼손					
오른손					

오른손 엄지에 3번인 감성형(感性形)을 가지고 있고, 왼손 엄지는 1번 안정형이다.

뭐 혹시 지문과 관련하여 궁금하신 것이 있으신지요?

라고 질문을 던져 보았다.

딱히 궁금한 것보다는 그냥……

선생님을 다른 사람들이 볼 때 외향적이고 활동적으로 보인다고 하지 않나요?

네 대부분 그렇게 보는 편이긴 해요.

그런데, 저는요 보기보다 앞에 나서는 것을 별로 좋아하지 않는데 왜 그렇죠?

자신은 대체로 대인관계에서 적극적이지 않다고 이야기를 한다.

보기와는 전혀 딴판이군요?

저도 그래서 때로는 앞에 나서야 하는 상황이 부담스러운 적이 있었어요.

왼손 엄지의 1번 유형이 적극적인 대인관계보다는 차분하고 규칙을 준수하는 모범적인 것을 추구해서일까?

보수적인 면을 중요시 여기거나 앞장서서 나서는 것에 부담을 가지고 접근하기 때문이기도 하다.

'이번엔 정말 한번 해 보고 말거야' 라고 했다가 접는 경우도 종종 있다고.......

그런데 선생님 혹시 특별한 재능이 있으신데 그걸 아시나요?

그게 뭐죠?

독특한 아이디어를 내거나 창의적인 사고를 동원하여 추리한다거나 이런 거요.

음 아 이런 거인가요?

추리요! 그런 것인가요?

뭔가 만드는 것에 흥미를 느낀 것인가요?

제가 어릴 때부터 꿈이 있었는데, 그게 뭐냐 하면요 전통 찻집을 하는 거예요.

그래서 정년 퇴직 후 전통 찻집을 하려고 지금 시간이 날 때마다 열심히 배우러 다니거든요.

아담한 찻집에 예쁘고 아기자기한 소품들로 장식하여 오시는 손님들에게 전통차를 팔고 싶어요.

경쟁 구도의 치열한 삶에서 부딪히며 사는 것 보다, 소박한 것에 감사

하고 꾸준하게 살아가고 싶어요. 라고 하였다.

네 그렇게 사는 것이 행복 아닐까요?

얼굴에 가득 미소를 담고 하는 말 "네 맞습니다."이었다.

2. 지문유형(指紋類型) 2번은 탐구형(探究型)

탐구형의 성격 5 요인에 의한 특징

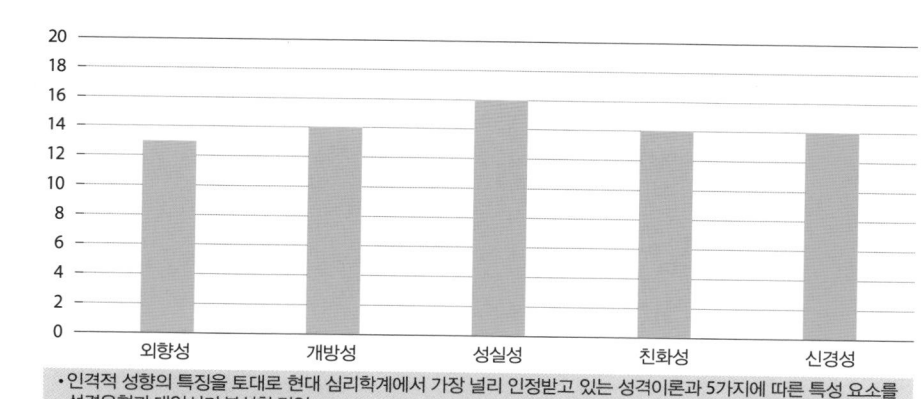

• 인격적 성향의 특징을 토대로 현대 심리학계에서 가장 널리 인정받고 있는 성격이론과 5가지에 따른 특성 요소를 성격유형과 대입시켜 분석한 것임.

탐구형(探究型)

텐트를 쳐 놓은 것 같다 하여 (Tented Arch)라고도 하는 모양이다.

흔하거나 많이 있는 지문은 아니며, 주로 검지에서 관찰이 되었다.

엄지에서는 아직 본 적이 없었다.

어떻게 보면 지문의 생김새가 마치 화살촉 또는 펜촉처럼 보이기도 하

며, 탐구(探究)형이라는 명칭을 붙였다.

이 지문을 가지고 있는 사람들은 예리하거나 말로 공격하지는 않을까?

논리정연하게 이야기를 하거나 집요하게 파고드는 추리력이 으뜸이다.
계산적이고 분석적인 촉이 우수하여 절대 그냥 넘기지 않는다는 것은 매우 재미난 현상이기도 하다.

장점	기승전결과 같은 육하원칙의 논리력을 아주 잘 활용한다. 생각하는 바와 느낌을 아주 간결하고 멋지게 표현한다. 분석력을 내세운 예리한 촉감으로 이해력이 좋다. 다양한 분야에 호기심을 가지고 접근하기를 좋아한다.
단점	관심 분야 외에 흥미가 없는 일에는 매우 무관심하다. 때로는 냉소적이거나 외면하는 기색이 역력하다. 까칠하고 비판적인 언행으로 때로는 비판적이다. 오랜 시간 끈기 있게 하는 것보다 대충 마무리를 하려고 한다.
스트레스 원인	예민하게 반응을 하거나 불필요한 계산을 많이 한다. 사전에 충분한 협의 없이 일방적으로 강요하면 싫어한다. 똑똑하다고 스스로 판단하는 것을 무시해 버리는 것. 불합리함을 설명을 통해 설득하지 못하면 스트레스를 받는다.
스트레스 해소방안	비판을 듣거나 무리한 강요에 지나치게 반응하지 말고 무시하자. 틀릴 수 있다는 것에 크게 마음을 두지 말고 좋게 생각하자. 계산하고 분석하는 습관보다 유연하게 생각하자.
학습 코치방법	논리적인 생각과 사고력이 향상되도록 생각할 기회를 준다. 육하원칙에 근거를 두거나 기승전결의 추론이 가능하도록 유도한다. 근거로 대화를 이끌어가거나 상상력을 북돋아 준다. 호기심이 유발되도록 문제를 제시하여 스스로 답변이 나오도록 한다.

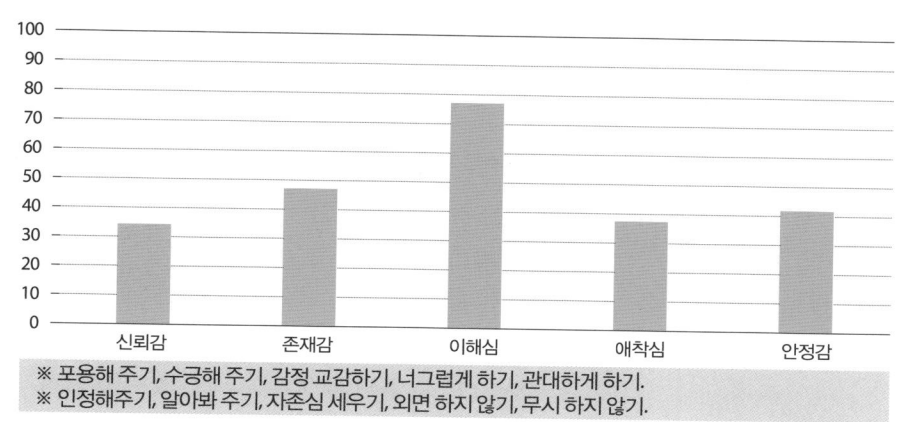

※ 포용해 주기, 수긍해 주기, 감정 교감하기, 너그럽게 하기, 관대하게 하기.
※ 인정해주기, 알아봐 주기, 자존심 세우기, 외면 하지 않기, 무시 하지 않기.

논리력이 우수한 수학 실력자

구분	엄지	검지	중지	약지	소지
왼손					
오른손					

지문의 생김새 유형(類型)이 탐구(探究)형이라는 명칭과 어울린다.

탐구(探究)는 "학문 따위를 파고들어 깊이 연구함"이라고 되어있다.

지문의 모양도 무엇인가를 파고 들어갈 것 같이 가운데가 뾰족하게 되어있다.

금방이라도 무엇인가를 파헤칠 것 같다고나 할까?

특히 오른손 검지는 논리수리 재능과 관련이 있는 손가락이다.

수학에 뛰어난 재능이 있지 않나요?

어떻게 아셨어요. 수학이 무척 재미있고 아주 많이 잘했거든요.

맞아요. 수학 과목이 제일 자신 있답니다.

네 저는 현재 수학교사인데요.

저는 숫자와 관련된 일을 하고 있답니다.

등등 오른손 검지의 손가락에 2번 탐구(探究)형을 가리키는 지문이 있는 사람들의 답변이다.

혹시나 하고 물어볼 때마다, 아니면 어떡 하지?

그러나 그 예상은 별로 빗나가지 않았다.

가끔은 이런 예도 있었다.

저는 초등학교 때에는 무척 수학이 재미있었는데 지금은 잘 모르겠어요.

그런데요. 중학교 때 한창 놀기에 바빠 공부에 관심이 없었거든요.

천만다행이다.

혹시나 전혀 아니면 어떡하지 하는 생각을 떨치게 해 준다.

그런데 이거 지문적성검사 잘 맞나요? 라고 어김없이 물어온다.

그럼 그렇지 왜 그걸 안 물어보나 했지.......

궁금한 것이 있으면 참지 못하고 물어보아야 직성이 풀리는 모양이다.

충분히 그럴만한 이유가 있다고 하면 믿겠는가?

남의 생각을 의식하거나 불편하게 만들기 위해서 그러는 것은 아닌 것 같고, 단지 호기심과 궁금함이 있어서 그러는 것이다.

입바른 소리를 잘하는 특징 내지는 따지기 좋아하는 성품?

그런 이유보다는 무엇이든 분석해 보는 촉이 좋아서 그러는 것은 아닐까 싶다.

물론 엄지의 지문이 어떤 유형(類型)이냐에 따라 많은 차이가 난다는 사실을 기억하기 바란다.

분석력이 우수한 기획 전문가

구분	엄지	검지	중지	약지	소지
왼손					
오른손					

고집이 세다고요?

네 고집도 세지만 까칠한 부분도 있는 것 같아요.

글쎄요.......

머리를 긁적거리며 머쓱해 하는 중년남성의 눈에는 호기심이 가득하다.

처음에는 그렇지 않다고 시치미를 뚝 잡아떼더니 말문을 연다.

그걸 어떻게 알 수 있어요?

궁금한 것이 무척이나 많은 사람에게 호기심 자극이야말로 극약처방과 같은 것이다.

나름 아이디어도 좋고 똑똑하다고 생각하며 살았기에 쉽게 들키는 기분이 싫었던 모양이다.

구상을 잘하거나 기획적인 부분에서 생각을 잘 만들어 내는 재능이 있는데요.......

그게 무슨 이야기이지요?

어떤 일을 진행하기 위해서는 생각부터 시작하여 준비과정이 필요한데요.

일련의 과정들을 머릿속으로 구상해 내거나 상상하는 것이지요.

아 그렇군요.

그래서 계획을 세우거나 할 때 치밀하게 하거든요.

한번 계획을 세우고 진행을 해야겠다고 마음을 먹으면 무서울 정도라고 한다.

무뚝뚝하기만 하였던 그분은 마음의 빗장을 풀었는지, 마음속에 있는 이야기를 한다.

조금 편하게 말씀드려도 될까요?

네 뭔데요.

조금은 부정적인 부분이 있다는 것 아시고 계시죠?

물론 부정적인 것이 저는 나쁘다는 것은 아닙니다.

마음을 이왕 들켰다고 생각을 했는지 대답을 한다.

"네 부정적인 부분이 있습니다."

부정적이라고 생각하는 부분 역시도 거꾸로 뒤집어 보고자 하는 재능이라고 보시면 됩니다.

아 그렇게 보면 쉽고 편하겠네요.

어떤 관점으로 보느냐의 문제이며, 부정적인 시각은 또 다른 능력이기도 합니다.

과학자 또는 연구원들이 모든 것을 긍정적으로만 보면 절대 새로운 것을 만들어 내기가 어렵다는 것이지요.

좋은 방향으로 생각해야겠네요. 라고 하셨던 그분은 현직 국회 예결위원으로 왕성한 활동을 하고 있으며, 재능을 마음껏 발휘하고 있어 매우 인상적이었다.

3. 지문유형(指紋類型) 3번은 감성형(感性型)

감성형의 성격 5요인에 의한 특징

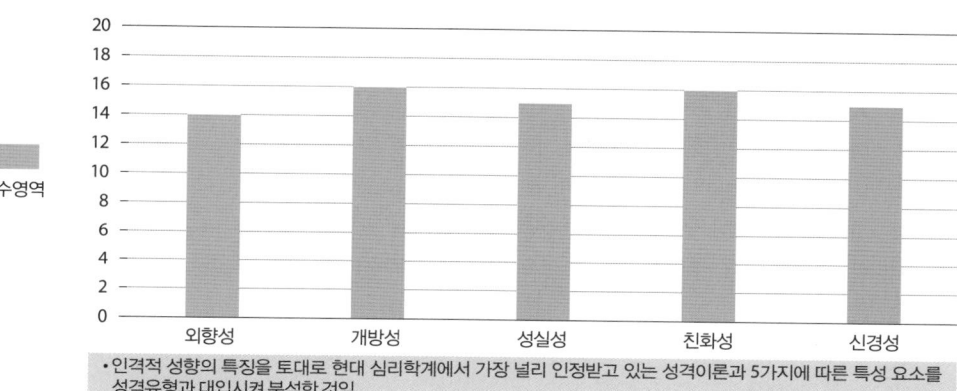

외향성　개방성　성실성　친화성　신경성

• 인격적 성향의 특징을 토대로 현대 심리학계에서 가장 널리 인정받고 있는 성격이론과 5가지에 따른 특성 요소를 성격유형과 대입시켜 분석한 것임.

감성형(感性型)

오른손 엄지를 스캐너 또는 종이에 찍었을 때의 모양으로 왼손은 반대로 보아야 한다. 지문의 생김새가 말의 발굽처럼 되어있다거나 제상문(蹄狀紋)· 또는 정기문이라고 하였다.

정기문이라고 했던 것은 오른손을 바른손이라고 표현했던 것과 비슷한 해석은 아니었을까?

삼각점이 한 개가 있으며 그 위치가 엄지 쪽에 있는 것을 3번 감성형(感性型)이라고 하였다.

이 지문유형(指紋類型)은 우리나라 사람들이 가장 많이 가지고 있다고 보아도 된다.

우리나라의 민족성 내지는 정서와 같다고 해도 무방할 정도로 흥겹거나 쾌활함이 많으며 책임감은 다소 약한 면이 있다.

정이 많고 다정다감하여 쉽게 친해져 전국 어디를 가도 흥타령이 있는 것 같다.

성격이 급하다고 하여 빨리빨리 민족이라고 하지 않았는지 궁금하다.

이 유형의 생김새 역시 우뚝 길게 서 있거나 비스듬하거나 다양한 만큼
특징 역시도 다르다는 것을 알 수 있었다.

장점   정이 많아 마음을 쉽게 터놓고 이야기하는 친절한 마음을 가지고 있다.
부드러운 대화를 좋아하여 자상하고 친근하게 접근을 한다.
처음 보는 사람에게 쉽게 다가서거나 친해지기를 잘한다.
거짓말을 잘 못 하여 솔직하고 있는 그대로를 표현한다.

단점   감정의 기복이 심하여 욱하는 마음에 쉽게 포기를 한다.
충동적 빠른 의사결정으로 이성적 사고가 부족하다.
정이 많아 보는 앞에서 단호하게 감정을 표현 하지 않는다.
분위기에 민감하고 외로움을 자주 느끼곤 한다.

스트레스 원인   혼자라는 기분이 들거나 누군가와 관계가 어색해지는 것.
억압적인 분위기에서 탈피하지 못하고 어쩔 수 없이 가는 것.
내면의 감정에 상처라고 느끼거나 사랑받지 못한다고 느낄 때.
자신을 믿어주지 않고 외면을 하거나 거짓말쟁이 취급할 때.

스트레스 해소방안   외롭다고 생각하는 것을 해결해 주기 위해서는 접촉을 해주는 것이다.
혼자라는 생각을 될 수 있으면 들지 않도록 하는 것이 좋다.
급하게 생각하고 서두르는 것보다 한 박자를 늦추는 것이다.
질투가 있더라도 인정하고 즐겁게 생각하자.

학습 코치방법   안아주는 스킨십과 마음을 아낌없이 다독여주는 것.
감정을 어루만져 주는 심정으로 정성을 들여 주는 것.
이야기를 나눌 때는 귀를 열고 눈을 마주치면서 하는 것.
다정다감한 사이라는 것을 느낄 수 있도록 해주는 것.

거짓말 하면 얼굴에 티나는 사람

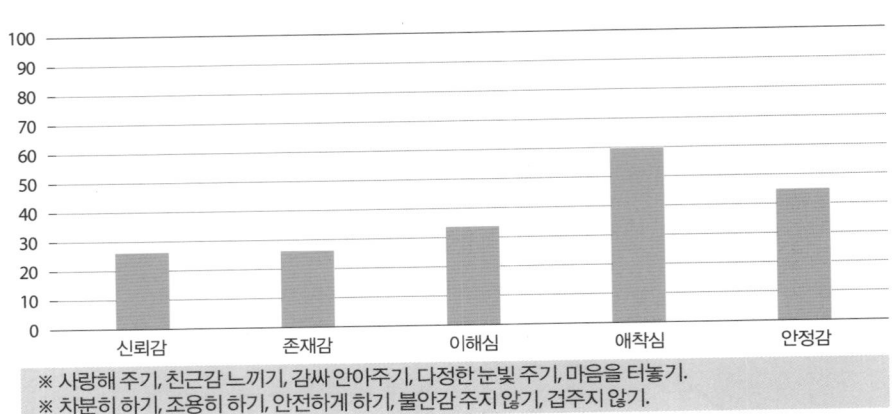

일편단심 안정적인 감성형

구분	엄지	검지	중지	약지	소지
왼손					
오른손					

열 개의 손가락에 3번 유형인 감성형(感性形)을 가지고 있다.

아주 흔하지는 않지만 3번 유형을 가지고 있는 사람들 20명 중 한 명 정도 될까?

가끔은 두 명을 만났는데 두 명 다 지문유형이 같아 결과보고서를 받아 보고 나서 하는 말, 우리 둘이 똑같단 거예요?

이런 경우 어떻게 이야기를 해야 할까?

세부적으로 들어가 보면 분명 다른 부분이 나온다.

각각 손가락의 지문유형을 자세히 들여다보면 같은 유형이긴 하지만 차이점이 있다는 것을 쉽게 알 수 있기 때문이다.

한 가지 지문 유형을 가진 사람은 분명 일편단심 민들레와 같을까?

마음이 온전히 한 곳에만 집중돼 있다고 보아도 될까?

3번의 유형은 환경의 변화에 민감하여 어떤 환경에서 성장했느냐에 따라, 내성적인 감성형 또는 외향적인 감성형으로 분류를 한다.

변화무쌍하게 자주 바뀌거나 다양성을 가지고 있기보다는 일관성을 가지고 있다고 보아야 한다.

진지한 표정으로 앞에 마주한 어느 중년 여성을 보면서 궁금증이 발동했다.

혹시 다양한 활동으로 이것저것 여러 가지를 한꺼번에 하실 수 있으신가요?

그게 무슨 말씀이래요?

가령 요즘 흔한 투잡, 쓰리잡 뭐 이런 거 같이 말이죠.

굳이 해야 한다면 하겠지만 딱히 원치는 않는데요.

저는요 보기와는 다르게 상당히 보수적이라고 생각해요.

남들은 매우 활달할 것으로 보인다고 하는데 그렇지 않거든요.

거짓말을 하면 얼굴색이 확 변한다는 것 알고 계시는가요?

쉽게 들키기도 하고 그래서 잘 숨기지 못해요.

만약 한 우물을 파라고 하면 팔 것인가요?

아! 무슨 이야기인지 알겠네요.

생각이 많고 배려심 좋은 감성형

구분	엄지	검지	중지	약지	소지
왼손					
오른손					

양손의 엄지손가락 지문이 3번 감성형이며 대체로 많은 편이다.

감수성이 풍부하여 깊은 생각에서 비롯된 정감 어린 마음을 가지고 있다.

정이 많고 다정다감하여 부드럽고 친근감 있게 대인관계를 이끌어 가는 편이다.

일자리를 찾고 있다고 하는 여성을 만났다.

선생님 저는 무슨 일을 하면 될까요?

혹시 무슨 일을 하고 싶으신데요? 라고 되려 물어보았다.

뭔가 해야 하겠다 싶은데 쉽게 찾기가 어려워요.

그냥 하시고 싶은 게 있으면 하면 되잖아요.

그러면 될까요?

아마 일자리 찾는다고 하신 지가 오래되지는 않으셨나요?

네 맞아요!

아마 쉽게 결정을 내리기 어려울 수 있다.

욱하는 기질에 성격이 급하다고 했던 감성형인데 결정이 어렵다니 말이 될까?

신중하고 행동도 느리다면 믿을 수 있을까?

활동적인 것보다는 기획력을 내세워 분석하고, 다양한 자료를 모아서 꼼꼼하게 살펴보는 일들이 재미있지 않을까요?

네 그럼 한번 용기를 내서 찾아볼게요.

네 잘하실 수 있습니다. 파이팅!

4. 지문유형(指紋類型) 4번은 창의형(創意形)

창의형의 성격 5 요인에 의한 특징

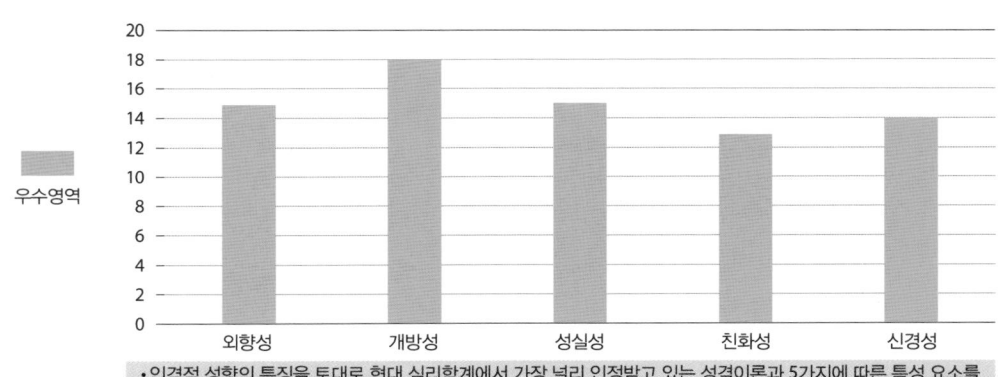

• 인격적 성향의 특징을 토대로 현대 심리학계에서 가장 널리 인정받고 있는 성격이론과 5가지에 따른 특성 요소를 성격유형과 대입시켜 분석한 것임.

창의형(創意形)

오른손을 지문스캐너 또는 종이에 찍었을 때 모양이며 왼손은 반대로 보아야 한다.

제상문은 융기선 중 적어도 1개는 다시 원래 시작한 쪽에 되돌아오는 것. 이것에 의하여 만들어진 제선(蹄線)의 개구가 엄지손가락 쪽으로 향하고 있는 것은 갑종(甲種) 또는 요골측 제상문(橈骨側蹄狀紋)이라 하고 그 지문 값은 2이다. 제선의 개구가 새끼손가락 쪽으로 향하고 있는 것은 을종(乙種) 또는 척골측(尺骨側) 제상문 이라 한다. 갑종 제상 문은 궁상문과 더불어 빈도가 낮으므로 그 지문 모두 2라고 하는데, 을 종 제상문은 상당히 많으므로 세분되어 있다.[3]

제상문(蹄狀紋) 또는 반기문이라고 하며 4번 창의형이라고 명칭 하 였다.

이 지문유형(指紋類型)은 흔하게 많지 않아 반대로 되어있는 기형 문 으로 표기를 한 것 같다.

삼각점은 한 개 있으며, 주로 검지에 있지만, 간혹 엄지 또는 그 외의 손 가락에도 있다.

독특함만큼 한 개 내지는 두 개 정도가 있을까 할 정도이지만 위력은 대단하다.

하얀 바탕에 검은점 하나가 훨씬 더 눈에 뜨이는 것과 같이 말이다.

창의적인 상상력과 모험심으로 독창적인 아이디어를 내기도 하지만 때로는 비판적이라는 평가를 받기도 한다.

장점 남다른 생각과 발상으로 창의적이고 독특한 구상을 잘한다.
재치 있는 아이디어와 유머 감각으로 재미난 분위기를 연출한다.
폭넓은 사고를 바탕으로 상상력을 발휘하는 것을 좋아한다.
자기주장의 강한 고집으로 좋아하는 일에 집중력을 발휘한다.

단점 감정의 기복이 있다거나 돌발변수로 인하여 욱하는 편이다.
고집이 세고 유연성 부족으로 고지식해 보이는 편이다.
비판적인 언행으로 예기치 않은 충돌을 일으킨다.
부정적인 생각으로 자신만의 색깔을 강조하는 편이다.

2) [네이버 지식백과] 지문형과
지문 값(두산백과)

스트레스 원인	누군가 알아봐 주지 않고 외면을 하거나 지나쳐 버리면.
	자기 의지와 무관하게 강요를 당하거나 외롭다고 느낄 때.
	칭찬을 받지 못하고 별 볼 일 없는 사람처럼 무시를 당하면.
	과도한 상상과 공상력으로 머리가 복잡하다고 느껴졌을 때.

스트레스 해소방안

내 멋대로 충분한 상상력을 발휘하는 것은 멋진 일이다.
마음껏 자유스러운 분위를 즐기고 마음대로 자유 분망함을 즐기는 것.
비판의 촉각을 무디게 만들어 유연성을 가지고 보는 것이 좋다.
고집이 결코 나쁘다고만 볼 게 아니고 착한 아이디어라고 믿자.

학습 코치방법

진심을 담아서 결과보다는 과정을 찾아서 칭찬을 해주는 것.
감동할 만큼 아낌없이 적극적으로 칭찬과 보상을 한다.
호기심을 자극하여 창의성이 높아지도록 "왜 그럴까?"라는 질문을 던지는 것.
"틀렸다"라는 극단적 단어보다는 "다르구나."라고 접근하기.

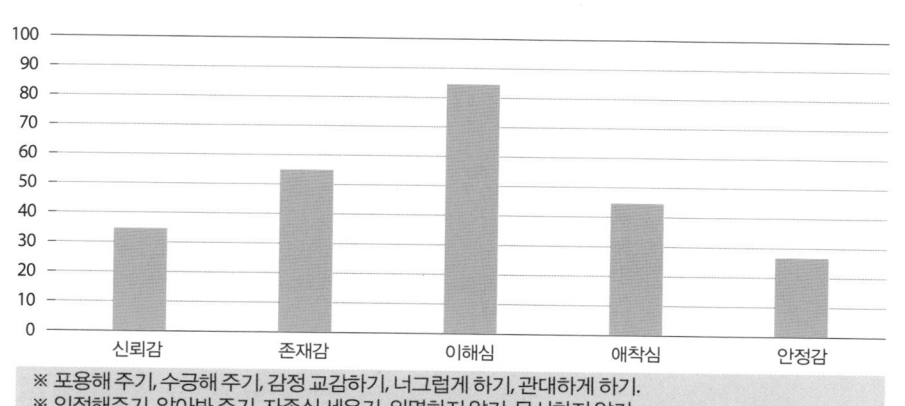

※ 포용해 주기, 수긍해 주기, 감정 교감하기, 너그럽게 하기, 관대하게 하기.
※ 인정해주기, 알아봐 주기, 자존심 세우기, 외면하지 않기, 무시하지 않기.

열정적이고 창의성이 우수한 아이디어맨

구분	엄지	검지	중지	약지	소지
왼손					
오른손					

왼손과 오른손의 엄지손가락 모두 4번 유형인 창의형이 있다.

아니, 이럴 수가 있을까?

눈을 의심하지 않을 수 없었다.

너무나 반갑기도 하고 궁금하여 무엇을 먼저 물어보아야 할지 가슴이 뛴다.

대학 3학년에 재학 중이라는 이 젊은 청년은 어떤 성격의 특징을 가지고 있을까?

성격이 좀 독특하다는 그것을 인정하나요?

그게 뭔지는 모르지만 요즘 들어 친구들하고 학교에서 조별과제를 하면서 많이 듣는데요.

혹시 학생은 다른 사람들이 4차원 아니 독특하다고 하지 않던가요?

네 그런데요! 너무 많이 들어서 이제는 신경 안 쓰거든요.......

아주 특이하다고 하는 사람도 있고요, 심지어 어렸을 때는 엉뚱한 아이라는 얘기 많이 들었거든요.

독특하거나 남다른 생각 하는 것을 좋아해서 늘 엉뚱하다니까요.

그래서 어떨 때는 혼자서 이런저런 생각을 하다가 잠이 든 적도 아주 많았다고 한다.

그럼 현재 대학생인데 어릴 때 꿈은 뭐였지요?

과학자, 프로그래머, 발명가 이런 거요.

왜 그렇게 생각을 한 거죠?

그냥 재미있을 것 같기도 하고, 발명가가 되는 것이 꿈이었기 때문입니다.

발명가의 꿈과 희망을 늘 품고 있어서 머릿속에는 항상 상상력으로 가득하다고 한다.

심심해서 특허도 한번 냈는걸.......

잘했어요. 발명가는 따로 정해져 있지 않아요.

누구나 일상생활 속에서 아이디어를 내서 발명을 할 수 있는 거지요.

학생은 훌륭한 역량을 가지고 있다고 생각해요.

아마 타고난 실력자?

자신을 알아봐 준 사람을 만나서인지 무척이나 흥분된 모습에 신나 보였다.

어릴 때 부모님이 칭찬을 많이 해 주셨다고 기억합니까?

듣기는 했지만 엉뚱한 짓 또는 엉뚱한 생각만 한다고 핀잔을 들은 적도 있는 걸요.

아낌없는 마음으로 과정에 대한 칭찬 또는 관심을 가졌더라면 더욱 좋았을 거라는 아쉬움도 있었다.

그럼 지금부터라도 자신에게 자체칭찬을 해주면 어떨까요?

조금은 쑥스러워하지만, 이유를 듣곤 수긍을 하였다.

이제 다 큰 어른한테는 자신에게 동기를 유발하는 재치도 필요하다.

아마 훌륭한 발명가가 될 거라 믿어 의심치 않는 젊은이를 보았다.

지금쯤 어딘가에서 우리의 미래에 필요한 좋은 것을 만들고 있겠지
....

발명가가
되고 싶어요.

구분	엄지	검지	중지	약지	소지
왼손					
오른손					

4번의 지문 유형인 창의형은 흔하지는 않지만 그나마 왼손 검지에 많은 편이다.

어느 한 손가락의 지문유형(指紋類型) 또는 어떤 지문유형(指紋類型)과 결합이 되어있느냐가 매우 중요하다.

왼손의 검지에 4번 유형과 그 외의 다른 유형이 섞여 있는 친구였다.

고등학교에서 만난 이 친구는 소위 노는 아이였으며 온통 불만으로 가득하였다.

상담센터 선생님의 권유로 그냥 어쩔 수 없이 왔다고 하며, 뭐 한번 해보세요. 이런 식이었다.

어디 지문 한번 볼까?

그런 걸 뭐 하러 봐요?

그냥 한번 보면 재미도 있고, 뭐 궁금한 것도 알려주고 그러는데……

침묵이 흐른다.

못마땅하다는 표정, 어쩔 수 없이 한다는 표정, 호기심의 표정 등을 지으며~

선생님! 이거 하면 뭐 좋은 것 있어요?

좋은 것보다는 우리 친구가 어떤 성격에 무엇을 하면 즐거워할지에 대하여 조금은 알려 줄 수 있는데 궁금해?

아니 그냥요.

그러나 눈빛은 알려 주세요~ 라는 외침이 역력하다.

그래 걸려들었어.

우리 학생 친구는 뭐가 그렇게 궁금한데?

그냥 이런 것 저런 것 다요.

뭐 불만이 있는 이유가 뭘까?

우리 친구가 편하게 이유를 알려주면 나도 알려 줄 수 있는데 우리 한 번 이야기해 볼까?

세상이 그냥 싫어요. 그런데 할머니 때문에 그나마 이만큼 참는 거예요.

어릴 때 부모님의 이혼으로 할머니가 키웠다고 한다.

순간 그래서 그랬구나 하는 마음에 가슴이 찡해졌다.

다소 폐쇄적인 대인관계를 띠고 있으나, 의지력이 강하고 집념이 있는 사람이었다.

창의적인 상상력은 아주 독창적인 스타일로 무언가를 이루고자 한다.

할머니가 최선을 다해 키웠다고는 하지만, 어릴 때 칭찬을 들어보거나 관심을 가지고 지켜봐 주는 사람으로서의 역할은 절대 부족했다.

너무 아쉽다.

만약 화목한 가정에서 적극적인 칭찬을 듣고 사랑과 관심을 듬뿍 받으며 자랐다면.. 하는 아쉬움이 있다.

그럼 지금까지 살아온 대로 살란 말인가?

지금부터가 중요한데 그렇게 할 수 있을까?

그게 뭔데요?

한다면 알려주고, 그렇지 않으면 말고~

네 그렇게 하겠습니다.

Conversation with Fingerprints | 지문과의 대화

약속할 거지? 네네

우리 친구는 하고자 하는 생각만 있으면 뭐든 훌륭하게 해낼 수 있는 우수한 능력을 가지고 있어. 이제부터는 거울을 보고 칭찬도 하고 다짐도 하는 거야. 워낙 창의적인 아이디어와 풍부한 상상력이 좋아서 훌륭한 범죄심리분석관, 검찰, 형사, 탐정이 될 수 있다고 믿어. 라고 눈을 부릅뜨고 알려 주었다.

어릴 때부터 꿈이 특수조직의 해결사와 같은 범죄심리분석관이었다고 한다.

지금이라도 이렇게 만난 것이 행운이라고 할 수 있을까?

네 열심히 노력해 볼게요.

처음 만났을 때와는 다르게 눈빛에 천진난만한 청소년이 보였다.

3일 동안 학교에서 상담을 진행하였는데 아침마다 찾아와 인사를 건네는 것은 물론 시간만 나면 와서 눈을 마주치고 아는체 하기에 바빴다.

사람은 자신을 알아봐 주는 사람에게 마음의 문을 여는가 보다.

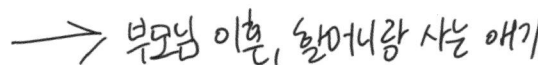

5. 지문유형(指紋類型) 5번은 열정형(熱情形)

열정형의 성격 5 요인에 의한 특징

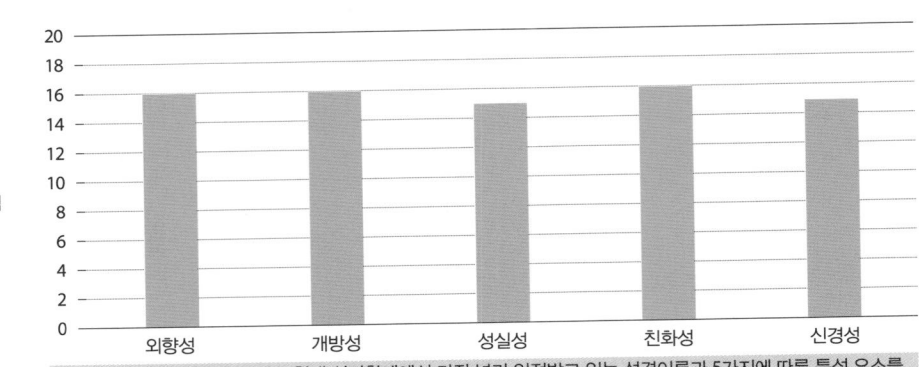

우수영역

| | 외향성 | 개방성 | 성실성 | 친화성 | 신경성 |

• 인격적 성향의 특징을 토대로 현대 심리학계에서 가장 널리 인정받고 있는 성격이론과 5가지에 따른 특성 요소를 성격유형과 대입시켜 분석한 것임.

열정형(熱情形)

두형문(斗型紋)에 속하는 지문 유형으로 삼각점은 두 개가 있으며, 중심부로부터 한 개는 가까이 있고 나머지 한 개는 멀리 떨어져 있다.

얼핏 보면 독수리의 부리 또는 눈과 같이 생겼다 하여 공작눈문(Peacock's Eye)이라고 부르기도 한다.

중심부로부터 부리처럼 뾰족하게 보이는 부분이 어느 방향을 향하느냐에 따라 감성적인지 또는 창의적인지를 구분하여도 무리가 없다.

외향적이거나 매우 쾌활하고 활동적인 양상을 보여 부지런함의 대명사와 같다.

바쁘게 움직이는 만큼 성실함 또는 책임감은 다소 약하기도 하다.

중심부의 생김새가 회오리처럼 되어있거나 둥근 원형 등 다양하게 시작이 되는 것에 따라 해석을 달리할 수도 있다.

열정이 많다거나 예술적인 부분의 활력이 넘치기 때문에 성취감을 얻기 위해 매우 적극적이다.

장점	자신감이 넘쳐나는 긍정 에너지로 활동성이 매우 왕성하다.
	원만한 행동으로 위기에 대한 대응이 매우 적극적인 편이다.
	끊임없이 노력하는 자세와 설득력으로 대인관계를 이끌어 간다.
	일에 대한 욕심과 자신감으로 부지런하게 움직인다.

단점	지나친 활동으로 체력소모가 많아 쉽게 지치는 편이다.
	목표에 도달하지 못하면 불안감으로 매우 초조해한다.
	활동력이 부족하다고 판단을 하면 위기의식에 사로잡힌다.
	빠른 결과를 원하기 때문에 집중력이 분산되기도 한다.

스트레스 원인	무료하다고 느끼거나 할 일이 없다고 생각하여 불안해할 때.
	욕심만큼 되지 않아 원하는 것을 얻지 못해 상심이 클 때.
	자유로움을 방해받거나 침해 또는 억압을 당하면.
	부지런하게 움직이지 못해 자신이 초라하다고 느낄 때.

스트레스 해소방안	느긋한 마음을 가지고 천천히 가도 된다고 생각하며 행동하기.
	남들 역시 잘할 수 있다는 것을 인정하고 기다려주기.
	위기는 없다는 마음가짐으로 급하게 생각하지 않기.
	여유로운 생활습관으로 편하게 생각하거나 느긋해지기.

학습 코치방법	톡톡 튀는 개성과 끼를 적극적으로 인정해주기.
	이야기할 때 무시하지 않고 귀를 열어 적극적인 자세로 경청하기.
	자유로운 환경과 분위기를 만들어서 하고 싶은 이야기 다 하게 만들기.
	활력이 넘치는 가운데 에너지를 발산하도록 띄워주기.

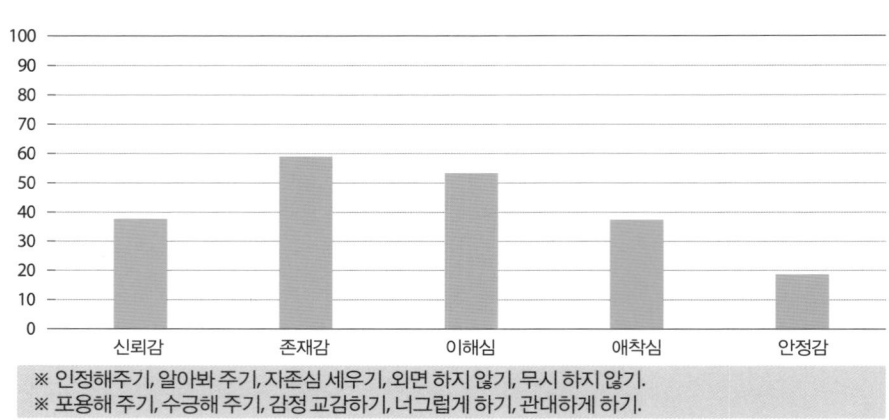

| | 신뢰감 | 존재감 | 이해심 | 애착심 | 안정감 |

※ 인정해주기, 알아봐 주기, 자존심 세우기, 외면 하지 않기, 무시 하지 않기.
※ 포용해 주기, 수긍해 주기, 감정 교감하기, 너그럽게 하기, 관대하게 하기.

창의적인 열정과 원칙의 독특한 자유로움

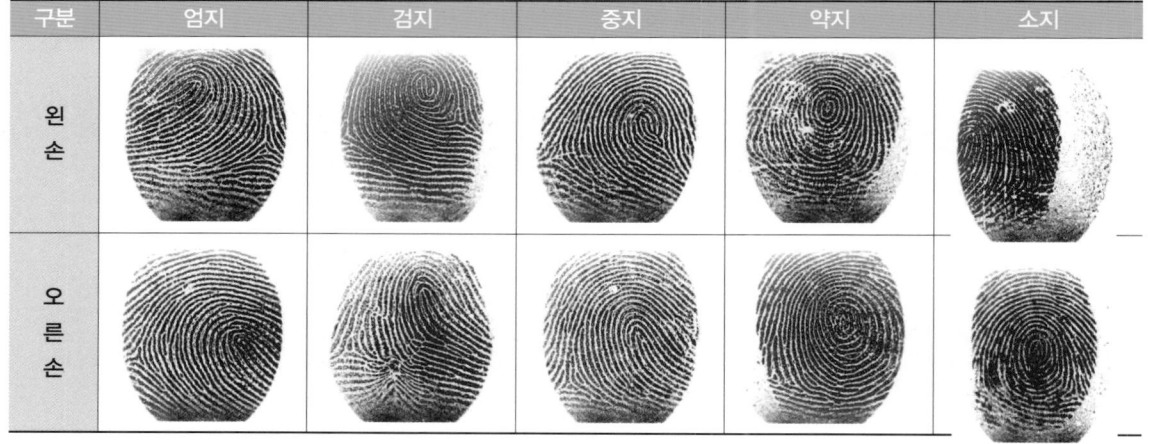

구분	엄지	검지	중지	약지	소지
왼손					
오른손					

왼손과 오른손 엄지에 3번 유형인 감성형(感性形)을 가지고 있다.
부드럽고 자상함을 내세운 대인관계와 정감 어린 마음으로 쉽게 친해
지는 편이다.
필자의 열 손가락 지문을 소개하고자 한다.
어렸을 때 가끔 오시는 친척분 중에 사주를 봐 주시는 분이 한 분 계셨다.

형제자매가 많아 학교에 보내는 것도 빠듯한 살림 때문에 부모님께서는 빨리 경제활동을 했으면 하는 바람이었을까?

우리 세정이는 뭘 하면 될까요?

잠시 손가락으로 여기저기를 집어가며 잘 알아듣지는 못하지만, 잔뜩 기대하고 들을 수밖에 없었다.

세정이는 산꼭대기 어디에 갖다 놓아도 먹고 사는 데 아무런 문제가 없는데......

그게 뭔 소리 래유?

그럼 뭐 해 먹고 사는 것이 아니 뭔 일이 맞대유?

어머니는 궁금해서 재차 또 물어보신다.

그게 뭐냐....... 응....... 쇳소리 나는 일이 잘 맞단께.......

이렇게 진로적성검사를 받은 것이 전부였다.

중학교를 졸업하자마자 무조건 쇳소리가 나는 직업이 나의 미래라고 생각을 했었다.

그동안 20개의 직업을 경험하면서 혹시 내게 끈기가 부족한 것인가? 하는 생각이 들었다.

아니야! 아직 제대로 된 일을 못 만난 것뿐이야!

그러나 생각해보면 어렸을 때부터 남의 연설을 따라 하며 흉내 내는 것을 좋아했던 것이 떠오른다.

시간은 흘러 어느새 마흔이 되어버렸고 그제서야 어릴 때 막연하게 꾸었던 꿈이 생각났다.

그래 "소통"이라는 주제를 가지고 사람들을 도와주고 강의도 하고 그러면서 사는 거야!

1만 시간의 법칙이 맞아 떨어진 건지?

진로적성상담도 소통 강의도 이제는 너무나 재미있다.

어릴 때 가졌던 막연한 생각의 그 꿈이 진정한 꿈은 아닌지?

절대 그냥 지나쳐 버리거나 무시할 일이 아닌 것 같다.

정이 많고 책임감이 강한 열정형

구분	엄지	검지	중지	약지	소지
왼손					
오른손					

왼손 엄지에 5번의 유형 열정형은 물론 양쪽 검지에도 있다.

오른손 엄지에는 강인한 정신력과 의지력을 가진 용감함이 보인다.

활동성이 강하고 부지런하며 적극적인 심리를 가지고 대인관계를 이끌어 갈 것으로 판단이 된다.

다양한 분야에 아이디어를 가지고 접근하는 것 자체에 전혀 부담없다고 해야 할까?

마주하고 앉은 자그마한 체구의 여성은 꽤 흥미진진한 모습이다.

뭐가 그리도 궁금한지 금방이라도 말문이 터지면 거침없이 물어볼 자세를 취한다.

눈빛에 호기심이 가득 담긴 모습이 마치 천진난만해 보일 정도다.

딱히 물어볼 게 없기도 하여, 선생님은 매사가 재미있으신 가 봐요? 라고 운을 떼었다.

그렇게 보이시나요? 그런데 그걸 왜 물어보세요?

네~ 얼굴에 재미있다고 쓰여 있어서 그렇죠~

저는요, 그냥 자유롭게 산다고 해야 할까? 뭐 그런 거죠.......

어차피 사는 것 스트레스받으면서 살 필요가 있나요?

거침없이 이야기를 이어간다.

혹시 궁금하신 것은 있으세요?

궁금한 것보다 재미도 있을 것 같고.......

하시는 일은 어떻게 되시는지 여쭈어봐도 될까요? 궁금해서 물어보았다.

한번 맞춰 보시겠어요?

활동성도 좋고, 남들 앞에 나서서 이야기하는 것도 재미있어하실 것 같고, 예술적인 부분에도 관심이 많을 것 같고 아무튼 그런데요.......

어! 어떻게 아셨어요? 제가 취미가 워낙 다양하기도 하지만 지금은 강사 활동 중이에요.

대중들 앞에서 설득력 있게 이야기를 잘하시는 것은 물론 남들 앞에 서는 것을 재미있어하실 것 같아서요~~

정말 신기한데요! 싱글벙글하며 못다 한 이야기 다 하려고 덤빈다.

보람찬 하루해를 끝마쳤다.

6. 지문유형(指紋類型) 6번은 사고형(思顧型)

사고형의 성격 5 요인에 의한 특징

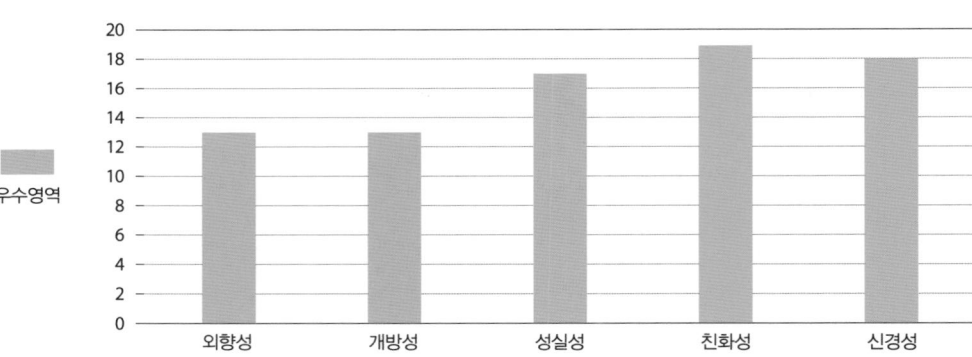

우수영역

외향성   개방성   성실성   친화성   신경성

• 인격적 성향의 특징을 토대로 현대 심리학계에서 가장 널리 인정받고 있는 성격이론과 5가지에 따른 특성 요소를
성격유형과 대입시켜 분석한 것임.

사고형(思顧型)

두 개의 고리 모양이 얽혀 있는 형태로 되어있으며, 삼각점은 양쪽에 두 개 있다.

중심부를 기준으로 바깥으로는 둥글게 원을 형성하고 있는 것처럼 보이기도 한다.

6번의 지문유형(指紋類型)은 사고형(思顧型)은 깊이 생각하고 돌아본다는 의미이다.

많은 생각을 함 때문에 적극적이거나 외향적이지 않고 내성적인 부분이 많아 쾌활함은 다소 약한 편이다.

성실하여 책임감 있게 행동하거나 말수가 적은 편이며, 자상하게 배려해 주는 마음 씀씀이가 좋은 편이다.

고리 모양 형태처럼 생각 또한 단순하지 않고 다소 복잡한 양상을 가지고 있다.

깊은 생각에서 비롯되는 해석으로 인하여 폭넓은 이해심이 돋보이기도 한다.

장점	조용하고 은근한 친화력으로 상대의 마음을 편하게 만든다.
	섬세하고 부드러운 자세로 대인관계의 처신이 협력적이다.
	원만하고 협조적인 관계 속에 배려해 주는 자세로 상대를 대한다.
	과묵하고 자상한 기다림으로 묵묵하게 최선을 다한다.
단점	다양하고 복잡하게 생각을 많이 하여 행동이 느리기도 하다.
	자신의 내면 감정을 적극적으로 주장하지 않아 손해를 본다.
	끈기와 지구력이 약하여 쉽게 포기하기도 한다.
	결정의 시간이 오래 걸리지만, 거절도 역시 어려워한다.
스트레스 원인	생각이 많고 필요 이상 확대 재생산하기 때문에.
	원치 않은 상황임에도 배려해 주는 마음으로 인하여.
	선택의 갈림길에 있거나 판단을 내려야 하는 경우.
	새로운 사람과 친해져야 하는 상황이나 적응을 해야만 되는 경우.
스트레스 해소방안	생각을 짧고 단순하게 하여 머리를 단순하게 만들어 보는 것.
	정신이 없을 정도로 의도적으로 바쁘고 활기차게 살자.
	마음을 비운다는 자세로 머릿속에 담아두지 않는 습관들이기.
	동전 던져 간단명료하게 결정하고 판단하는 습관들이기.
학습 코치방법	적극적인 마음으로 힘찬 응원의 박수를 보내 주는 것.
	자신감을 가지도록 아낌없이 격려해 주고 도와주기.
	애정 어린 마음으로 이야기를 들어주고 반응해주기.
	눈을 마주치고 진심 어린 심정으로 관심을 두기.

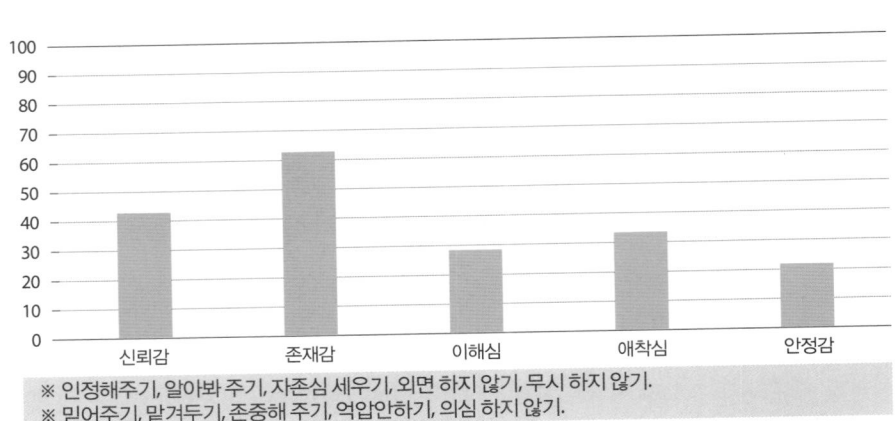

※ 인정해주기, 알아봐 주기, 자존심 세우기, 외면 하지 않기, 무시 하지 않기.
※ 믿어주기, 맡겨두기, 존중해 주기, 억압안하기, 의심 하지 않기.

감수성, 그리고 배려심이 아주 좋은 사고형

구분	엄지	검지	중지	약지	소지
왼손					
오른손					

대부분 손가락에 고리 모양의 지문유형(指紋類型)이 있는 것이 특징이다.

군락을 이루고 있다는 말이 현실처럼 느껴진다.

배려해 주는 것이 당연한 일이고 몸에 습관처럼 되어있지 않을까?

묵묵히 일하거나 조용하게 행동하고 말없이 협조해 주는 자상한 사람?

앞에 마주 앉은 인심도 좋아 보이고 마음씨도 자상할 것 같은 이분이 궁금했다.

뭘 물어볼까? 고민도 잠시

주로 어떤 생각을 많이 하는지 궁금해졌다.

선생님 혹시 인생을 살아가시면서 가장 큰 고민이 있으신가요?

아니면 과제와 같은 것.......

이것저것 생각을 하시는 모습이 역력했다.

예를 들어 "생각과 싸움"이라고나 할까요?

생각이 많아서 머리가 복잡하고 그래서 편두통이 있다거나 뭐 그런 거죠.

생각이요? 잡생각을 많이 하긴 합니다만.......

좀 예민한 것 같기도 하고 그렇습니다.

"비움"이라는 것을 어떻게 받아들이시나요?

어렵지요. 늘 생각을 조금만 해야겠다고 해놓고 실천이 잘 안 됩니다.

생각이 많아서 때로는 스트레스를 받을 수 있을 텐데요?

당연하지요. 많이 받는 편입니다.

그냥 하지 않으면 되지 않을까요?

그러고 싶지만 쉬운 일이 아니더라고요.

그럼 잠은 잘 주무시나요?

예민해서 그런지 깊은 잠을.......

선생님! 몸이 편하면 생각이 많아져 머리가 복잡하고, 몸이 바쁘고 힘들면 생각할 겨를이 없어 머리가 복잡하지 않는데 어느 쪽을 원하세요?

그것 역시도 선택입니다.

네 그렇군요.

과제이기도 하지만, 생각으로부터 자유롭게 대처하는 것 아닐까요.

많은 생각에 얽매이지 않는다는 것이 쉽지만은 않지만, 그렇다고 몹시 어려운 것도 아닙니다.

노력하면 될까요?

마음가짐, 또는 알아차림과 같이 그러한 상황을 인지하는 것이지요.

그리고 별것 아닌 것처럼 대처하거나 짧게 생각하고 끝내는 것이지요.

예를 들자면 전두엽에 집중한다거나, 몸을 움직여 생각이 오래 머물지 않게 만들어 버리는 것은 어떨까요?

그래서 몸이 바쁘고 힘들면 생각할 겨를이 없다고 하는 것이랍니다.

지금 제가 하는 일이 경리업무와 같은 일을 하는데 잘 맞나요?

생각이 많다는 것은 신중한 행동 또는 섬세한 배려와 같아서 기획, 지원과 같은 협조적 업무를 잘한다고 합니다.

원칙적이고 감성적인 사고형

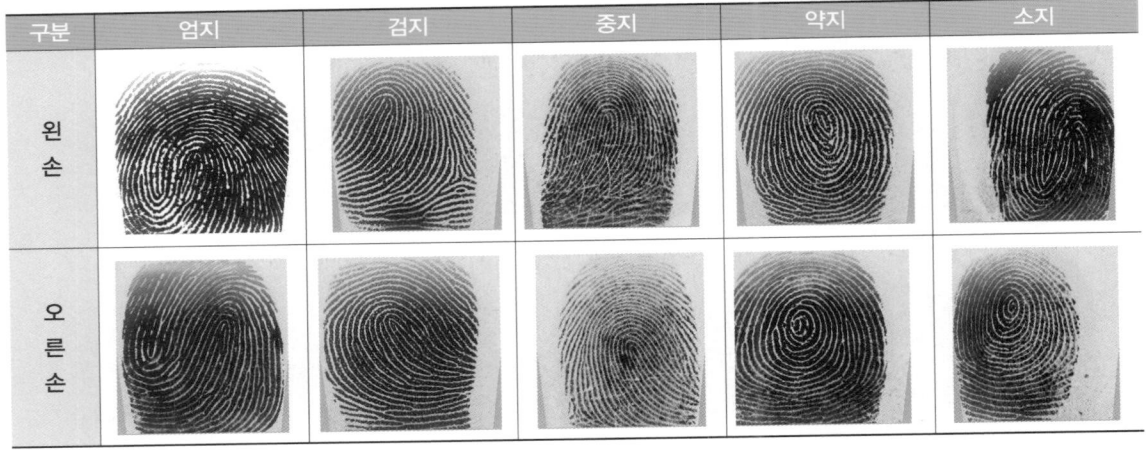

구분	엄지	검지	중지	약지	소지
왼손					
오른손					

지문유형(指紋類型)이 다양하게 분포가 되어있다.

배려심이 많기도 하지만, 원칙적인 부분을 꽤 중요하게 여기고 강조하지 않을까?

타인의 감정에 대한 궁금증을 가지고 있다거나 소통하고자 하는 욕구

....

이야기를 잘 들어줄 것 같은 40대 정도 되어 보이는 여자분을 만났다.

사람들과의 원만한 이해관계를 중요시하거나 협력을 잘 이끌어 간다고 보아야 할까?

상담과 관련된 분야에도 관심이 많을 것으로 보였다.

뭐 궁금하신 것이나 하시고 싶은 이야기가 있으세요?

예를 들어 사람의 심리 또는 자연과 관련된 재미난 이야기 같은 것이요

....

자연요? 그게 뭐죠?

그냥 이야기 다 해 주시는 것 아닌가요?

상담이나 심리 혹은 사람의 감정에 대하여 호기심이 있지 않으세요?

네 저는 사람의 심리 같은 것 좋아해요.

그런데, 그걸 어떻게 아셨죠?

사주, 타로, 철학 등등 그런 분야에 관심이 있지 않으세요?

아마 재능도 있으실 것 같은데.......

네 맞아요, 가끔 보러 가기도 하고 기회가 된다면 한번 배워보고 싶기도 하고요.

격앙된 모습이 무척이나 재미있어 보였다.

마치 한판 붙어보고 싶은 사람처럼 "궁금해요."라고 신호를 보내는 듯 하였다.

지문으로도 그게 나온다는 것이 신기한데요?

네 이유는 간단합니다.

자연에 관심이 많다는 것은 사람도 자연 일부이기 때문입니다.

자연을 좋아하는 마음 즉 그 이치를 들여다보고 싶은 욕구 아닐까요?

그럼 지금은 무슨 일을 하고 계시는지 여쭤봐도 될까요?

지금은 직업상담사 활동을 하고 있습니다.

그렇구나!

7. 지문유형(指紋類型) 7번은 관계형(關係型)

관계형의 성격 5요인에 의한 특징

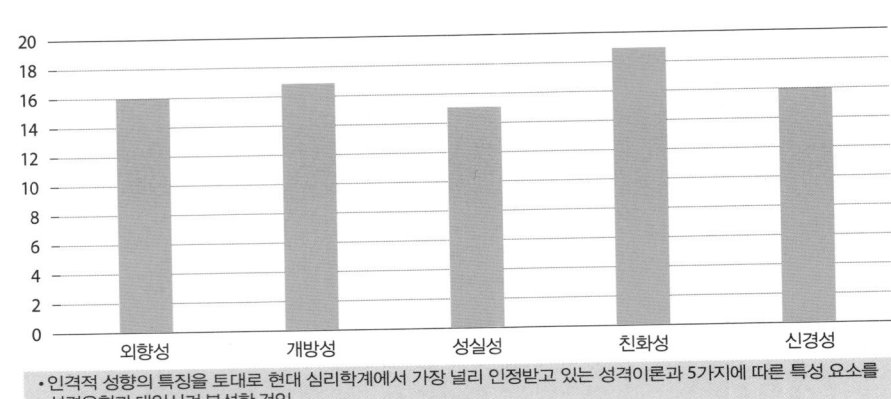

- 인격적 성향의 특징을 토대로 현대 심리학계에서 가장 널리 인정받고 있는 성격이론과 5가지에 따른 특성 요소를 성격유형과 대입시켜 분석한 것임.

관계형(關係型)

지문유형(指紋類型)이 태극 모양처럼 맞물려 있으며, 삼각점은 양쪽에 두 개가 있다.

교차하여 있는 지문의 형태가 서로 협력을 하는 것처럼 보인다고 할까?
조화를 잘 이루고 있어서 서로 상호관계를 적절히 이끌어 가는 모양새이다.

활동성이 원만하여 외향적으로 비추어지거나 대체로 쾌활한 편이다.
다소 끈기 있거나 자신감 넘치게 추진하는 것보다는, 서로에게 유익하게 만들어 주거나 합리적인 방법의 조정자 역할을 잘하는 편이다.

중간의 입장에서 엮어주거나 협력적인 부분을 조화롭게 만들어 내는 중재자와 같은 것으로 보아도 무방하다.

장점   환경 적응에 있어서 무던하거나 부담 없이 받아들이는 편이다.
다양한 분야에 관심이 많아 활동적으로 움직이는 편이다.

상호 간의 유리한 접점을 찾아 협조적으로 생각하고 처신하는 편이다.
중간의 입장에서 판단하고 협력하여 원만한 편이다.

단점

자신의 내면 감정을 부담 없이 표출하는 것을 어려워한다.
집중력이 분산되어 끈기 있게 이끌어 가는 것이 약하다.
생각이 많고 복잡하여 행동이 느리거나 앞장서지 않는다.
결정과 거절이 어려워 우유부단하게 느껴지는 편이다.

스트레스 원인

다양하고 복잡하게 엉킨 생각들 때문에 잡념이 많아서.
고민거리들을 버리지 못하고 정리가 안 되어서.
어쩔 수 없거나 거절을 못 하고 이끌려 갈 때.
다양하게 많은 일로 인하여 집중력이 저하될 때.

스트레스 해소방안

지나칠 정도로 도와주거나 배려해 주는 것보다 적당히 하자.
거절이 무조건 나쁘지 않다는 것을 늘 잊지 말자.
결정의 어려움을 해소하기 위하여 쉽게 하고 부담 갖지 말자.
생각이 오래 머물지 않게 바쁘게 움직이고 활동하자.

학습 코치방법

이해를 충분히 해주는 심정으로 마음을 열고 접근하기.
도움을 준다는 태도를 보이고 몰아붙이지 말기.
부담감을 주지 말고 느긋하게 여유를 가지고 기다리기.
적절한 충격과 간섭으로 자극을 주면서 이끌어 가기.

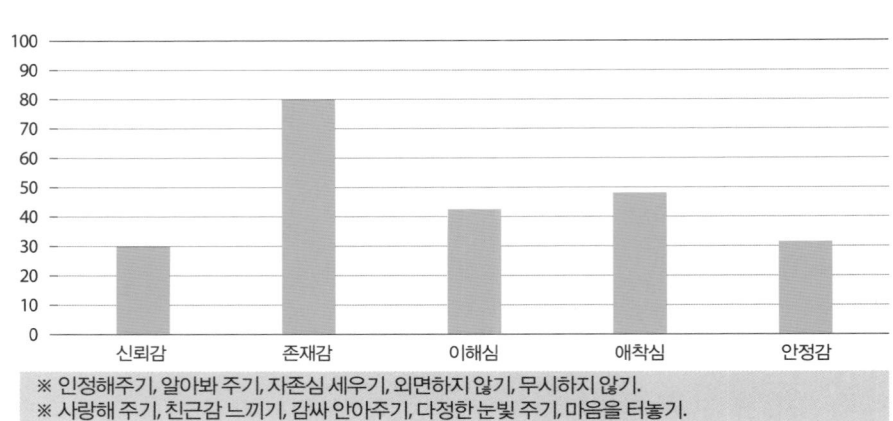

※ 인정해 주기, 알아봐 주기, 자존심 세우기, 외면하지 않기, 무시하지 않기.
※ 사랑해 주기, 친근감 느끼기, 감싸 안아주기, 다정한 눈빛 주기, 마음을 터놓기.

열정적이고 감성적인 활달한 관계형

구분	엄지	검지	중지	약지	소지
왼손					
오른손					

양쪽 엄지의 지문유형(指紋類型)이 7번 관계형 지문이다.

나머지 중에는 3번 감성형, 5번 열정형 등 다양하게 분포되어 있다.

대체로 대인관계적인 측면에서 원만하고 협조적이며, 부지런하고 활동적인 부분이 있다고 보인다.

끈기와 지구력은 다소 약하여 오랫동안 이끌어 가는 것보다는 지루하지 않은 일들을 부담 없어 한다.

사람들과 어울려 이야기 나누는 것을 즐겨 한다거나 자신의 감정을 표현하는 데 있어서 설득력 있게 하는 편이다.

대학 진학을 앞둔 여고생은 매우 민감한 시기이다.

어렸을 때부터 책 읽기를 좋아하고 토론하는 것을 즐겨 하였다.

내면의 감정을 글로 표현하거나 종이에 써보는 것을 좋아하여 추리소설 같은 것을 써본 적도 있었다.

다양한 분야에 호기심이 많아 일찌감치 혼자서 이곳저곳을 돌아다니는 것에 그리 어려워하지 않았다.

무엇인가를 결정해야 할 때는 적지 않게 어려워하는 모습이 역력하였으며, 본인은 거절이 쉽지 않다고 한다.

이기적인 부분보다는 협조적인 생각이 앞서서 그런 것은 아닌지?

꼭 이겨야만 한다는 절대적인 것보다는 지는 것도 충분하게 인정 할 수 있다는 배려심이 때로는 아름답게 보이기도 하였다.

져주는 것도 이기는 것이라고 했던가?

마음에 여유가 많아 보여서 스트레스는 없을 줄 알았는데 그래도 나름대로 어려움이 있는 것 같았다.

느긋해 보이지만 자신이 원하는 것이 있으면 무척이나 부지런하게 움직이는 걸 보면 나름의 욕심도 있다고 보인다.

동물을 무척이나 좋아하고 친구들의 이야기를 자상하게 들어주는 것을 재미있어하는 이 친구는 자신의 이름을 내건 상담센터를 설립하는 것이 꿈이라고 한다.

아마 충분한 가능성은 물론 잘할 것이라고 믿어 의심치 않는다.

창의적이고 감성적인 관계형

구분	엄지	검지	중지	약지	소지
왼손					
오른손					

양손의 엄지는 7번 유형 관계형의 지문과 왼손 검지에는 창의형 유형
이다.

그 외에는 감성형과 주도형도 있다.

궁금한 것이 많은 사람은 아닐까?

경력단절 여성들의 취업을 돕기 위해 마련된 어느 취업 박람회에서 만
난 여성 구직자는 자신의 진로가 궁금하다고 한다.

아이를 낳느라고 직장을 그만두었었는데 이제는 뭔가 해야 할 것 같아
서요.

혹시 제가 무슨 일을 하면 잘 어울릴까요?

잘 어울리는 일이 따로 있지는 않습니다.

자기 스스로가 하고 싶다거나 재미있다고 느끼는 일이면 되는 것 아닌
가요?

새롭게 일을 하려고 하면 고민도 많으실 텐데 쉽지 않으셨죠?

뭘 해야 할까 고민 많이 했고 아직도 갈등이 많습니다.

결정도 쉽지 않으실 텐데요~~

III. 열 가지 지문유형 톺아다보기

그렇다면 예전에는 어떤 일을 하셨는데요?

어린이집 교사로 일을 했었는데 이제 다른 것을 한번 해볼까 하는데 고민입니다.

어렸을 때 꿈은 무엇이었나요?

딱히 떠오르는 것은 없는데 미술에 조금 관심이 있었어요.

그럼 지금 생각하시는 일이 있으신지요?

글쎄요~~~

한참을 머뭇거리더니 하는 말, 혹시 저한테 부동산 같은 것은 어때요? 하시면 잘 어울릴 것 같은데요.

이유는요, 공간지각에 대한 구상을 잘하기도 하는데 그것은 방향 감각뿐만 아니라 향후 발전 가능성에 대한 추론이기도 합니다.

더욱이 사람들과 원만하게 관계를 이끌어가는 것 역시도 잘하시고요.

아마 부동산뿐만 아니라, 여행과 관련된 홍보 또는 마케팅 같은 것도 그렇고요.

맞아요! 저는 그런 일들에도 관심이 많았다니까요.

그런데 왜 그리도 걱정만 하셨지요?

제가 결정 장애가 있어서 그런 것은 아닌지 모르겠어요.

그렇지는 않고요, 아마 이것저것 해 보고 싶은 것이 많아서 일 것입니다.

다행이네요. 하하하

8. 지문유형(指紋類型) 8번은 현실형(現實型)

현실형의 성격 5 요인에 의한 특징

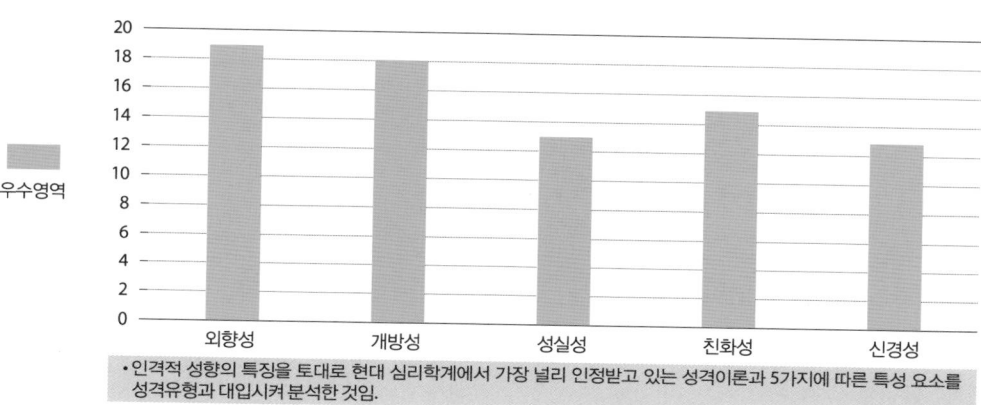

• 인격적 성향의 특징을 토대로 현대 심리학계에서 가장 널리 인정받고 있는 성격이론과 5가지에 따른 특성 요소를 성격유형과 대입시켜 분석한 것임.

현실형(現實型)

지문유형(指紋類型)의 중심부에서 융선 두 개가 시작하여 회오리처럼 돌아가며 삼각점은 양쪽에 각각 두 개 있다.

활동적이거나 외향적인 부분 또는 적극적으로 나서고자 하는 개방성의 경향을 보인다.

효율적인 임기응변과 같은 친화력을 내세우기 때문에 적응력 또한 원만한 편이다.

때로는 자기 입장의 판단으로 인하여 이기적으로 보이기도 하여 효율적이라는 평가를 받기도 한다.

쉽게 접근 하고 적응은 빠르지만, 흥미가 없다고 생각하면 쉽게 포기를 하여 끈기가 약한 것처럼 보이기도 한다.

장점　욕심이 많아 다양한 분야에 쉽고 빠르게 접근하여 성취감을 얻고자 한다.

환경의 변화에 따른 적응력과 대처하는 것이 좋은 편이다.
자신의 견해의 판단력을 내세워 현실적으로 판단을 잘 해내는 편이다.
전략적으로 분석하고 판단하여 실리를 추구하는 편이다.

단점 집중력과 끈기가 부족하여 오랫동안 지속하는 것에 실증을 빨리 느낀다.
어수선하고 정리정돈이 잘 안 되며 마무리를 잘 하지 않는 편이다.
이기적인 생각과 판단으로 개인주의적인 오기가 있다.
즉흥적인 생각과 판단으로 타인의 감정을 헤아리지 않는다.

스트레스 원인 잘한다고 생각하는 것에 대하여 인정해주지 않으면.
욕심만큼 성과에 도달하지 못해 얻는 것이 없다고 생각하면.
쉽게 생각하거나 부담 없이 판단하지 못해 강요를 당하면.
억압적인 분위기로 자유롭지 못하다고 판단이 되면.

스트레스 해소방안 많은 것을 한꺼번에 하거나 욕심을 다소 줄이자.
남들도 잘하는 것에 대하여 인정해 줄 것은 인정하자.
다양한 것에 관심을 가지고 많은 것을 쫓지 말자.
욕심만큼 안 되는 것에 대하여 여유를 가지고 기다리자.

학습 코치방법 이해심을 가지고 인정해 줄 것은 아낌없이 해주기.
도움을 준다는 심정으로 적극적인 자세를 취하자.
다소 부담을 주더라도 경쟁을 부추겨 가면서.
적절한 간섭과 질투를 유발하게 시켜 주는 가운데 자극을 주기.

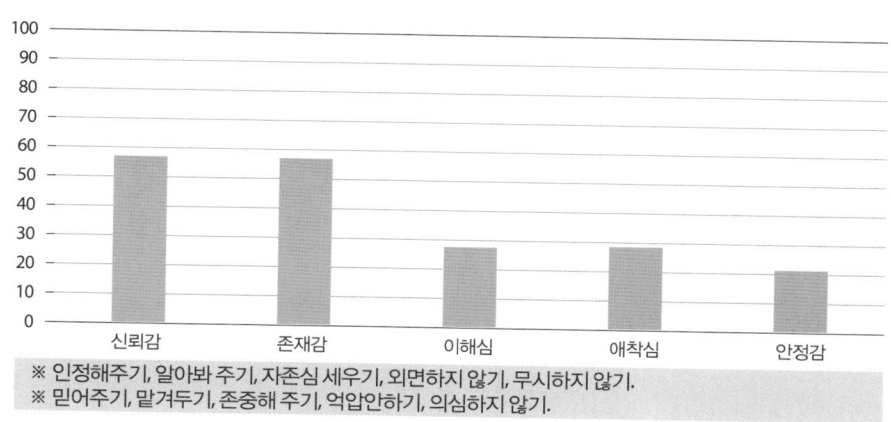

※ 인정해주기, 알아봐 주기, 자존심 세우기, 외면하지 않기, 무시하지 않기.
※ 믿어주기, 맡겨두기, 존중해 주기, 억압안하기, 의심하지 않기.

주도적이고 원칙적인 자기중심적 현실형

구분	엄지	검지	중지	약지	소지
왼손					
오른손					

열 개의 손가락 지문이 회오리 모양인 Whorl형이다.

양손의 엄지에 8번 현실형 지문과 나머지 손가락에도 거의 유사한 지문이다.

흔히 동그란 지문이 열 개면 잘산다면서요? 라고 질문을 많이 듣기도 한다.

잘살고 못 사는 것이 타고난 것이라면 얼마나 불행한 일인가.

그냥 웃어넘기기는 하지만 그런 이야기가 전해져 내려온 걸 보면 전혀 근거가 없지 않나 하는 생각도 든다.

눈이 밝은 청년들은 맨눈으로 보기에도 지문이 보여서 그런지 그렇게 질문하였다.

선생님 저는 지문이 동글동글한 걸 보니 부자로 살 것 같지 않아요?

맞아! 부자로 살 거야, 그러나 조건이 있어.

그 조건이 뭐죠?

열심히 노력하고 좋아하는 일을 즐기는 거야~

에이! 그게 뭐예요~

노력도 하지 않는데 어떻게 부자로 산다는 거야?

누구나 부자로 산다는 것에 희망을 걸고 있다는 것을 부인하지 않는다.

그런데 선생님 지문적성검사 이거 정확해요?

잘 안 맞아! 정확하지도 않고~ 라고 대답을 하였다.

그래요?

이미 맞지 않는다고 생각하는 사람한테는 어떤 이야기를 해줘도 "맞지 않는다" 생각할 거고, 잘 맞는다고 생각하는 사람한테는 신기하게 잘 맞는 것 같을 테니까요.

사람의 성격을 분석하는 데 있어서 "맞다" "안 맞다"가 적합한지 모르겠거든요.

어떤 도구이든지 사람에 대한 평가분석을 정확하게 한다는 것이 가능할까요?

지문적성검사를 하면서 가끔 듣는 질문이다. 이 질문은 주로 8번 현실형 지문유형을 가진 사람들이 많이 물어보았다.

하고 싶은 이야기를 편하게 하거나 타인의 심정을 크게 생각하지 않아서 그런 것은 아닐까? 라고 생각을 하지만 때로는 서운하기도 하였다.

활동적이고 승부 근성이 강하다는 이 청년은 외교관이 꿈이라고 하였다.

임기응변으로 대인관계를 이끌어가고, 현실적인 판단과 전략적인 부분을 내세운다면 아무도 따라올 수 없는 유능한 중재자가 될 것으로 보인다.

창의성이 넘치는 호기심의 현실형

구분	엄지	검지	중지	약지	소지
왼손					
오른손					

양손의 엄지의 지문유형(指紋類型)이 동그란 지문이며 융선이 고르게 형성이 되어있다.

양손 검지는 물론 왼손 중지에도 창의형 유형의 지문이 있으며 나머지는 동그란 지문이 주를 이루고 있다.

호기심 가득한 눈빛으로 궁금한 것이 무척 많은 듯하다.

대학교 졸업을 앞둔 청년의 앞날이 매우 궁금하기도 하지만 무엇을 먼저 물어볼까를 놓고 잠시 고민을 하였다.

우리 친구는 긍정적입니까? 부정적입니까?

그걸 왜 물어보시는데요?

궁금해서 그러는데, 편하게 이야기해줄 수 있나요?

부정적일 때가 많은 편이긴 한데요, 그러면 안 된다고 생각해서 숨기지요.

아마 그 부정적인 생각은, 호기심이 많아 창의적이고 현실적인 발상에서 비롯되는 것인데, 좋게 받아들여도 문제없을 것 같은데 왜 그렇게 생각하지 않죠?

예를 들어 과학자들이 긍정적으로 생각을 한다면, 새로운 모험이 쉽지 않을 뿐만 아니라 거꾸로 또는 뒤집어서 보는 창의성이 없는 것과 마찬가지 아닐까?

이야기를 들어보니 이해가 가는데요.

욕심도 많고 재능도 다양해서 하고 싶은 일도 많을 것 같은데?

아주 많습니다.

어릴 때는 과학자도 되고 싶었고, 병원 의사 선생님도 되고 싶었고, 대학교에서는 경영학을 전공했습니다.

그럼 경제와 관련된 분야 또는 금융과 관련된 분야는 관심이 어떤가요?

그것도 관심이 많습니다.

주식에 특히 관심이 있어서 증권회사를 생각한 적도 있었거든요~~

그럼 지금은 어느 분야에 관심이 있나요?

네 지금은 외식사업에 관심을 많이 가지고 있고, 음식을 만들고 맛에 대해 평가를 하는 것을 좋아하여 외식 유통 및 판매 관련 서비스 분야로 진로를 선택하려고 합니다.

경험을 쌓고 나서는 추후 외식경영을 해보고 싶은데 어떤가요?

아마 욕심도 많고 다양한 분야에 호기심이 있어서 잘할 것 같은데요.

적극적으로 욕심을 부리는 것도 중요하지만 너무 많은 것을 한꺼번에 하는 것은 집중력이 떨어질 수 있지요.

아 네 감사합니다. ~~

주도형의 성격 5 요인에 의한 특징

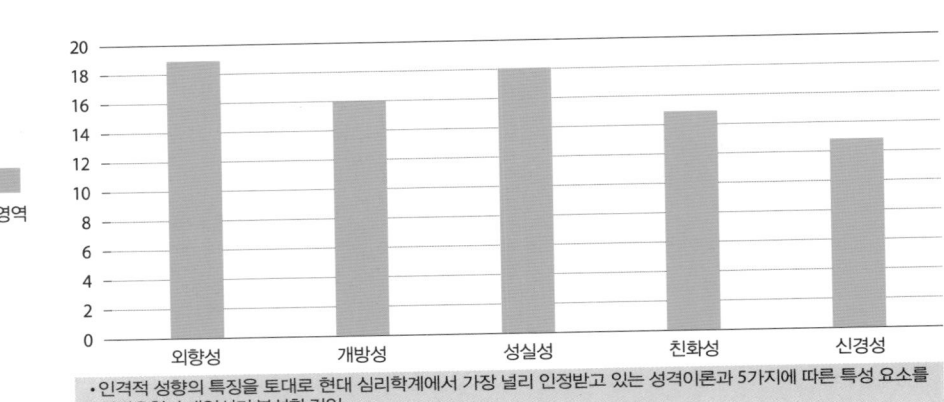

우수영역

외향성　개방성　성실성　친화성　신경성

• 인격적 성향의 특징을 토대로 현대 심리학계에서 가장 널리 인정받고 있는 성격이론과 5가지에 따른 특성 요소를
  성격유형과 대입시켜 분석한 것임.

주도형(主導型)

지문유형(指紋類型)의 중심부에서 융선 한 개가 회오리처럼 돌아가며 삼각점은 양쪽에 각각 한 개씩 있다.

융선 돌아가는 형태가 일관성 있게 가지런해 보이며, 대체로 동그라미가 힘이 있어 보인다.

주도적인 부분이 강하게 나타나 외향성이 강하고 도전적으로 일을 추진해 나가거나 매우 자기중심적인 면이 강하다.

원론적인 부분에서 때로는 고지식해 보일 정도로 대처하고 행동하기 때문에 권위적으로 비추어지기도 하며 융통성이 없어 보이기도 한다.

승부 근성이 매우 강하여 적당히 끝내거나 대충 하지 않으며, 강한 추진력으로 이끌어가는 편이다.

장점　　자신이 무엇을 해야 하는지에 대한 문제의식과 해결방안을 잘 알고 있다.

신뢰 관계에 대한 약속을 매우 중요하게 여기며 적극적인 편이다.
강인한 의지와 책임감으로 원론적인 부분을 중요시한다.
기본에 매우 충실하고 앞장서서 이끌어가는 지도력이 있다.

단점

융통성이 많지 않아 세심한 배려와 자상함이 부족한 편이다.
이기적으로 보이는 행동으로 때로는 인색해 보이기도 한다.
자기중심적인 입장에서의 판단과 결정으로 인하여 냉정해 보인다.
고지식하고 부드럽지 않은 처신으로 억압적으로 보인다.

스트레스 원인

자신을 인격적으로 존중해 주지 않고 인격적인 모독을 하면.
자존심을 건드리거나 마음에 상처를 준다고 판단을 하면.
간섭하거나 통제를 하여 행동적인 부분에 자유롭지 못하면.
억압을 당하거나 오해 또는 의심을 받아 지적과 질책을 받으면.

스트레스 해소방안

사람마다 생각이 다를 수 있다는 유연함을 가지자.
결과 못지않게 과정도 중요하다고 느끼며 여유를 갖자.
느긋하게 세상을 바라보고 관망하는 것 또한 중요하다.
실수의 가능성을 인정하며 때로는 혼자만의 시간을 가지자.

학습 코치방법

의지와 판단의 일관성 있는 행동과 소신에 대하여 존중하자.
인격적으로 무시하지 않고 진심어린 마음으로 대하자.
핀잔을 주거나 잔소리 보다는 짧고 간단하게 이야기 하자.
자존심을 건드리지 않는 가운데 신뢰를 가지고 존중해 주자.

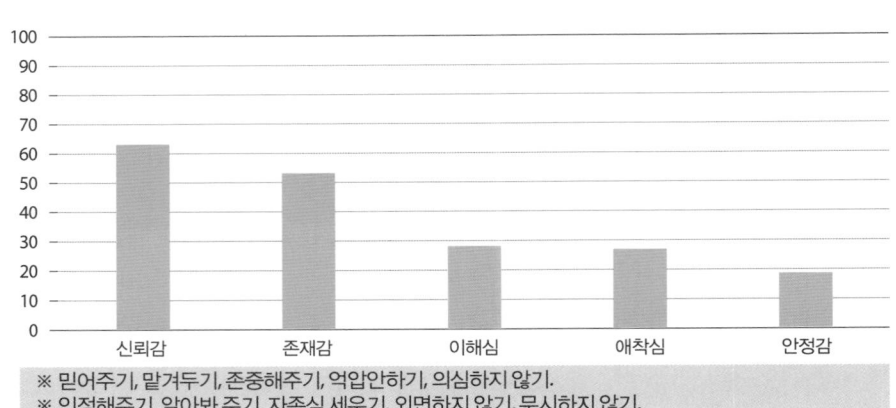

| | 신뢰감 | 존재감 | 이해심 | 애착심 | 안정감 |

※ 믿어주기, 맡겨두기, 존중해주기, 억압안하기, 의심하지 않기.
※ 인정해주기, 알아봐 주기, 자존심 세우기, 외면하지 않기, 무시하지 않기.

적극적이고 열정적인 거침없는 주도형

구분	엄지	검지	중지	약지	소지
왼손					
오른손					

양손의 엄지손가락 모두가 9번 주도형 지문이며 나머지 지문도 비슷한 지문이 많다.

누가 보아도 여성스러움에 수줍어하거나 아기자기할 것으로 보일 같다고 한다. 그러나 행동은 거침이 없다.

남자들이 만나면 흔히 악수부터 하고 나서 이야기를 하듯 이분도 악

수를 먼저 건넸다.

성격이 남자 성격 여자 성격으로 구분을 하기는 어렵다.

단지 외향적이고 활동적 이느냐, 내향적이고 소극적 이느냐를 많이 본다.

앞에 마주한 이분은 외향적인 부분의 활동성이 매우 강해 보였다.

선생님은 혹시 다른 분들이 선생님을 볼 때 보기와는 딴판이라는 이야기를 하지 않나요?

네 그런데요! 보기에는 내숭이나 떨어 가면서 수줍어할 것으로 보이는데 전혀 그렇지 않다고들 해요.

그럼 스스로는 어떻게 생각하시는데요?

제가 여성스럽다고만 생각하지는 않아요. 오히려 바깥 활동이나 사람 만나는 것들을 더 좋아하거든요.

그래서 집에서 살림만 하고 아이 키우고 그럴 때 무척 힘들어 우울증에 걸리는 줄 알았다니까요.

네. 그러시군요.

지금 하는 일이 잘 맞나요? 라고 시원스럽게 질문을 한다.

하시는 일이 뭔데요?

지금은 외부 강사도 하면서 교육 관련 사업을 하는데요.

선생님은 적극적으로 경쟁 심리를 부추기거나 승부 근성을 발휘하도록 하는 것이 능력을 최대한 활용하는 것이라 생각합니다.

그럼 사업이 잘 맞단 말이신 가요?

그럼요. 흔히 남성적인 기질과 같은 도전적인 면을 내세운다거나 지도력을 발휘하여 조직을 이끌어 간다거나 하는 그런 일들이죠.

하하 그렇군요. 정치에도 관심이 있는데, 그런 것은 어때요?

글쎄요....... 잘 어울릴 것 같은데요.

그렇다면 노력해 봐야겠군요.

잘하실 것 같습니다.

감성적이고 열정이 넘치는 부지런한 주도형

구분	엄지	검지	중지	약지	소지
왼손					
오른손					

오른 엄지의 지문유형(指紋類型)은 동그랗고 나머지는 고리 모양이
있다.

열정을 가리키는 유형도 있으며 3가지 정도로 분포되어 있다.

예술적인 분야에 관심이 많아 안목이 있는 편이라고 하였다.

중년의 남성을 만난 건 꽤 오래전의 일인데, 부지런하게 다양한 활동을
하는 모습이 매우 인상적이어서 아직도 기억에 남는다.

교육 분야에 관심이 많아 교육 관련 사업을 하고 있으면서도 예술과 관
련된 취미도 아주 왕성하게 하고 있다고 하였다.

매우 적극적이고 도전적인 부분이 엿보이는 분으로 딱히 궁금한 것은
없어 보였다.

뭐 궁금하신 것이 있으신지요?

궁금한 것이라고 이야기하기는 그렇고.......

정치에 관심이 많고 해서 한번 도전을 해 볼까 고민 중인데요~~

선생님은 남들 앞에 나서서 이야기한다거나, 강연한다거나 하는 등
....

대중연설에도 매우 재미있어하실 것 같은데 어떠세요?

맞아요, 좋아하는 편이지요.

의리도 있으시고, 신념도 강하여 한번 해야겠다고 마음먹으면 이루실 것 같은데요.

강인한 정신력을 바탕으로 매우 적극적인 부분이 있거든요~~

지금은 아주 열심히 의정 활동을 하고 있으며, 지속적인 발전을 통해 좋은 꿈을 이룰 거라 믿는다.

10. 지문유형(指紋類型) 10번은 원칙형(原則型)

원칙형의 성격 5 요인에 의한 특징

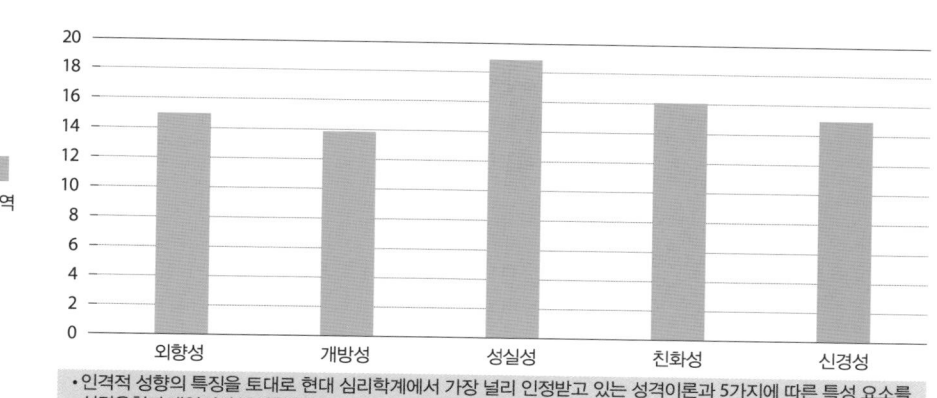

우수영역

외향성　개방성　성실성　친화성　신경성

• 인격적 성향의 특징을 토대로 현대 심리학계에서 가장 널리 인정받고 있는 성격이론과 5가지에 따른 특성 요소를 성격유형과 대입시켜 분석한 것임.

원칙형(原則型)

지문의 중심부가 원으로 형성이 되어 바깥으로 펼쳐진 융선 역시도 점점 커지는 형태이며 삼각점은 양쪽에 두 개가 있다.

동그라미를 그려 놓은 것 같은 모양으로 되어있으며 연필을 주고 원을 그리라고 해도 원을 정확하게 그리려고 할 정도이다.

원칙에서 벗어난다거나 대충대충 마무리하지 않아 책임감이 강하거나 성실하게 보인다.

III. 열 가지 지문유형 들여다보기

95

완벽하고 정확한 것을 추구하기 때문에 융통성이 없다거나 고지식해 보이기도 한다.
지문의 동그란 융선이 어느 정도 동그랗고 정확하게 있느냐의 차이에 따라 특성이 더욱 강하게 나타나기도 하고 그렇다.

장점	원리원칙에 근거하여 판단을 하거나 정확하게 행동을 한다. 자기 관리에 대한 철저한 계획으로 위기관리에 대한 대응능력이 있다. 대충대충 하지 않으며 솔직하고 믿음직스럽게 일을 수행한다. 강인한 의지를 다지고 마무리를 하거나 확고한 신념이 있다.
단점	고지식한 자신의 견해와 관점에서 판단하거나 결정한다. 완벽해야 한다는 강박관념으로 유연성이 부족하게 보인다. 부드럽고 자상하지 않은 대인관계와 언행으로 오해를 받는다. 원칙의 틀에 자신을 구속하여 답답하게 보이기도 한다.
스트레스 원인	신뢰감을 가지고 지켜봐 주거나 믿어주지 않고 오해를 하면. 완벽하고 철저해야 한다는 강박증과 같은 것 때문에. 마음의 여유를 부리지 못하고 느긋하게 하지 못해서. 대충 넘어가거나 적당히 해도 되는 일을 제대로 해야 한다고 믿기 때문에.
스트레스 해소방안	대충대충 해도 크게 문제가 없다는 생각을 가지자. 완벽함이 때로는 올가미가 된다는 것을 가지고 살자. 지나치게 믿어주어야만 한다는 강박관념을 버리는 것. 마음의 여유를 가지고 멀리 길게 넓게 느긋하게 하자.

| 학습 코치방법 | 믿어주는 진심 어린 마음으로 의심하지 말고 지켜보자. |

학습 코치방법   믿어주는 진심 어린 마음으로 의심하지 말고 지켜보자.
절대 간섭을 하지 말고 온전한 심정을 가지고 기다리자.
확인하거나 추궁하지 말고 캐묻지 말자.
일단 맡겨두고 기다리는 가운데 확실하게 지지하자.

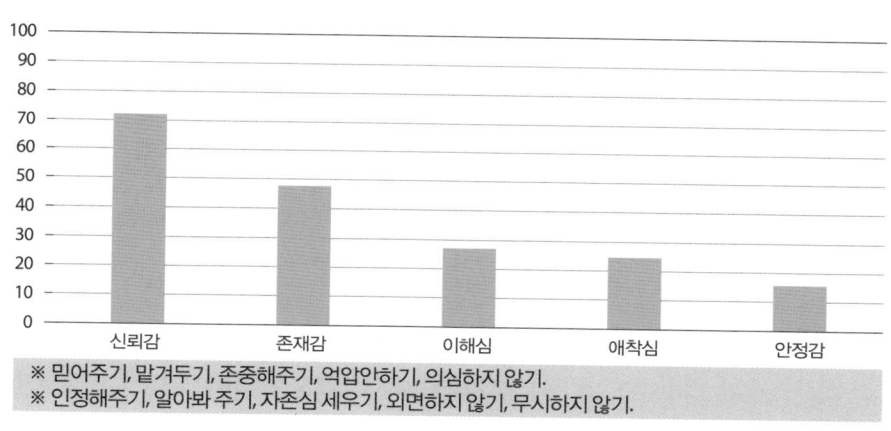

※ 믿어주기, 맡겨두기, 존중해주기, 억압안하기, 의심하지 않기.
※ 인정해주기, 알아봐 주기, 자존심 세우기, 외면하지 않기, 무시하지 않기.

자기중심적인 자존심이 강인한 원칙형

구분	엄지	검지	중지	약지	소지
왼손					
오른손					

열 개의 손가락에 지문유형(指紋類型)이 동그랗고 융선도 선명하다.
책임감이 강해 보이는 고등학생을 만나게 되어 보람찬 상담을 하게 될
것 같은 예감이 들었다.
우리 친구는 장래 희망이 뭔지 물어봐도 될까?
네 저는 군인이요.
그럼 초등학교 때에도 꿈이 군인이었나요?
소방관도 되고 싶고, 경찰관도 되고 싶고 그런 적이 있었어요.
부모님은 뭐라고 하시는데?
그냥 제가 하고 싶은 것이 있으면 적극적으로 밀어주신다고 하셨지요.
뭔가를 한다고 다짐을 하면 잘할 것 같은 친구였다.
승부 근성은 강한 것 같아? 아니면 약한 것 같아?
저요, 지면 억울해서 잠도 못 잘 때가 있어요.
그래 그거 매우 좋은 현상이야.~
기왕에 하는 것 결과를 위해서 하는 것도 필요한 거지.
그리고 군인에 목표를 두었으면 군인이 되기 위해 운동도 열심히 하고
그쪽으로만 집중을 하는 것이 시간 낭비하지 않는 일이란 거 알지?
그래서 진학도 군사학과에 가려고 준비 중 이거든요.
우리 친구는 훌륭한 군인이 될 것 같다는 예감이 들어.
네 감사합니다.

감성적이지만 주도적인 원칙형

구분	엄지	검지	중지	약지	소지
왼손					
오른손					

양손 엄지의 지문이 동그란 형태의 지문유형(指紋類型)이며 그 외에도 몇 개 더 있다.

무뚝뚝해 보여 쉽게 말을 붙이기보다는 기다려주는 편이 더 좋을 것 같았다.

아이 때에는 조금만 혼내려 들면 눈물이 글썽거려 혼내지 못한 적도 있었다.

너무 나약해서 그런 것은 아닌지 의심이 들기도 하였다.

그리 혼낼 일도 없었었지만 말이다.

굳이 시시콜콜 변명 같은 것이 싫어서 그냥 눈물 한방으로 끝내려고 그런 것은 아닌지?

스포츠를 좋아하여 운동선수를 한다고 하지는 않을까 했는데 소질보다는 근성이 있었던 것 같다.

지기 싫어하는 승부 근성?

게임이나 스포츠에서는 절대 지면 안 된다는 자기만의 신조를 지니고 있다고나 할까.

일찌감치 혼자서 방을 쓰기 시작하였고 누구한테 의지하거나 귀찮게 하질 않았다.

말수가 많지 않고 묵묵히 주어진 일에 최선을 다하는 그런 친구였다.

한번 한 약속은 법과 같이 생각을 하였는지 어기거나 무시하지 않는 아주 고지식한 구석 또한 있었다.

할 수 있는 것이라고는 그냥 믿어주고 지켜봐 준 것이 전부였다.

그래, "믿는다." 그것 외에 간섭하거나 확인을 하려고 하지 않았다.

고등학교 다닐 때 경찰학과를 갈까 고민을 하였을 때도 "그래 알아서 해봐"였으니, 누가 보면 부모 자격 없는 것 아니야? 라고 할 수도 있다.

하지만 지금까지 한 번도 약속을 어기거나 예상 밖의 행동을 하지 않는 아이를 혼낼 일이 있겠는가.

스스로 결정하게 기다려주고, 그 결정을 존중해줄 뿐 다른 것은 없었다.

고등학교 3학년 2학기, 중국 하얼빈공업대학교에 가고 싶다는 이야기를 꺼냈을 때 처음에는 만류했다. 그래도 뜻을 굽힐 기미가 보이지 않아 "후회하지 않을 자신 있니?"라고 물어보았다.

네, "저는 후회 같은 것은 안 해요!" 너무도 완강했다.

"어릴 때부터 돈 많이 벌고 싶었고, 해외로 나가보고 싶었거든요"

자식 이기는 부모는 없다고 하였던가, 판세는 이미 기울었구나.

그래, 그럼 한번 가서 많은 경험도 하고 열심히 해봐.......

한방 얻어맞은 것처럼 멍한 기분으로 보내게 되었다.

넓은 세상을 경험하고 싶다는 꿈을 가지고, 지금은 중국에 유학을 가서 열심히 자기 인생을 개척하고 있는 청년으로 성장하고 있다.

현재 국제경제무역을 전공하고 있으며, 나름 많이 적응도 되었는지 한국에 잠시 귀국을 할 때면 뭐 필요한 것 없느냐고 사가겠다고 한다.

아직은 진행형이기는 하지만, 지금껏 해왔던 것을 보면 충분히 잘할 거라고 믿고 있다.

믿지 않고 불안해하는 것 보다, 차라리 믿으면 마음이라도 편한 것 아닌가?

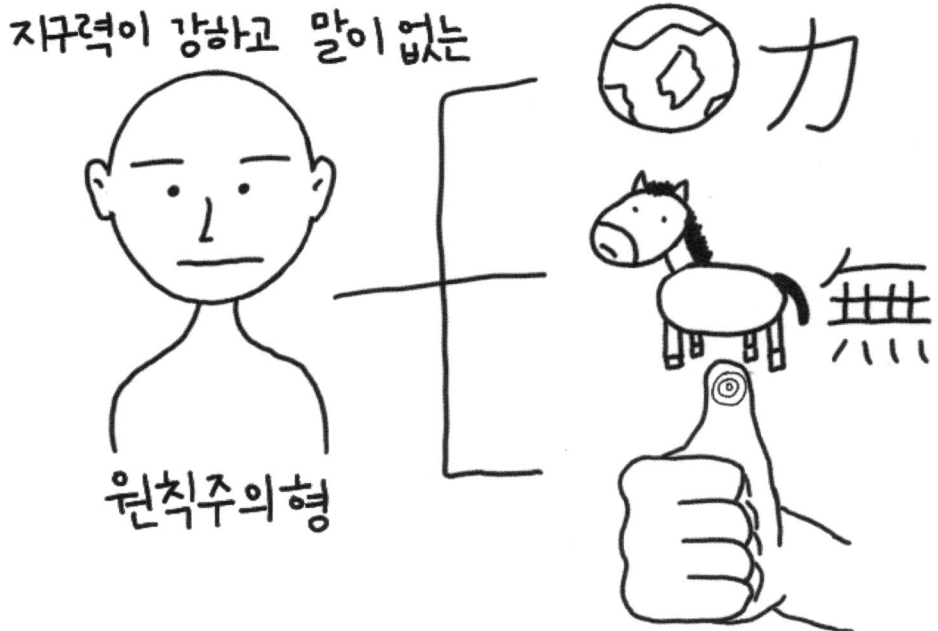

지문과의
대화

Conversation with
Fingerprinted

IV

지문패턴 데이터 분석의
뒷받침은 무엇일까?

ⅣV 지문패턴 데이터 분석의 뒷받침은 무엇일까?

1. 대뇌의 구조

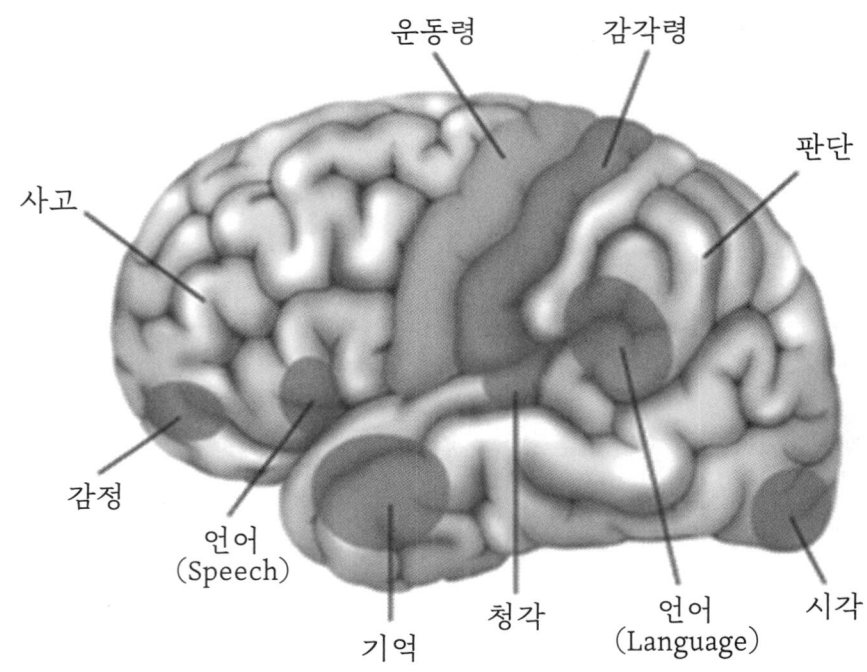

정신, 감각, 운동 활동을 조절하는 중추로 좌우 2개의 반구로 구성되어 있으며 주름이 많아 표면적이 넓다. 대뇌 겉질의 표면적은 그 표면이 관할하는 신체 부위의 크기와는 관계가 없으며 신체 부위를 움직이는 난도에 따라 구분된다.

대뇌는 크게 대뇌 겉질과 대뇌 속질로 나뉜다. 대뇌 겉질은 신경 세포체가 밀집되어 있는 곳으로 회색질이라고도 불린다. 기능과 위치에 따라 분류할 수 있으며, 기능에 따라서는 감각령, 연합령, 운동령으로 구분한다. ▲감각령은 감각기로부터 정보를 받고 ▲연합령은 정보를 바탕으로 운동령에 명령을 내린다. ▲운동령은 연합령이 내린 명령에 따라 운동이 일어나게 하는 역할을 맡는다. 위치에 따라서는 전두엽, 두

1. 대뇌의 구조

정엽, 후두엽, 측두엽으로 구분되며 시각의 인지, 고등 지적 활동, 정서 등에 관여한다. 한편, 대뇌 속질은 신경 섬유가 밀집되어 있는 곳으로 백색질이라 불린다.

[네이버 지식백과]대뇌(시사상식사전, pmg 지식엔진연구소)

2. 대뇌의 기능

전 전두엽 (집행기능)	감정적이고 행동적인 대응 관련 기능: 정신기능, 개척기능, 관리기능, 감정 기능, 통제기능 역할: 추진하기, 대응하기, 집중하기, 인내하기, 결정하기
전두엽 (분석기능)	분석적이고 계획적인 사고 관련 기능: 사고기능, 심상 기능, 추리기능, 분석기능, 창조기능 역할: 상상하기, 생각하기, 추리하기, 계산하기, 분석하기
두정엽 (운동기능)	감각적이고 행동적인 신체 관련 기능: 체감기능, 율동 기능, 조작기능, 판단기능, 행동 기능 역할: 움직이기, 조작하기, 활동하기
측두엽 (언어기능)	청각적이고 언어적인 표현 관련 기능: 청각 기능, 음악 기능, 언어기능, 표현기능, 반응기능 역할: 말하기, 들어주기, 기억하기, 소리 분별하기, 저장하기
후두엽 (시각기능)	관찰력과 분별력의 시각정보 기능: 시각기능, 도상 기능, 관찰기능, 정보식별기능, 이미지구상 역할: 분별하기, 관찰하기, 들여다보기, 정보 전달하기

위대한 철학자 칸트는 "손가락은 대뇌의 파견 기관"이라고 말했다. 이는 살아가는데 손이 얼마나 중요한가를 상징적으로 말해주고 있다. 인간은 약 500만 년 전 두 발로 걷게 되면서 자유로워진 두 손으로 수없이 많은 일을 하게 되었다. 그 결과 인간의 뇌는 발달하게 되었고 찬란한 문명을 창조하게 되었다. 정교한 손놀림이 인류의 두뇌발달 원동력이 되었다.

대뇌에는 중심구라고 하는 도랑이 있고 도랑의 앞쪽에는 전두엽, 뒤쪽에는 두정엽이 있다. 이 도랑에서 전두엽 쪽으로는 운동과 관계있는 "운동 중추"가 있고 두정엽 쪽으로는 통각, 촉각, 온도감각 등의 피부감각과 관계있는 "감각 중추"가 있다. 이 운동과 감각 중추에 신체 각 부위를 지배하는 뇌 부위를 표시해보면 좌우대칭의 물구나무를 선 사람의 모양이 된다. 그 가운데서도 손을 지배하는 영역은 상당히 넓다. 전체의 약 30%가 손을 움직이고 느끼는 데 관여한다. 다음으로 혀를 지배하는 부위가 크다. 지배하는 면적 크기에 따라 사람을 그려보면 손과 혀가 큰 기형적인 사람이 된다. 이런 기형적인 작은 사람을 "호문쿨루스(homunculus)"라고 부른다. 손은 신체의 극히 작은 부분인데 손의 운동과 감각 부분이 가장 넓은 부위를 차지하고 있다. 이는 손이 뇌의 기능을 가장 충실히 수행하고 있다는 의미이다. 즉, 손이 인류 문명 창조의 일등 공신의 역할을 한 것이다. 손을 움직이지 못하게 묶고 생활한다는 상상을 해 보라. 손의 역할이 얼마나 큰지를 알 수 있다.

적극적으로 움직이는 손의 감각이 뇌의 정교한 신경망을 창조해 낸 것이다.

뇌에서 인체 각 부위를 담당한 지도

1 씹기
2 삼키기
3 혀
4 턱
5 발성
6 입술
7 얼굴
8 눈
9 눈썹
10 목
11 엄지손가락
12 집게손가락
13 가운뎃손가락
14 약손가락
15 새끼손가락
16 손
17 손목
18 팔꿈치
19 어깨
20 몸통
21 엉덩이
22 무릎
23 발목
24 발가락

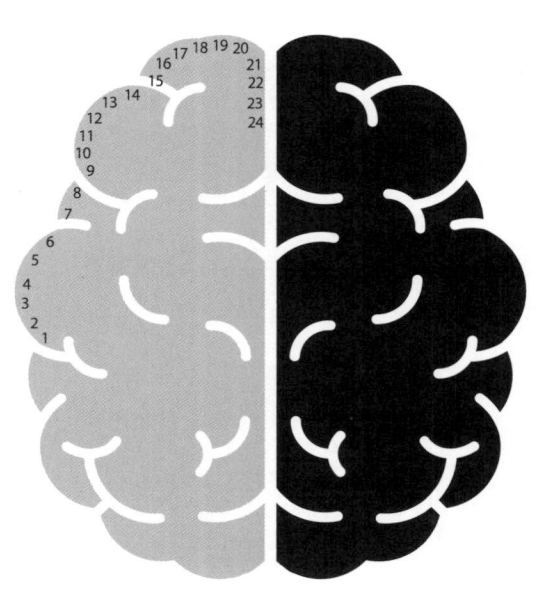

'더 핸드'란 책을 쓴 캘리포니아 의대의 프랭크 윌슨(Frank R. Wilson) 교수는 "진정한 지식은 순수한 사고에서 오는 것이 아니라 외부 세계의 적극적인 조작, 즉 행동과 감성의 결합에 의해 만들어진다"고 강조한다. 따라서 손으로 자꾸 만지고 머리를 써서 조작하는 기회가 많아지도록 교육 환경을 개선해야 한다는 것이 그의 결론이다.

꼭두각시 연출가, 마술사, 암벽 등반가, 외과 의사, 보석 가공사, 기타 연주자 등 예술가의 손은 감성 그 자체라는 것을 알게 됐다. 손은 뇌의 계획과 프로그램에 따라 단순히 수동적으로만 움직이는 존재가 아니다. 적극적으로 집어 들고, 만져보고, 찌르고, 쥐어짜고, 구별하고, 밀치면서 터득한 손의 감각이 뇌의 정교한 신경망을 창조해 낸 것이다. 눈과 귀도 많은 양의 감각을 뇌로 전달 하지만 수동적일 뿐이다. 5개의 손가락이 서로 협력해 움직이는 미묘한 동작은 수학자들조차 도저히 해석할 수 없을 정도로 정교하고 복잡하다.[4]

대뇌에 손가락의 운동과 감각이 상당 부분을 차지하고 있으며, 이는 곧 손가락의 움직임이 뇌 기능에 매우 중요함을 의미한다.

1989년 한국의 김용진(金龍震)이 처음 사용한 개념으로, 지성(知性)과 관련된 좌뇌(左腦), 감성(感性)과 관련된 우뇌(右腦), 영성(靈性)과 관련된 간뇌(間腦)로 분류되는 뇌 전부를 일컫는다. 용량은 약 1000조 비트며, 이 전뇌를 구성하는 각 뇌의 세부 기능과 역할은 다음과 같다.

좌뇌는 주로 지능적인 면과 관련된 기능과 역할을 하는데, 구체적으로는 ① 오차 없는 수학적인 능력, ② 정확한 언어표현 능력, ③ 추론과 관련된 논리 능력, ④ 합리적인 사고 능력, ⑤ 세부적인 분석 능력, ⑥ 장단점을 파악하는 비판 능력, ⑦ 계열적 사고 능력, ⑧ 인체의 오른쪽 부분 조절 능력 등이 이에 해당한다.

우뇌는 지능적인 면보다는 감각적이고 감성적인 면과 관련된 기능과 역할을 하는데, 구체적으로는 ① 열려 있는 공간지각 능력, ② 순간 인지와 관련된 직관 능력, ③ 느낌의 형상화와 음악 예술 능력, ④ 이미지

4) [네이버 지식백과] 두뇌 장수학- 뇌를 젊게 해야 오래 산다 (인체 기행, 서유헌)

의 영상화 능력, ⑤ 다양한 상상 능력, ⑥ 창조 능력, ⑦ 동시다발적인 총체적 사고 능력, ⑧ 몸의 왼쪽 부분 조절 능력이 이에 해당한다.[5]

3. 손은 제2의 두뇌

사람의 손에는 아주 특별한 흔적이 손바닥과 손가락 끝마디에 새겨져 있으며, 그 선들은 누구나 궁금해하는 많은 정보를 간직하고 있다. 손바닥에 새겨진 선들의 무늬는 장문이라고 하고, 손가락 끝마디에 새겨진 무늬는 지문이라고 표현을 한다. 손바닥에는 장문 말고도 손금이 있어서 수상학이 발달되어있는 인도에서는 손금이 널리 알려져 상담에 활용한다. 사람의 손이 특별한 것은 비단 지문이나 장문이 있다는 것 외에도 기능적인 부분을 들여다보면 더욱 신기하다. 손으로 이야기를 나누기도 하고, 손으로 무엇인가를 만들기도 하고, 손으로 물을 받아먹을 수도 있고, 손으로는 하고 싶은 일을 못하는 것 없이 척척 해낸다. 손으로 하는 일들을 잘 해내는 사람을 두고 손재주가 많은 사람이라고 치켜세우곤 한다. 그러한 손과 손가락에 새겨진 지문은 무엇을 의미할까? 사람마다 각기 다른 지문을 가지고 태어나서 평생 변하지 않는 특징을 가진 지문에는 무슨 의미가 있을까? 물건을 들거나 만지는데 필요 때문에 새겨진 그 이상의 비밀이 숨겨져 있지 않을까?

지문이 있는 동물은 원숭이, 고릴라, 침팬지와 같은 동물도 있지만 개도 있으므로 그리 놀랄 일은 아니다. 다른 동물들과 다르게 사람은 손을 자유자재로 움직이거나 무수히 많은 일을 손을 통해서 할 수 있다는 것이다. 달리 해석을 하자면 자유롭게 하는 것은 물론 마음먹는 대로 움직이는 손을 가지고 있었기 때문에 가능하였다고 보아도 아주 많이 틀린 말이 아니다. 그런저런 이유 때문인지 모르지만, 옛날 우리 조상들은 이것저것을 아주 잘하거나 많이 하는 사람을 일컬어 오만 짓을 다한다고 표현 하였다. 그 오만 짓은 족히 오만가지 이상은 한다거나 또는 할 수 있다는 뜻이기도 하며 실제로 사람은 손으로 9만 가지 정도는

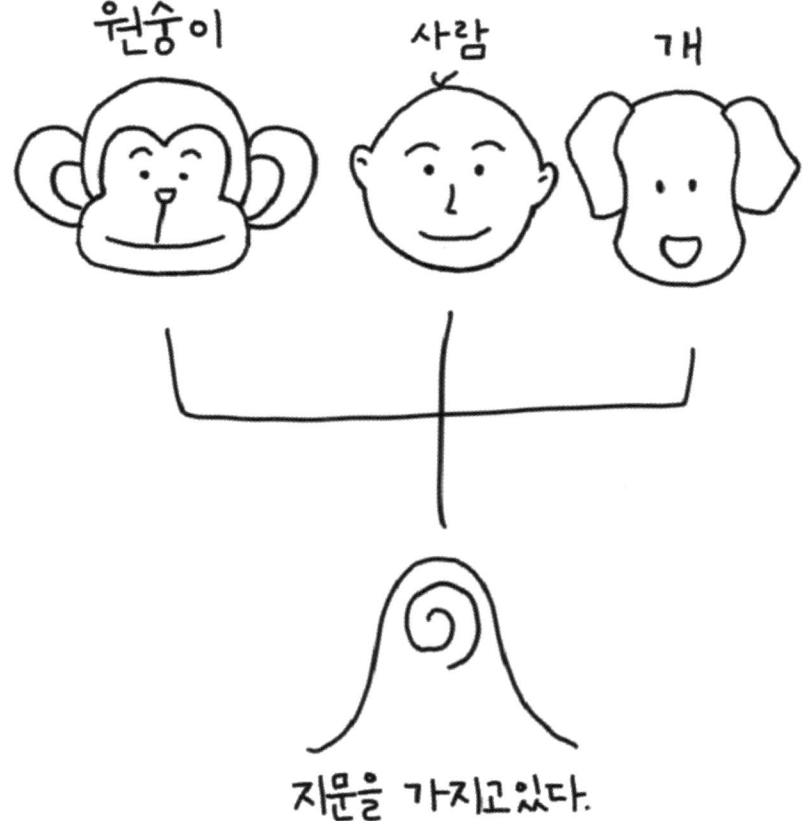

원숭이　　　사람　　　개

지문을 가지고있다.

족히 한다고 보아도 무방할 정도이다.

많은 일을 할 수 있다는 것 이상으로 중요한 사실은 손을 많이 움직이면 움직일수록 두뇌발달에 도움을 준다는 것이다. 전 세계적으로 한국인의 두뇌가 우수하다고 알려져 있다. 그 이유 중에는 우리의 젓가락 문화를 빼놓을 수 없다. 동양의 다른 나라들 일본과 중국도 젓가락 사용을 하지만 두꺼운 나무젓가락을 사용한다. 반면에 우리나라는 가느다랗고 기다란 쇠젓가락을 사용한다. 가늘고 기다란 젓가락을 사용하기 위해서는 여간 어려운 일이 아니지만, 무수히 많은 연습으로 이루어진다. 우리의 조상들은 아이 때부터 젓가락을 사용할 수 있도록 갖가지 방법을 총동원하여 연습을 시켜 주었다.

장난감을 손에 쥐여 준다든지 하는 것보다는 손으로 할 수 있는 죔죔 잼, 짝짜꿍 등 손을 사용하는 놀이를 통해 엄마와 교감을 이루었다. 걷지도 못하는 아이들을 놓고 수학 공부를 시키는 요즘과는 다르게 연령대별로 해낼 수 있는 것을 가르쳤으며, 머리가 열리는 시기가 있다고 하면서 다그치지 않고 기다려주었다는 것이다. 사뭇 우리 조상들의 지혜를 보면 그 어느 민족과 비교해도 훌륭했다는 것을 엿볼 수 있다. 먹고 살기 위해서라도 평생 식사를 통해 젓가락을 사용한다는 것 자체가 손을 자연스럽게 사용하도록 만들어 준다는 것이기도 하며 우리에겐 매우 크나큰 행운인 것이다.

손은 외부로 튀어나와 있는 제2의 뇌 또는 뇌 기능의 역할을 가장 많이 대변하는 특징을 가지고 있기도 하다. 시각장애인 화가로 널리 알려진 미국의 존 브램블리트(John Bramblitt)는 어렸을 때부터 시력이 좋지 않았고 2001년에는 시력을 완전히 잃었다고 한다. 그림을 마음으로 본다는 그는 눈의 기능인 시력을 대신하여 손끝의 감각으로 물감의 색상을 구별하여 그림을 그리는 것으로 유명하다. 즉 손끝의 미세한 감각으로 무슨 색깔인지를 알아낸다고 하는데, 가령 끈적임이 강한지 부드러운지에 따라 강렬한 색상과 연한 색상을 구분한다고 한다. 시력을 잃은 사람에게 손의 기능은 눈으로 볼 수 있는 시각적인 부분은 물론 색상을 구별하여 판단하는 부분까지도 손으로 대신 한다는 것을 알 수 있었다.

손의 기능은 각종 다양한 정보를 뇌에 전달하는 역할을 대체로 하지만, 필요에 의해서는 뇌의 기능을 손이 대신하는 예도 아주 많이 있다는 것이다. 외부에 있는 제2의 뇌, 손을 많이 움직여 준다는 것은 자극이 주어지거나 유기적으로 움직임을 통해서 일어나기 때문이기도 하다. 손을 많이 움직여 주어 간접적으로 두뇌에 신경으로 자극이 전달되며, 그러한 미세하고 정교한 자극을 통해 두뇌로 정보가 전달된다고 보면 된다. 아주 정교하고 미세한 정보를 전달해 주기 위해서는 손가락이 자유롭게 움직여 주어야 가능한 일이다. 사람의 손가락을 자유롭고 정교하게 움직여 주는 것 자체가 뼈마디가 많이 분포되어 있기 때문이다.

사람이 가지고 있는 뼈는 아이가 태어날 당시에는 대략 360개 정도로 태어나지만, 점차 성장하면서 머리뼈와 같은 부분은 두개골과 같이 하나의 형태로 모양이 완성된다. 그런 변화를 거쳐 성인은 대략 206개 정도를 가지고 있는데 그중에 54개의 뼈가 왼손과 오른손에 분포되어 있다. 사람의 뼈마디 전체의 4분의 1인 25% 정도가 손에 집중되어 있다는 것을 알 수 있다. 손에 뼈가 많이 있다는 것은 신경조직 역시도 집중되어 있다고 보면 된다. 즉 사람은 수많은 일을 손을 통해서 해낼 수 있는 것이다. 과학의 발달로 인하여 로봇을 만드는 일도 보편화 되어있으며 다양한 분야에 로봇을 사용하고 있다. 아무리 정교하게 만들어진 로봇이라 할지라도 사람이 가지고 있는 손처럼 움직임이 자연스럽고 정교하지는 못하다는 것이다. 그만큼 사람은 우수한 기능이 있는 위대한 손이 있었기에 문명의 발달은 물론 과학의 발달을 거듭해 가고 있다.

4. 엄지손가락의 비밀

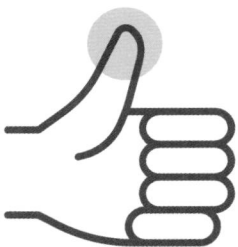

손가락도 다섯 개 손가락 모두가 똑같은 기능을 하고 있지 않으며 제각 각 가지고 있는 역할도 다르지만, 두뇌에 신경이 연결되어있는 부위가 다르다는 것을 알 수 있다. 엄지손가락이 가지고 있는 힘의 비중은 전체 손가락 중에 50%의 힘을 가지고 있다. 엄지손가락이 하는 역할을 보면 힘도 가장 많이 세지만 전체 손가락의 지도자와 같은 역할을 해낸 다. 그래서 내가 으뜸이야! 또는 네가 최고야! 라고 할 때는 엄지손가락을 번쩍 치켜세우는 것이기도 하다. 엄지손가락을 중심으로 나머지 손가락이 헤쳐 모이기도 하고 흩어지기도 한다. 손을 오므려보면 엄지를 기준으로 나머지 네 개의 손가락이 합쳐진다. 엄지손가락으로는 나머 지 손가락들을 차례로 쓰다듬어 줄 수도 있고, 손톱을 문질러 줄 수도 있으며, 손끝의 지문을 차례로 비벼대면 미세한 촉감도 감지할 수 있다 는 것이다. 엄지의 손끝과 다른 손가락의 손끝이 만나서 비벼져야만 촉 감이 제대로 감지가 되며 정확도 또한 높게 나온다. 엄지를 제외하고는 나머지 손가락만으로는 촉감을 감지하기가 쉽지 않은 일이기도 하므 로 엄지의 역할이 더욱 막중 한다는 것을 실감한다. 물건을 들기 위해 서든 물건을 잡기 위해서든 엄지는 빼놓을 수 없는 중요한 역할을 하게 된다. 손쉽게 하는 일이라던가 비중이 그리 크지 않거나 정교하지 않은 일들은 엄지를 제외하여도 별 어려움이 없다. 그러나 아주 정밀한 작업 이나 신중히 처리해야 하는 일들에는 절대 엄지를 제외하고는 쉽지 않 다. 그만큼 비중이 높거나 역할이 중요한 일들일수록 엄지손가락의 위 치는 크다는 것을 누구나 인정을 한다.

엄지손가락은 흡사 가정에서는 가장과 같은 역할, 집을 지을 때는 기둥 과 같은 존재이기도 하다. 엄지손가락의 기능이 크고 많은 만큼 두뇌에 서는 전두엽 부분과 밀접한 관련이 있다. 전두엽은 판단하거나 결정을 하는 역할로 뇌 기능의 가장 중추적인 부분을 담당하고 있다. 사람의 행동특성과 같은 다양하게 외부적으로 표출되는 행동적인 양상이기도

엄지 손가락

IV. 지문패턴 데이터 분석의 뒷받침은 무엇일까?

113

하다. 어떠한 일을 결정하거나 계획을 세우는 기능으로써 심리학적인 용어로는 집행기능과 같은 부분이기도 하다.

왼손 엄지는 대항하는 힘

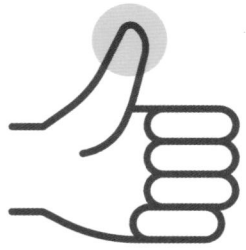

어릴 때 왼손을 쓰면 야단을 맞았던 기억이 있다. 왼손을 사용하면 안되는 줄만 알았다. 오른손은 바른 손이라고 하였지만, 왼손은 무시를 받거나 바르지 않다는 인상을 강하게 받았다. 왼손잡이들은 어릴 적 기억이 썩 좋지만은 않은 추억이기도 하다. 대부분 오른손에 맞추어 만들어진 사회 전반의 현상 때문이다. 두뇌의 고른 발달을 위해서는 당연히 양손을 다 쓰는 것이 훨씬 유리하다. 세계적인 인물 중에 훌륭한 업적을 남긴 인물 중에는 왼손잡이들이 아주 많다. 피카소, 레오나르도 다 빈치, 미켈란젤로, 라파엘, 처칠, 나폴레옹, 간디, 슈바이처, 뉴턴, 아인슈타인, 니체, 괴테, 베토벤 등도 왼손잡이였다고 한다. 고대로 거슬러올라가면 람세스 2세, 알렉산더 대왕 등도 역시 왼손잡이였고. 미국의 역대 대통령인 트루먼, 포드, 레이건, 부시, 클린턴, 오바마도 모두 왼손잡이였으며, 토크쇼의 여왕 오프라 윈프라, 마이크로소프트사를 창립한 세계적인 갑부 빌 게이츠 역시 왼손잡이라고 한다. 8월 13일은 세계적으로 '왼손잡이의 날'이다. 왼손을 주로 사용하는 사람들은 대략 10% 정도로 알려져 있다. 이제부터라도 왼손을 더 많이 써야겠다.

좌측 엄지는 '가족 혹은 공동체의 마스터(master)' 주위환경을 안전하고 안락하게 만듦으로써 성취감을 느낀다. 그것은 대체로 보면, 가족이나 공동체에 대한 긍정적인 의식을 함양하는 형태로 나타난다. 이런 측면에서, 가족이란 당신의 혈연을 의미할 수도 있지만, 당신이 속한 공동체, 가문, 팀(team), 동료들 등이 될 수도 있다. [6]

6) 리처드 웅거, 권인택 ·
옮김(2009), 지문은 알고
있다, 재승출판사, p167

왼손을 주로 사용하는 사람들이 두뇌가 좋다는 이야기를 많이 듣는다. 왼손은 우뇌의 창조적인 부분의 감각적인 분야와 관련이 있다. 무엇인가를 새롭게 만들어 내거나 적극적인 부분을 내세워 설득을 잘하는 것과 같다. 그러한 역할 중에 대표적으로 엄지가 차지하는 비중은 더 크다고 보아야 한다. 앞장서고 싶은 욕구 내지는 협력관계를 이끌어가는 대인관계적인 측면이라고 보인다.

앞장서서 나가고자 하는 적극적인 자세를 취하기도 하고 절대 머뭇거리지 않는다. 서로의 관계를 매우 중요하게 여기고 함께 어우러지거나 동참하였다는 것이다. 사회구성원으로서 공동체에 대한 생각을 우선시하여 협력하고 도와주는 것을 두려워하지 않는다. 우리라고 하는 것은 공동체적인 부분에서 작게는 가족이기도 하지만 넓은 의미에서는 국가와 같은 것이기도 하다. 공동체라고 하는 것은 넓은 의미로 해석을 하자면 국가라고 볼 수 있다. 가족이나 공동체 또는 가문까지 아주 다양하게 이어져 있는 관계를 아우르는 것이다. 관계는 인간사회에서 필수적으로 서로 어우러지거나 협력해야만 되는 부분이기도 하다. 아리스토텔레스(Aristoteles)는 '인간은 사회적 동물'이라고 하였다. 즉 인간이 개인으로서 존재하고 있다고는 하지만, 한 개인의 존재를 넘어 끊임없이 타인과의 관계하에서 서로 부딪히고 살아가야만 한다는 것이다. 인간은 사회적 동물인가? 우리는 '인간은 사회적 동물이다'라는 말을 종종 듣는다. 이 말은 고대 그리스의 철학자 아리스토텔레스가 한 말이며, 이와 똑같은 말을 로마의 철학자 세네카(B.C.4~A.D.65)도 하고 있다. 인간다운 인간은 도시국가, 즉 폴리스의 일원으로서 생활하는 인간이라고 주장하는 아리스토텔레스는 사람은 태어날 때부터 사회적(폴리스적) 존재라고 규정했다. 나 혼자서 생활하고 자라났다고 말할 수 있는 인간은 한 사람도 없다. 모든 사람은 사회에 속해서 자라고 그 일원으로서 살아가고 있다.[7]

7) 리포트 월드 (2006) 인간은 사회적 동물인가?, 머리글

서로의 관계에 대한 정립과 입장에 대하여 쉽게 파악을 하거나 대응을

적절히 잘해나가는 것이기도 하다. 상대방의 생각에 대하여 이해를 하거나 보조를 잘 맞춘다는 것은 '사회적 동물'로서 사람들의 관심을 끌어낼 필요한 덕목이다. 상대의 마음을 편안하게 만들어 주거나 협조를 잘 끌어내기에도 유리하기 때문이다. 상대방을 치켜세우거나 최고라고 칭찬을 할 때는 왼손 엄지를 세워 찬사를 보낸다.

오른손 엄지는 의지를 표명하는 자신감

오른손을 주로 사용하는 사람이 85%~90%이며 대다수를 차지하는 이유를 설명하는 유력한 이론은 없다고 한다. 성경에서 오른손은 '권력과 능력'또는 '성공과 번영의 우수함'이나 '강력한 힘'의 상징적 의미가 있다 하였다. 사람들이 처음 만나서 인사를 나눌 때 오른손으로 '악수'를 한다. 인사방식에 제각각인 국제 외교 장에서, 단 한 가지 인사만은 통용되는데 그것이 바로 '악수'이다. 처음 만나는 두 사람이 오른손을 내밀어 맞잡는다. 서로 맞잡은 손을 위아래로 흔든 뒤, 손을 놓는 이 방식은 문화와 종교를 초월해 거의 모든 문명권에서 익숙하다. 인사에도 중요한 원칙이 있으며, 바로 왼손은 절대 내밀면 안 된다는 점이다. 서양에서 악수는 다른 예의를 따지기보다 상호 해칠 의사가 없음을 확인하는 것이었다고 한다. 어느 특정한 지역에서는 왼손은 불결한 손이라고 믿고 있기 때문이라고 한다. 오른손에 무기를 들었던, 힘이 강하여 상대를 제압하던 오른손은 대다수 사람들이 주로 사용한다는 것이다. 오른손 엄지를 불끈 세워서 추켜올리는 것과 같이 '힘의 상징'또는 '의지표명'과 같은 강력한 메시지 전달의 표시이다. 가장 많은 역할은 물론 '강력한 힘'을 오른손 엄지는 가지고 있으며 모든 것을 이끌어간다. 결정을 내리거나 판단을 하는 등 최종 단계의 결론을 짓는 매우 중요한 부분의 핵심이기도 하다. 열 개의 손가락 통틀어 오른손 엄지의 역할만큼 비중이 많은 손가락은 없다고 보아도 과언이 아니다.

우측 엄지는 '성공의 마스터(master)/실천가'로 대항할 수 있는 능력을 나타낸다. 외적인 측면에서 보면, 대항할 수 있는 능력은 도구를 만들 수 있는 인간의 능력을 말한다. 내적인 측면에서 보면, 대항할 수 있는 능력이란 자기 자신에게 의지를 행사할 수 있는 능력을 의미한다. 의견을 공포할 수 있는 능력, 우리의 상상을 현실로 만드는 능력, 사물을 지배하는 인간의 능력을 상징한다. 엄지의 특징을 가지고 있는 사람, 곧 실천가는 언제 대항해야 할지와 언제 대항하지 말아야 할지를 알고 있으며, 언제 통제를 해야 하고 언제 하지 말아야 하는지를 알고 있다.
오른손 엄지가 얼마나 중요한가?

왜 오른손 엄지의 손가락에 있는 지문에 주목할 수밖에 없었을까?
무수히 많은 사람의 지문을 들여다보면서 유독 오른손 엄지에 더 많은 관심을 가지고 살펴보았다. 필자가 '일제 감시대상 인물 카드'에 수형 기록으로 남겨져 있는 지문 번호를 토대로 연구를 하였던 사례《독립유공자와 일제 감시대상 인물의 지문(指紋)유형과 삶의 가치관(價値觀) 분석》에서도 오른손 엄지에 대한 궁금증이 가장 컸으며 내용은 다음과 같다.
"〈한국지문적성연구원〉에서 지문적성검사를 하기 위하여 지문 유형을 조사한 것에 비하면 이례적인 수치임이 확연하다. 대학생 또는 성인남녀 불특정을 대상으로 하였을 때 나온 숫자를 보면 조사대상의 지문 유형과 같다고 판단되는 "8번 유형"과 "9번 유형"두 개의 유형을 합친 것이 2,200명 중 573명(26.0%)이며, 조사대상(52.1%)과 두 배 차이가 난다. 조사대상에서 "9번 유형"과 "8번 유형"두 개의 유형이 아주 많이 나왔다는 것은 매우 흥미로운 일이었다. 우측의 엄지가 가지는 특징을 살펴보면 더욱 의미심장하다는 것을 알 수 있다. "9번 유형"과 "8번 유형"의 기질은 매우 적극적이고 도전적인 특성이 있다. 적극적으로 생각하고 물러서지 않는 단호함도 있으며, 승부 근성이 매우 강해지거나 굴복하지 않으려는 자존심을 가지고 있다. 자기 자신에 대한 의지는 물론 확고한 신념을 가지고 끊임없이 도전한다는 것이다. 끊임없는 도전을 위해서는 용기와 불굴의 투지 또는 강인한 정신력이 필요하다. 즉 강인한 정신력을 가지고 한번 해야 한다는 마음가짐을 가지면 절대로 포기하지 않는 끈기이기도 하다. 그러한 끈기와 집념은 강력하고도 굳은 의지로 나타났을 것이다. 지문 유형으로 분류해 보면 고집스러운 근성을 가지고 절대 포기하지 않는 의지가 강한 유형으로 보아야 한다. 특히 자존감에 상처를 당하는 것 자체가 치욕스러웠을 것이다. 적당히 타협한다거나 비굴하고 비열한 삶 자체를 용납할 수 없었을 것이다. 언제 어떻게 해야 하는지에 대한 자신의 확고한 신념이 있었기 때문에 가능하였다고 보아야 한다. 즉 무엇이 옳고 그름에 관한 판단과도 같았을 것이고 그 판단 뒤에는 역사의식이 뿌리 깊게 자리를 잡았을 것이다. 절대 물러서지 않겠다는 불굴의 정신으로 강력한 저항을 하게 만든 힘이 되었을 것이다. 우측 엄지손가락의 지문 유형이 한 개인의 삶을 어떻게 살아가야 하는 문제에 있어서 막대한 힘을 발휘한 것이다. 적당히 판단하거나 대충 살아가는 것 자체를 용납하지 않고, 삶에서 가장 소중하게 생각하는 것이 분명 하였다. 한 개인의 삶과 그 삶 속에 펼쳐지는 소중한 정신적 유산과도 같은 가치관 또는 인생관 이기도 하다. 소중하게 생각한 모든 것들이 개인적으로는 삶의 전체를 평가하는 의식으로 나타났다. 그러한 의식이 모이고 합쳐져 사회적인 분위기를 형성하고 한 시대의 역사를 만들었다.”

위에서 “8번 유형’과 “9번 유형’은 손가락에 있는 지문의 유형을 분류하여 표시한 번호를 이야기하는 것이다. 사람은 의식을 통해 생각하거나 다짐을 하여 행동으로 이어진다. 행동에 다다르기까지는 수없이 많은 번뇌를 하게 되어있다. 생각을 많이 한다고 하여 행동으로 무조건 이어진다고 볼 수 없다. 많은 생각이 오고 가는 과정에서 판단을 내리고 결정을 하는 것이다. 그러한 판단과 결정에 강력한 영향력을 행사하는 부분이 전두엽이며, 그 전두엽의 역할과 같은 엄지손가락 즉 오른손 엄지손가락의 지문과 매우 밀접한 관련이 있음을 연구를 통해 알 수 있었다. 전두엽의 기능은 엄지손가락이 가지는 힘과 같은 강인한 힘내지는 근성 같은 것이기도 하며, 집중력을 발휘하는 것과 같은 기능으로 이끌어 가는 역할이기도 하다. 대뇌의 기능과 손의 기능은 같다고 보아야 하며 전두엽의 기능과 엄지손가락의 기능 또한 같은 역할을 한다고 보아야 한다.

사람이 가지고 있는 엄지의 기능은 막대한 힘과 기능을 발휘하는 것과 달리 원숭이와 같은 유인원의 엄지는 거의 사용도 하지 않을뿐더러 기능도 약하다는 것이다. 심지어 새나 닭 같은 조류들의 엄지는 거의 사용을 하지 않는다는 것을 알 수 있다. 이렇듯 필요 때문에 발달도 하지만 쓰지 않으면 퇴보될 수밖에 없다는 것을 직간접적으로 알 수 있다.

왼손 검지는 구도를 잡아주는 방향성

검지 또는 집게손가락은 어떤가? 엄지보다는 힘은 약하지만, 엄지 못지않은 역할을 하는 손가락이기도 하다. 검지 손가락이 가지고 있는 힘의 비중은 대략 30% 정도라고 보면 된다. 검지는 엄지손가락과 가장 많이 협력하는 손가락이기도 하며 아주 민첩하게 움직여 정보를 수집하거나 전달을 하기도 한다. 엄지손가락 못지않은 역할을 해내는 것은 물론 가장 많이 움직임을 가지고 있는 손가락이기도 하다.

좌측 검지는 "열정의 마스터"로 그 어떤 것에도 개의치 않고 자신이 진정으로 원하는 바를 아는 것이 이 지문을 가진 사람들의 가장 큰 특징이다. 자신의 열정을 쏟을 대상을 찾는데 고생을 한다. 하지만 이들이 그 대상을 찾기만 하면, 누구보다도 확실하게 집중하며, 활발한 활동을 한다.[9]

9) 오세정·강창렬(2019), 「독립운동가의 지문」 디자인INPO COOP, p82.

플레밍의 왼손의 법칙에서 검지는 자기장의 방향을 가리킨다고 한다.
자기장은 '자석의 주위, 전류의 주위, 지구의 표면 따위와 같이 자기의
작용이 미치는 공간'이라고 되어있다.

자기의 작용이 미치는 공간과 같이 재능에 따른 방향성 즉 하고 싶어
하는 것?

왼손 검지가 가지고 있는 능력은 한 개인의 힘이 미치는 것이란 말인가?

왼손 검지의 지문유형에 따라 하고 싶은 일을 결정짓는 단서가 있지는
않을까?

사례에서도 보았듯이 왼손 검지의 지문유형이 어떻냐에 따라 진로선
택에 향방이 갈리는 것을 자주 목격한다.

다른 손가락의 특징보다 검지의 특징 그것도 왼손 검지의 특징에 따라
서 더욱 그렇다.

누군가가 길을 물어오면 대부분 검지로 방향을 가르쳐 주곤 한다.

가르쳐 주는 손가락이 왼손이든 오른손이든 검지를 사용해서 자기 생
각을 전달한다.

사찰에 가면 왼손 집게손가락을 뻗치어 세우고 오른손으로 감싸 쥔 모
습을 지권인(智拳印)이라고 하는데 다음과 같은 뜻이 있다.

금강계(金剛界) 대일 여래(大日如來)가 만드는 인상(印相). 왼손 집게손
가락을 뻗치어 세우고 오른손으로 그 첫째 마디를 쥠. 오른손은 불계
(佛界)를 표시(表示)하고 왼손은 중생계(衆生界)를 표(表)하는 것으로
중생(衆生)과 부처가 둘이 아니고 일체(一體)인 깊은 뜻을 나타냄[10]

10) 네이버 ㈜오픈마인드

오른손 검지는 권력을 상징하는 추진력

사람들은 누군가에게 지시하거나 자신의 의견을 강력하게 전달하기 위해 우측의 검지를 치켜세우곤 한다. 우측 검지를 통해 더욱 강한 메시지를 전달하는 수단으로 사용하기도 한다. 힘을 불어넣어 확고하게 이끌어 가거나 우위를 선점하기 위한 전략이기도 하다.

오른손 검지는 "권력의 마스터"로 권력과 영향력을 행사할 때 성취감을 느낀다. 여기서 말하는 권력이란 당신에게 깃든 의식이지 어떤 상황을 의미하는 것은 아니다. 이런 의미에서 <쇼생크 탈출>의 나오는 팀 로빈슨(Tim Robbins)은 비록 교도소에 있었지만, 권력이 있는 사람이었다. 영화<노마 레이>의 주인공 샐리 필드((Sally Field)도 마찬가지이다. 그녀는 희망 없이 살아가던 시간급 노동자에서 노조를 만든 지도자로 변신했다. 교도소에 있던 혹은 저항 운동을 이끌던, 영혼의 힘은 고난이라는 불꽃 속에서 단련된다. 우측 검지의 역할은 전체 손가락 중에 가장 많은 일을 하는 손가락이다. 힘으로 분류하면 당연히 엄지가 많은 부분을 차지하지만, 그에 못지않게 우측 검지의 비중은 높거나 많다. 우측의 집게손가락에 해당하는 것은 "권력의 마스터"라고 리처드 웅거는 표현하였다. 권력(權力)(남을 복종시키거나 지배할 수 있는 공인된 권리와 힘)이라고 하는 것의 사전적 의미를 살펴보고자 한다.

남을 지배하는 것 이상으로 남에게 지배를 당하지 않으려는 힘이기도 하다. 남에게 지배를 당하는 것 자체가 자존심에 상처를 입히는 문제이기도 하다. 권력을 행사하고도 남을 사람이 오히려 남에게 속박되거나 억압이 된다는 것은 참지 못할 일이었을 것이다. 독립유공자의 삶 속에 지배를 당하는 것은 상상할 수 없는 치욕스러운 것이었다. 남들에게 좋은 영향력을 발휘하거나 힘을 미치게 하는 역할을 충분히 할 수 있었다. 그러한 역할 내지는 훌륭한 권력을 행사하였어야 마땅하였다. 불의와 타협하지 않고 진정한 애국을 위해 독립유공자는 권력을 펼쳤으며,

진정한 독립운동의 권력과 힘을 유감없이 발휘하였다. 결국, 그들의 진심 어린 애국애족의 힘은 유감없이 전국 방방곡곡으로 퍼져 나갔다.

권력의 상징에는 '나폴레옹'을 들 수 있다. 프랑스의 '자크 루이 다비드(1748~1825)가 그린' 협곡을 넘는 '나폴레옹' 그림을 보면, 빨간 망토를 두르고 백마를 타고 말 위에 앉아 우측 검지로 알프스산맥 꼭대기를 가리키는 '나폴레옹'의 모습을 볼 수 있다. 그의 명언 '나의 사전에 불가능은 없다.'라는 말처럼 강인함을 엿볼 수 있다. 나를 따르라는 명령과 함께 힘차게 앞으로 나아가자는 뜻이 동시에 보인다. 이처럼 우측 검지의 상징은 강력한 힘의 상징이라고 보아야 한다. 강력한 힘과 지도력을 갖추고 당차고 용기 있게 전진해 나간다는 신념과도 같다. 그러한 일들을 거침없이 펼칠 수 있는 기질을 내포한 지문 유형이 독립유공자의 손가락에 새겨져 있었다. 즉 독립유공자의 우측 집게손가락에 많이 나타난 지문의 유형은 강력한 힘을 가지고 있기에, 충분하였다.[11]

---

11) 오세정·강창렬(2019),
「독립운동가의 지문」,
디자인INPO COOP,
p83~85.

지문과의
대화

Conversation with
Fingerprinted

V

재능 그리고 능력

Ⓥ 재능 그리고 능력

1. 손가락 별 재능 엿보기

재능(才能)은 "어떤 일을 하는데 필요한 재주와 능력". "개인이 타고난 능력과 훈련에 따라 획득된 능력을 아울러 이른다."라고 사전에 명시되어있다.

선천적으로 타고난 재능도 있으며, 후천적으로 개발과 노력 또는 훈련 때문에 만들어지는 부분도 있다.

지문유형에 의해 재능을 분류하는 것은 선천적으로 타고난 부분을 살펴보는 것이다.

각 손가락이 가지고 있는 특징을 살펴보면 다음과 같다.

엄지손가락은 힘도 세지만 가장 많은 역할을 하고 있으며, 다음은 검지가 많은 역할을 담당한다.

엄지손가락을 아버지 손가락이라고 부를 정도로 해야 할 일들이 많다는 것이다.

나머지 손가락들은 엄지와 검지와 비교하면 역할이 적은 편이다.

각각의 역할은 물론 해당 손가락 별로 재능을 살펴보면 다음과 같은 재능으로 분류를 한다.

재능은 선천적으로 타고난 부분과 후천적인 노력에 의한 부분이 있다고 보아야 한다.

사람마다 해석하거나 바라보는 관점의 차이는 있으나 필자는 선천적인 부분이 후천적인 부분보다 적다고 본다.

후천적인 부분의 노력과 환경에 의해 재능은 만들어지거나 변화를 하게 되어있다. 하지만 선천적으로 타고난 부분을 절대 간과할 수 없다는 것이다.

선천적으로 타고난 우수한 재능을 토대로 역량을 발휘하거나 근간이 되기 때문이다.

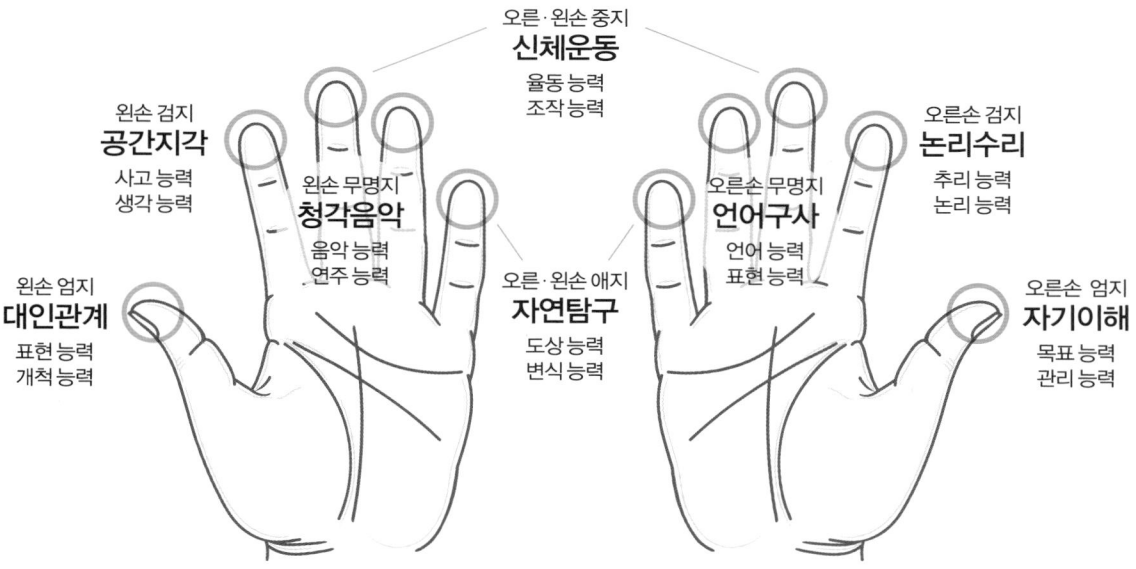

어떠한 분야에 관심을 가지고 진로를 선택하기 위해서는 우선 해당 분야의 재능이 있어야 하며, 성격유형 역시도 그 일을 하는 데 있어서 잘 맞는지 살펴보아야 한다.

제아무리 우수한 재능을 가지고 태어났다고 하여도 아무런 노력을 하지 않으면 절대 이루어질 수 없기 때문이다.

어떤 한 분야에 전문가가 되기 위해서는 그 분야에 적합한 성격과 그 일에 따른 재능이 골고루 갖추어져 있어야 충분한 역량 발휘가 가능한 것이다.

예를 들어 축구선수가 되고자 한다면, 우수한 재능으로는 신체 율동, 공간지각, 자기 이해, 대인관계 재능이 우수해야 하며, 강인한 승부 근성을 발휘할 수 있는 성격유형이 필요하다.

재능은 다양하게 갖추어져 있는데 성격유형이 강한 승부 근성보다는 적당히 또는 끈기가 부족하다면 선수로서는 부적합할 수 있다.

2. 열 가지 재능의 분류

재능분류	재능의 특징에 대한 설명
대인관계	원만한 관계를 유지하고 스스로 문제를 해결하려는 의지와 이성적인 판단 및 대처 능력.
자기 이해	자신의 감정을 정확히 이해하고 효율적으로 결정 또는 관리하거나 조절할 수 있는 능력.
공간/지각	공간 감각이 뛰어나 방향을 잡거나 정확히 인지하여 위치 등 감각을 통해 파악하는 능력.
논리/수리	숫자와 같은 상징체계를 수학적 계산 및 연산을 통해 논리적으로 추론 할 수 있는 능력.
신체 율동	신체를 활용한 균형감각과 움직임으로 손, 발을 포함한 신체 활동 감각의 유연한 조율 능력.
신체 조작	신체의 특정 부분을 활용하여 통제하고 물체를 섬세하게 다루거나 민첩하게 반응하는 능력.
청각/음악	음악의 상징체계를 직관적인 감각으로 이해하는 청각적인 변별력과 음악적 표현력의 능력.
언어/구사	언어의 상징체계를 이해하고 말과 글 또는 외국어 등의 언어를 효과적으로 구사하는 능력.
도상관찰	사물과 이미지에 대한 상상력을 구체화하여 인지하고 느낌을 시각화하는 능력.
자연관찰	자연 세계 동물, 식물에 관한 관심과 자연현상의 원리를 탐구하거나 적용하는 능력.

12)

위의 표와 같이 재능을 열 가지로 분류를 하였으며, 이유는 사람의 손가락이 열 개이기 때문이다.

왼손과 오른손의 구분에 따라 좌뇌형의 재능과 우뇌형의 재능이 구분된다.

왼손이 가지고 있는 재능은 우뇌와 관련이 되어있다면, 오른손이 가지고 있는 재능은 좌뇌와 관련이 되어있다.

미국의 하버드 대학교의 교육심리학자 하워드 가드너(Howard Gardner, Howard Earl Gardner) 박사의 다중지능 이론을 살펴보면 다음과 같다.

12) 한국지문적성연구원 지문분석보고서

1983년 하워드 가드너(Howard Gardner)에 의하여 등장한 다중지능이론은 인간의 지능이 언어·음악·논리수학·공간·신체 운동·인간 친화·자기성찰·자연 친화라는 독립된 8개의 지능과 1/2개의 종교적 실존지능으로 이루어져 있다고 설명한다. 따라서 다중지능이론은 '8과 2분의 1' 지능론으로도 불린다. 즉, 지능검사(IQ Test)만으로는 인간의 모든 영역을 판단하거나 재단할 수 없다는 것이다. 이 이론에 따르면 각각의 지능이 조합됨에 따라 개인의 다양한 재능이 발현된다. 따라서 각 영역에 있어서 수많은 종류의 천재가 있을 수 있는 것이다.[13]

하워드 가드너 박사의 다중지능이론에 맞추어 재능을 열 개의 손가락에 적용하였으나 하워드 가드너 박사와 지문은 전혀 무관하다.

3. 열 가지 재능의 특징에 따른 적합한 진로

대인관계 / 왼손 엄지

구분	상세설명
정의	타인의 기분, 기질, 동기, 욕구를 식별하고 적절하게 반응하여 협력하는 능력.
특징	상대방의 표정, 음성, 몸짓 등을 통해 감정 및 의도를 잘 파악하고 대응. 다른 사람의 처지에서 공감 잘하고 자기편으로 만들기를 잘함. 함께 공유하고 비교, 연계, 협동과 대화를 잘 이끌어 나가는 전략적 판단. 폭넓은 인간관계 유지와 관계를 잘 이끌어가며, 문제를 스스로 해결하려는 의지를 다지고 판단하고 대처를 잘함.
진로	선생님, 코치, 관리자, 기업가, 공동체의 대표, 협상가, 사회봉사자, 영업사원, 상담원, 중개인, 행정가, 공무원, 여행안내자, 판매원, 상담원, 연예인, 외교관, 간호사, 경찰관

---

13) 다중지능이론,
    박문각시사상식편집부

자기 이해 / 오른손 엄지

구분	상세설명
정의	스스로 자신을 정확히 이해하여 감정에 솔직하게 접근할 수 있는 능력.
특징	내면 감정의 솔직함을 통해 스스로 문제를 해결하거나 극복하려는 강한 의지. 강한 자신감과 모험심으로 새로운 일을 도전하거나 추진하려는 정신. 목표를 향하여 적극적이고 강인한 의지를 통해 이루고자 하는 승부 근성. 감정을 통해 행동의 방향을 결정하는 자아 존중감, 자기 효능감, 문제해결의 극복이 우수함.
진로	기업가, CEO, 외판 지도자, 감독, 프로듀서, 오페라 주연, 종교인, 철학자, 특수교육가, 작가, 심리학자, 예술가, 신학자, 상담원, 목사, 신부, 성직자, 심리치료사, 정신분석가

공간지각 / 왼손 검지

구분	상세설명
정의	시공간적 세계를 정확하게 인지하고 지각하여 형상화하는 능력.
특징	도형, 그림, 지도, 입체설계 등의 상징체계를 구상과 디자인 잘 해냄. 말과 행동보다는 그림이나 건축물 등의 형태로 표현하는 것을 잘 해냄. 만들기, 퍼즐 맞추기, 컴퓨터 게임 등 한번 가 본 길 쉽게 찾고 위치 기억 잘함. 물건을 보기 좋게 배치하거나 새롭게 디자인하여 3차원적 사고와 상상 때문에 지각적인 경험으로 창조를 잘함.
진로	운동선수, 배우, 예술가, 엔터테이너, 철학자, 사진작가, 작가, 기업가, 종교지도자, 특수교육 선생님, 언론인, 디자이너, 엔지니어, 설계사, 공예가, 탐험가, 과학자, 기술자,

논리 수리 / 오른손 검지

구분	상세설명
정의	숫자, 규칙, 명제 등의 상징체계를 수학적이고 논리적으로 이끌어 가는 능력.
특징	실험과 복잡한 연산 등을 통해 전략적, 계산적으로 진행 및 해결함. 숫자와 관련된 질문과 수학에 흥미로 논리적으로 근거와 원리를 찾아냄. 수학, 과학, 논리 등에 관심이 많아 체계적으로 진행되는 과정을 좋아함. 추론적인 방법을 통해 문제 파악을 주먹구구식이 아닌 체계적이고 수학적인 방법으로 해결하며, 추상적이고 복잡한 문제에 대한 해결능력.
진로	CEO, 매니저, 기업가, 자영업자, 지휘자, 영화제작자, 저자, 화가, 건축가, 의사, 제조업자, 정치인, 은행원, 회계사, 기자, 교사, 통계학자, 연구원, 분석가, 컴퓨터 프로그래머

신체 율동 / 왼손 중지

구분	상세설명
정의	신체표현의 자연스러운 협조를 통해 신체 율동의 상징체계를 쉽게 익히고 창조하는 능력.
특징	율동을 쉽게 따라 한다거나 레크리에이션, 무용, 연극 및 스포츠를 잘함. 활동적으로 돌아다니는 것을 좋아하고 몸을 많이 움직이고자 함. 신체를 활용한 다양한 동작이 유연하거나 몸으로 표현하는 것을 좋아함. 신체적 활동에 쉽게 몰입하며 무용이나 연극 등에서 신체로 자신의 내면세계를 표현하거나 스포츠 방면이 뛰어남.
진로	학교 교사, 대학교수, 저자, 대중 연설가, 세미나 지도자, 과학자, 심리학자, 공무원 천문학자, 환경운동가, 정치인, 경찰관, 군인, 경찰, 배우, 엔지니어, 운동선수, 물리치료사, 경호원

신체 조작 / 오른손 중지

구분	상세설명
정의	신체 일부(손, 발)를 활용하여 문제를 해결하거나 창작하는 능력.
특징	신체를 활용하여 도구와 기계 조작을 자연스럽게 잘함. 손재주를 활용한 신체적 활동과 유연성이 좋아 섬세한 일을 잘함. 눈에 보이는 사물에 흥미를 느끼고 손으로 조작해 분해조립 잘함. 피아노 치기나 진흙 공예, 종이 공예 등의 손으로 하는 활동을 좋아함.
진로	기업주, 매니저, 과학자, 엔지니어, 치과의사, 교사, 행정관리, 출판업자, 환경운동가, 심판, 경찰관, 법조계, 변호사, 공학자, 조각가, 외과 의사, 악기연주자, 도예가, 건축가, 마술사

청각 음악 / 왼손 약지

구분	상세설명
정의	음악적 상징체계에 민감하게 반응하여 창조할 수 있는 능력.
특징	리듬, 음의 높이, 음색, 진동 등 음악적 감각이 좋음. 노래를 부르거나 악기 다루기 음악적 창작을 하거나 감상을 즐김. 물건을 두드려 소리를 내보거나 음악 소리에 민감하게 반응을 잘함. 음악적인 가사의 예술적인 표현을 잘함.
진로	기업가, 컨설턴트, 과학자, 엔지니어, 광고, 판매, 예술가, 음악가, 조각가, 엔터테인먼트, 진행자, 건축가, 개발자, 요리사, 작곡가, 반주자, 성악가, 음향기술자, 음악치료사, 연주가

Ⅴ. 지문 다중지능 검사

언어 구사 / 오른손 약지

구분	상세설명
정의	음악적 상징체계에 민감하게 반응하여 창조할 수 있는 능력.
특징	리듬, 음의 높이, 음색, 진동 등 음악적 감각이 좋음. 노래를 부르거나 악기 다루기 음악적 창작을 하거나 감상을 즐김. 물건을 두드려 소리를 내보거나 음악 소리에 민감하게 반응을 잘함. 음악적인 가사의 예술적인 표현을 잘함.
진로	기업가, 컨설턴트, 과학자, 엔지니어, 광고, 판매, 예술가, 음악가, 조각가, 엔터테인먼트, 진행자, 건축가, 개발자, 요리사, 작곡가, 반주자, 성악가, 음향기술자, 음악치료사, 연주가

도상관찰 / 왼손 소지

구분	상세설명
정의	이미지에 대한 상상력을 구체화하거나 인지하여 느낌을 시각화하는 능력.
특징	이미지 식별과 관련한 감각에 있어서 다양한 방법으로 표현을 잘함. 시각적인 부분의 표현방법에 있어서 생각과 느낌의 방법이 좋음. 시각적으로 비치는 현상을 바라보는 관점의 방향과 접근이 좋음.
진로	심리치료사, 사회사업가, 카운슬러, 코치, 트레이너, 종교인, 세일즈 리더, 의사, 간호사, 침구사, 중간관리자, 작사가, 약사, 한의사, 사회관찰자, 평론가, 환경운동가, 수의사

자연관찰 / 오른손 소지

구분	상세설명
정의	자연 세계동물·식물에 관한 관심과 자연현상의 원리를 탐구하여 적용하는 능력.
특징	자연생태계에 관심과 애정을 가지고 접근을 하거나 흥미가 많음. 자연을 접하거나 동물 또는 식물을 상대로 함께하는 것을 좋아함. 사람의 생각이나 감정에 대하여 공유하거나 호흡하는 것을 좋아함.
진로	작가, 대중연설, 저널리스트, 세미나리더, 판매직, 분석가, 카운슬러, 사회사업, 종교인, 협상가, 중재자, 화가, 고고학자, 감정사, 과학자, 생물학자, 연구원, 조리사, 조경사

Conversation with
Fingerprinted

지문과의
대화

Conversation with
Fingerprinted

VI

지문이 알고 있는
삶의 가치관 분석

지문이 알고 있는 삶의 가치관 분석

1. 지문유형의 개수(숫자)에 따른 해석

지문 번호	지문유형	지문 개수	주제	추구할 것	극복할 것
1번		2개	평온	안전한 마음 평화로운 생각	불확실한 미래 불안한 심리
2번		1개	지혜	치밀한 분석 예리한 판단	적극적 행동 참여와 실천
3번		6개	화합	솔직한 감정 진정한 소통	마음의 문 열기 감정 표현하기
4번		1개	창조	독특한 상상력 자유로운 통찰	부정적 사고 억압적인 환경
5번					
6번		2개	협력	원만한 협조 부지런한 활동	생각 비우기 행동과 실천
7번					
8번		3개	도전	투철한 봉사의식 적극적인 모험	이기적 판단 마음의 여유
9번					
10번					

한 개인이 가지고 있는 지문유형은 다양하며, 사람에 따라 한가지 유형 그 이상을 가지고 있다.

어떤 유형의 지문을 몇 개를 가지고 있느냐에 따라 '지문은 알고 있다'

리처드 웅거 박사는 '삶의 목적' 및 '삶의 교훈'을 이야기하였다.

지문에 점수를 부여하여 높은 점수에 해당하는 손가락이 가지고 있는 의미와 낮은 점수에 해당하는 의미로 해석하였다.

점수가 높은 지문을 가지고 있다고 하여 좋거나, 낮은 점수의 지문을 가지고 있다고 하여 나쁘다고 보면 안 된다는 것을 밝혀둔다.

위의 도표에 있는 1부터 10까지 지문의 번호 역시 점수와 무관하지 않게 배열을 한 것이다.

'삶의 목적'은 한 개인이 살아가는 데 있어서 진로와 같은 '추구할 것'으로 '배워야 할 것'은 어떤 것을 이루기 위해 노력하거나 '극복할 것'이라고 보인다.

삶의 가치관과 같은 '주제'는 한 개인이 가지고 있는 가장 중심이 되는 문제이거나 중요하게 다루어야 할 것이며 핵심요소와 같으며 의식과 같다.

그러한 측면에서 지문의 유형이 몇 개 이상을 가졌는지 아닌지에 따라 한 개의 주제 또는 그 이상의 주제를 가지고 있다는 것을 알 수 있다.

주제는 인생을 살아가는 데 있어서 어떤 의식을 가지고 살아가느냐의 문제와 무관치 않다.

주제가 '도전'인 사람이 추구할 것으로는 무엇인가에 대가를 바라고 하는 것보다 '투철한 봉사의식'을 가지고 적극적으로 모험을 하듯 즐기라는 것이다.

진정성 있는 봉사 정신의 마음가짐으로 접근을 하는 것이며, 극복할 것으로는 '이기적 판단'과 '마음의 여유'를 가지는 것이다.

'이기적 판단'이라는 것은 정에 얽매이지 않고 있는 그대로를 실천하는 것이라고 이해를 해야 한다.

사람은 생각에 따라 마음이 움직이며 행동과 습관으로 이어진다.

어떤 것을 이루기 위해서는 목적의식을 가지는 것이 필요하며, 마음가짐을 고치는 데 필요한 기술이 있게 마련이다.

마음을 움직이거나 각오와 같은 것들 역시도 극복 또는 기술이기도 하다.

2. 삶의 주제 찾아보기

창조적인 상상력의 도전

구분		엄지	검지	중지	약지	소지
왼손						
오른손						

사람들은 누구나 인생을 살아가면서 무수히 많은 경험을 하고, 고민을 하면서 시간을 보낸다.

생각이 아주 많아서 늘 고민의 연속이라고 하는 사람도 있다.

"저는요! 잡생각이 너무 많아요."

물론 생각 없이 사는 사람은 없을 것이다.

정도의 차이가 분명히 있으며, 지문유형의 숫자에 따라 구분이 가능하였다.

위의 도표와 같이 6가지의 유형으로 분류를 하여 각각의 지문유형의 개수(個數)에 따라 주제, 인생의 목표, 극복할 과제로 분류를 하였다.
사람에 따라 한 가지 또는 두 가지에 해당하는 예도 있다.
지문유형은 좋은 지문의 유형도 없으며 반대로 나쁜 지문의 유형도 없다.
위의 지문유형은 3번은 5개, 5번은 2개, 10번은 3개이다.
주제는 창조와 도전이며, 추구할 것으로는 독특한 상상력과 자유로운 통찰, 투철한 도전정신으로 봉사의식을 내세우는 일을 하는 것이다.
극복할 것으로는, 부정적 사고와 억압적인 환경, 이기적 판단으로 마음의 여유를 가지기 위해 노력해야 한다는 것이다.
누구나 목표를 향해 전진하기 위해서는 노력해야 할 것도 있고, 극복해만 되는 것도 있다.
극복할 것이 목표보다 오히려 더 중요하지 않을까?
검지와 중지의 지문유형은 5번 열정형으로 꼬리 모양이 반대로 되어있어서 창의적인 열정형으로 보아야 한다.
양쪽의 엄지손가락의 지문은 3번으로 감성적인 부분도 있지만, 전체적인 지문의 흐름 즉, 개수를 보면 감성형이라고 단정 지을 수 없다.
오히려 열정적이거나 원칙적인 부분 역시도 강하게 나타나 있다는 것을 알 수 있다.

협력하고 지원하는 도전

구분	엄지	검지	중지	약지	소지
왼손					
오른손					

협력에 해당하는 지문이 두 개 도전에 해당하는 지문이 세 개이다.

엄지의 지문 두 개가 협력에 해당하기 때문에, 주제는 협력과 도전이다.

협력과 관련된 원만한 협조와 부지런한 활동, 그리고 투철한 봉사의식을 가지고 적극적인 모험을 하는 것이다.

부지런하게 활동하는 가운데 협력을 끌어내는 적극적인 생각, 진정한 봉사 정신으로 임하는 태도와 같다고 보아야 한다.

바쁘게 움직이는 것은 무엇을 의미하는 것일까?

자신을 위해서도 필요하고, 누군가와 협력을 위해서도 필요하다.

지문의 생김새도 협력을 의미하듯 서로가 조화를 이루고 있다.

극복할 것은 생각 비우는 습관들이기 그리고 행동과 실천이며, 이기적 판단과 마음의 여유 가지기 위한 노력이 필요하다고 보아야 한다.

극복해야 하는 것에 관심을 가져야 한다.

생각이 많으면 행동이 왜 느려지는 것일까?

생각은 과연 버린다고 버려질까?

많은 사람이 "비움"을 이야기한다.

뭘 비운다는 것일까?

생각을 비운다는 것인가?

생각을 단순하게 하고, 자유롭게 대처하면 된다는 것에 동의하는가?

습관을 들여 보자! "생각을 비우기"

이기적 판단을 위해서는 자기 입장의 유리함을 생각하는 것이다.

유리한지 불리한지 객관적으로 분석하여 결정하는 것이다.

3. 인생의 목표와 교훈 찾기
손가락별 위치에 따른 지문패턴 해석

"지문은 알고 있다"에서 "삶의 목적과 삶의 교훈을 알아내기"를 살펴보면 지문의 유형에 따라 점수를 부여하고, 부여된 점수를 토대로 "삶의 목적"과 "삶의 교훈"을 이야기하였다.

높은 점수에 해당하는 손가락의 내용이 우수하다면 인생의 목표이며, 같은 점수 일 때에는 *표가 되어있는 부분에 해당하는 것을 우선으로 보았다.

아래의 도표의 내용은 새롭게 구성을 하거나 요약을 한 것이며 일부는 "지문은 알고 있다"에서 참조를 하였다는 점을 밝힌다.

인생의 목표

구분		엄지	검지	중지	약지	소지
왼손	목표	가족과 구성원 공동체의 / 협력자	강렬한 열정과 욕구 욕망의 / 개척자	완전무결함을 고수하는 / 선구자*	실험적인 쇄신 자유로움의 / 혁신가	영감과 통찰력 길잡이의 / 치유자*
	재능	대인관계	공간지각	신체 율동	청각 음악	도상관찰
오른손	목표	성공적 야망과 집중력의 / 실천가*	권력적 에너지 자신감의 / 지도자*	맡은바 책임감 임무완수의 / 사업가	창의성 독특한 박수갈채의 / 예술가*	명쾌한 설득력 의사소통의 / 연출가
	재능	자기 이해	논리 수리	지체조작	언어 구사	자연관찰

목표는 인생을 살아가는 데 있어서 목적달성을 위하여 방향을 설정하거나 진로를 염두에 둬서 노력해 나가는 것이기도 하다.

어떠한 목표를 가지느냐의 문제는 꿈을 이루기 위해 무던히 노력해야 되기 때문이다.

목표와 재능을 연관 지어 해석하거나 같은 관점에서 바라보는 것이 바람직하다고 할 수 있다.

도표의 내용을 보면 재능과 연관을 지어 내용을 간략하게 만들었으며 공통점이 있다는 것이다.

구분	엄지	검지	중지	약지	소지
왼손	3	5	5	10	3
오른손	3	3	3	10	10

이와 같은 사람의 지문유형의 번호로 되어있는 사람이라면, 왼손과 오른손의 약지와 오른손의 소지가 높은 점수이다.

인생의 목표는 실험적인 쇄신 자유로움의 혁신가, 창의성 독특한 박수 갈채의 예술가, 명쾌함. 설득력 의사소통의 연출가이다.

그 외에도 왼손의 검지와 중지 지문유형의 숫자도 높으며, 강렬한 열정과 욕구 욕망의 개척자와 완전무결함을 고수하는 선구자도 해당이 된다고 보아야 한다.

재능으로는 청각 음악, 언어 구사, 자연관찰, 공간지각, 신체 율동 재능을 우수하게 보아야 한다.

인생의 교훈은 상대적으로 낮은 점수에 해당하는 손가락을 해석해야한다.

즉, 오른손의 검지와 중지, 왼손의 소지가 그에 해당이 된다.

무기력 두려움 에너지 되찾기 좌절감, 무책임 불성실 계획성 가지기 책임감, 자만과 불신 혜안 가지기 신뢰감이다.

인생의 교훈

구분		엄지	검지	중지	약지	소지
왼손	교훈	가족과 공동체 원망 떨치기 / 죄책감	봉쇄된 열정과 슬럼프 버리기 / 의지력	자기평가 모순 죄의식 버리기 / 위기감*	비난과 창피함 거절 극복하기 / 압박감	자만과 불신 혜안 가지기 / 신뢰감*
	재능	대인관계	공간지각	신체 율동	청각 음악	도상관찰
오른손	교훈	불분명한 목표 그르침 버리기 / 패배감*	무기력 두려움 에너지 되찾기 / 좌절감*	무책임 불성실 계획성 가지기 / 책임감	공포감과 숨김 무력화 시키기 / 자신감*	혼동과 오해 의사소통하기 / 소외감
	재능	자기 이해	논리 수리	지체조작	언어 구사	자연관찰

인생의 목표를 향해 가는 과정에는 수많은 시련과 겪어야 할 일들이 있게 마련이다.

누구나 그냥 쉽게 얻어지는 결과는 없다.

시행착오도 있고, 좌절도 맛보고, 고통도 뒤따르게 되어있다.

인생의 교훈은 목표를 이루기 위해서 반드시 취해야 할 것들이거나, 노력 또는 마음가짐을 통해 극복해 나가면서 얻어지는 것이기도 하다.

오히려 목표보다는 교훈이 중요하다고 보아도 과언이 아닐 정도로 비중 있게 다루어야 한다.

인생의 교훈은 지문유형의 점수가 낮은 것을 참조해야 한다.

사람에 따라 한 개 내지는 그 이상의 교훈에 해당이 되는 예도 있다.

점수가 같은 경우에는 삶의 목표와 같이 *표가 있는 부분의 것으로 해석을 해야 한다.

지문과의
대화

Conversation with
Fingerprinted

VII

역사 속 인물
지문으로 만나기

역사 속 인물 지문으로 만나기

닉슨 미국의 37대 대통령 [Richard Milhous Nixon]

구분	엄지	검지	중지	약지	소지
왼손					
오른손					

오른손 엄지와 중지에 1번의 지문유형 안정형 지문을 가지고 있으며, 나머지는 Whorl형을 가지고 있었다고 한다.

대부분의 지문유형은 대체로 외향성이 강한 특성이 있지만, 오른손 엄지와 중지는 차분한 내향적인 특성이 있다.

오른손 엄지의 특성에 따라 판단을 내리는 의식의 차이가 있을까?

닉슨 대통령은 오른손의 지문 유형 때문에 불안 심리가 늘 발목을 잡은 것일까?

불안이 얼마나 문제가 되었으면 운명이었다고 했을까 궁금하다.

"불안이 운명이었던 사람"

닉슨은 매우 유능한 정치인이자 행정가였으며, 늘 성실하고 업무에 최선을 다하는 모습을 보였다. 그래서 당 간부들에게는 많은 지지를 받았지만, 대중적인 인기는 그에 못 미쳤다. 늘 뭔가 음울하고 무미건조해 보이는 이미지를 벗지 못했기 때문이다. 실제로 그는 사생활에서도 언제나 뭔가 고민이 있는 사람처럼 보였으며, 자신에게 유리한 상황에서 조차 가슴을 터놓고 남들과 어울리는 모습이 좀처럼 없었다고 한다. 그러나 천성적으로 안심을 못 하는 닉슨은 그런 여유를 즐기지 못했다.

그는 항상 콤플렉스와 '적들의 음모'에 대한 망상에 사로잡혀 있었다. 그런 성향은 그의 성장기부터 이루어졌다. 고교 졸업 때 하버드 대학에서 장학금을 제의할 만큼 우수한 성적이었지만 워낙 가난한 집안 환경 때문에 휘티어 대학을 갔고, 이는 유복한 집안 출신에 아이비리그 명문대를 나온 다른 정치인들(케네디 같은), 그리고 언론인들에 대한 콤플렉스를 낳았다. 당시로써는 아직 미국의 변방에 가깝던 캘리포니아 출신이라는 점도 늘 마음에 걸렸다.

자신의 업적에도 불구하고 선거에서 계속 불운했던 이유도 그런 주류 정치인과 언론인의 '닉슨 죽이기'때문이었다고 믿었던 닉슨은(오늘날 곧잘 사용되는 "언론은 검증받지 않은 권력이다. 그런 권력이 선출된 권력을 위협한다"라는 말은 사실 1969년에 닉슨의 부통령 애그뉴가 했던 말이다) 뭔가 '꼼수'를 부림으로써 물밑에서 '적들'을 감시하고 공격하려는 시도를 곧잘 했다. 그래서 압도적으로 유리한 상황에서도 불필요한 워터게이트 같은 일을 벌여, 결국 자기 발목을 잡고 말았다는 게 많은 심리학자와 정치학자들의 분석이다.
닉슨 대통령에게는 정말 불안감이 컸던 것인가?
사람들은 불안해 지면 돌파구를 찾아 나서게 되어있다.
불안해서 죽을 지경인데 무슨 짓인들 못 할까 싶다.
불안하다는 것은 안정적이고 평온한 것을 추구한다는 것으로 보아야 한다.

안정적인 환경과 미래에 대한 부담이 담보되어야 마음을 놓을 수 있는데 과연 쉬운 일인지 묻고 싶다.

때로는 안정적인 것을 최우선에 놓고 행동을 하거나 추진하기 때문에 실수를 줄일 수 있기도 하다.

- 말이 그다지 많지 않으며 조용한 가운데 돌출 행동 보다는 가능한 상황이면 자신의 입장 보다는 남을 우선적으로 생각하는 편입니다.
- 정확한 지시에 따른 정해진 규칙 제도를 부담스러워 하지 않으며 특별한 이유가 없으면 반항을 많이 하지 않고 따르는 편입니다.
- 무섭게 느껴지거나 불확실한 환경과 어렵고 힘든 여건보다는 안정적이고 차분한 분위기 속에서 지속적이고 조용한 것을 선호하는 편입니다.
- 새로운 사람을 사귀거나 모험 또는 도전과 같은 근성을 발휘 하기 보다는 조용한 가운데 전통주의적이고 차분한 분위기를 선호하는 편입니다.
- 낯선 장소 처음 보는 사람에게 먼저 다가서거나 새롭게 시작하는 것에는 두려움을 가지고 접근하기 때문에 시작하는 것을 부담스러워 하는 편입니다.
- 자존심과 자기주장이 확고하고 뚜렷하여 고집불통처럼 비추어 지기 때문에 답답해 보이기도 하며 부드럽다거나 원만하지는 않은 편입니다

▲ (닉슨 대통령의 지문 번호를 토대로 성향을 유추한 내용) 지문콕 프로그램사용

알버트 아인슈타인

구분	엄지	검지	중지	약지	소지
왼손					
오른손					

14) [네이버 지식백과]닉슨 [Richard Milhous Nixon] - 미국의 제37대 대통령 (인물 세계사, 함규진)

위의 지문의 유형은 '지문은 알고 있다'에서 아인슈타인의 지문 기호를 토대로 구성하였다. 아인슈타인의 지문 유형을 보면 대체로 둥근 유형

지문이 7개이며 3개는 고리 모양이다. 엄지와 검지에 둥근 지문은 강력한 의지력과 이끌어 가고자 하는 욕구이며 자기중심적인 면이 강하다. '지문은 알고 있다'에서 아인슈타인은 자신 삶의 목적대로 살았다고 할 수 있을 것이다. 아인슈타인의 삶의 교훈은 용기를 내어 말하는 것이다. 1950년대에 그는 시민의 권리를 옹호하는 연설을 하기도 했다. 어떤 점에서 그는 분명 자신의 목소리를 냈으며, 자신 삶의 목적을 실현했다. 고 하였다. 1939년 아인슈타인이 프랭클린 루즈벨트 미국 대통령에게 "히틀러가 원자폭탄을 갖는다면 세계가 전멸할 것"이라며 핵무기 개발을 간곡히 호소하였다고 한다.

자신이 가지고 있는 생각을 관철하기 위하여 뜻을 굽히지 않고 소신껏 밀고 나간 것이다.

병리학자 토머스 하비(Thomas Harvey)박사가 아인슈타인의 뇌를 해부하여 얻어낸 결과는 다음과 같다.

사람들은 역사상 가장 뛰어난 두뇌 능력을 지녔던 아인슈타인의 뇌에 관심이 많았다. 그런데 아인슈타인이 죽고 그의 뇌를 해부한 과학자들은 무척 당황했다. 그의 뇌가 일반인의 평균에 비교해 더 작았기 때문이다. 그러나 아인슈타인의 뇌가 보통 사람들과 차이를 보이는 면도 있었다. 우선 그의 뇌는 무척 주름이 많고 신경교세포(뇌세포를 보호하고 영양분을 공급하는 세포)도 두드러지게 많았다. 즉 아교 물질인 미엘린이 신경망을 감싸는 수초화(myelination)가 잘 되어있었다. 이는 그가 왕성한 두뇌 활동을 했다는 증거다. 또 다른 중대한 차이는 보통 사람에 비해 좌뇌와 우뇌를 이어주는 뇌량의 두께가 눈에 띄게 두꺼웠다는 사실이다. 이는 그가 좌뇌와 우뇌, 양쪽 뇌를 함께 쓰는 두뇌 활동을 보통 사람에 비해 훨씬 많이 했다는 증거이다.[15]

15) 21세기북스, 박민수, 박민근 2018

나는 똑똑한 것이 아니라
문제를 더 오래 연구할 뿐이다.

- 아인슈타인

- 앞장서서 이끌어 가거나 리더십을 발휘해야 되는 위치에서 판단하고 결정하기 때문에 공과사가 분명하고 책임감 있게 행동하는 편입니다.
- 주도적인 판단 또는 어떠한 결정에 따른 행동과 관련하여 이기적인 면이 강하기 때문에 때로는 타인을 배려하는 면이 약한 편입니다.
- 어떤 일이든 스스로 판단하여 결정을 내리거나 실행하고자 하기 때문에 존중 받거나 사회로 부터 인정받기 위해 최선을 다하는 편입니다.
- 정해진 규범이나 사회질서에 대하여 스스로의 원칙을 정하여 지키고자 하는 면은 강하나 내면의 속마음을 밖으로 쉽게 노출하지 않는 편입니다.
- 적극적인 마인드와 활동성은 물론 실천력이 뛰어나지만 경쟁관계에서 남에게 지는 걸 싫어하기 때문에 욕심과 고집을 부리는 편입니다.
- 목표가 정해지면 만족스런 결과를 위하여 최선의 노력을 다하기 때문에 강인한 추진력 또는 샐행력의 고집스러운 근성이 있는 편입니다.

▲ (아인슈타인의 지문 번호를 토대로 성향을 유추한 내용) 지문콕 프로그램사용

마틴 루터 킹

구분	엄지	검지	중지	약지	소지
왼손					
오른손					

16) 지문은 알고 있다,
    리처드웅거(권인택 옮김)
    p365~365

마틴 루터킹은 서로 다른 개성이 혼재해 있는 흥미로운 손을 가지고 있다. 킹의 손은 철학자의 손이며, 동시에 할리우드 스타의 손이다. "나에겐 꿈이 있습니다."라는 명연설이 이러한 그의 운명을 분명하게 보여준다고 하겠다.[16] 위의 지문 유형의 이미지는 "지문은 알고 있다"에서

킹 목사의 지문 기호를 참조하였다. 흑인인권 운동가이며 종교인 이기도 하였던 사람으로 자유로움을 갈망하였던 사람이었다. 오른손 약지와 소지에 있는 지문 유형은 흔히 자유분방한 예술가로서 대중들에게 설득하는 것을 잘한다. 약지에 5번 유형은 언어능력의 설득력으로 대중연설을 하도록 만들었을 것이며, 소지의 5번 유형은 철학적인 관점으로 자연에 대한 이치를 아는 것이다. 왼손 중지의 둥근 모양의 지문은 활동성이 매우 왕성하다는 의미가 있다.

완전무결함을 고수하는 선구자, 창의성 독특한 박수갈채의 예술가, 명쾌한 설득력 의사소통의 연출가를 마틴 루터킹 목사는 실현한 것이다. 재능으로는 신체 율동의 활동성과 언어 재능 그리고 자연의 이치에 따른 소통이기도 하다. 매우 부지런하고 정직하게 사람들과 교감을 이루는 것은 물론 대중들에게 자신의 메시지를 전달하고 싶었을 것이다.

- 처음보는 사람에게도 부담 없이 쉽게 말을 건네며 순수한 마음으로 도와주기를 자청하기도 하며 원만한 관계구축을 좋아하는 편입니다.
- 일상적인 관계에서 쉽게 외면하지 않고 사람 사귐을 좋아하기 때문에 정이 많아 보이지만 반면에 외로움 또한 많이 느끼는 편입니다.
- 사물을 바라보는 관점과 시각이 자유롭고 고정되어 있지 않기 때문에 예술적인 표현력은 물론 새로운 것을 적극적으로 받아들이는 편입니다.
- 성취욕이 강하여 다양한 분야에 호기심이 많기 때문에 부지런하게 움직이는 것은 물론 한번 다짐한 일은 반드시 실천하고자 노력하는 편입니다.
- 적극적인 마인드와 활동성은 물론 실천력이 뛰어나지만 경쟁관계에서 남에게 지는 걸 싫어하기 때문에 욕심과 고집을 부리는 편입니다.
- 책임감이 강하고 자기중심적인 고집스러움으로 인하여 때로는 고지식해 보이기도 하지만 목표가 주어 지면 최선을 다해 결과를 만들어 내는 편입니다

▲ (마틴 루터킹의 지문 번호를 토대로 성향을 유추한 내용) 지문콕 프로그램사용

존F, 케네디

구분	엄지	검지	중지	약지	소지
왼손					
오른손					

위의 지문 유형 이미지는 '지문은 알고 있다' 존F, 케네디 지문 기호를 토대로 구성해 보았다.

이른바 '젊은 지성인(知性人)'들을 부레인 스태프(brain staff)로 하는 참신한 행정부를 구성하고 현상(現象)의 타개(打開)를 부르짖는 '뉴 프런티어(New Frontier)' 정책을 내세워 미국이 냉전(冷戰)의 해소(解消)에 적극 참여하여 세계 평화에로의 주도권을 쥐고자 노력하였으며 평화군(平和軍)의 창설、인종 차별(人種差別)의 철폐를 위한 인권법안(人權法案)의 의회 제출, 그리고 1962년 10월의 카리브해(Caribbean Sea) 해상 봉쇄에 의한 쿠바 내 소련 기지의 강제 철거 등 의욕적이고 용기 있는 정책을 추진하여 온건한 진보파(進步派)[17]

토론과 연설을 잘하여 달변가로 알려져 있다. 오른손의 약지에 지문 유형은 언어적 재능의 우수함으로 분류를 할 수 있다. 오른손 엄지는 자신감이며, 왼손의 엄지는 협력 또는 중재에 뛰어난 능력으로 보아도 무방하다. "국가가 당신을 위해 무엇을 할 수 있는지 묻기 전에 당신이 국가를 위해 무엇을 할 수 있는지 물어보라."라는 명언 역시도 관계 지향

17) [네이버 지식백과] 케네디 [John Fitzherald Kennedy] (인명사전, 2002.1.10,인명 사전편찬위원회)

Ⅷ. 역사 속 인물 지문으로 만나기

153

성을 강조한 대목이다. "우리의 문제는 인간이 만든 문제이므로, 인간에 의해서 해결될 수 있습니다. 그리고 인간은 원하는 만큼 꿈을 펼칠 수 있습니다. 인간이 벗어나지 못할 운명의 굴레는 없습니다."역시 관계의 중요성 또는 철학적인 의미도 있으며, 양손의 소지의 지문 유형이 자연의 이치와 원리를 중요하게 여기거나 관심을 가지는 것이다.

- 주도적인 판단 또는 어떠한 결정에 따른 행동과 관련하여 이기적인 면이 강하기 때문에 때로는 타인을 배려하는 면이 약한 편입니다.
- 어떤 일이든 스스로 판단하여 결정을 내리거나 실행하고자 하기 때문에 존중 받거나 사회로 부터 인정받기 위해 최선을 다하는 편입니다.
- 정해진 규범이나 사회질서에 대하여 스스로의 원칙을 정하여 지키고자 하는 면은 강하나 내면의 속마음을 밖으로 쉽게 노출하지 않는 편입니다.
- 목표가 정해지면 만족스런 결과를 위하여 최선의 노력을 다하기 때문에 강인한 추진력 또는 샐행력의 고집스러운 근성이 있는 편입니다.
- 다양한 분야에 관심과 욕심이 많이 있기 때문에 부담 없이 쉽게 접근은 하지만 끈기와 지구력이 다소 약하여 포기를 쉽게 하는 편입니다.
- 여행과 같은 활동적인 것을 좋아하기 때문에 다양한 사람을 사귀거나 새로운 분위기 또는 환경에 대하여 쉽고 빠르게 적응을 잘 하는 편입니다.

▲ (존F. 케네디의 지문 번호를 토대로 성향을 유추한 내용) 지문콕 프로그램사용

드와이트 D. 아이젠하워

구분	엄지	검지	중지	약지	소지
왼손					
오른손					

위의 지문 유형 이미지는 '지문은 알고 있다' 드와이트 D. 아이젠하워 지문 기호를 토대로 구성해 보았다.

오른손 엄지와 양손의 검지 그리고 오른손 약지의 지문 유형이 모두 둥근 모양이며 나머지는 고리 모양이다. 엄지 못지않게 검지의 역할 또한 강력한 힘을 발휘한다는 것을 알 수 있다. 소용돌이무늬가 양손의 검지에 새겨져 있고, 오른손 검지에만 소용돌이무늬가 하나 있는 경우에는 삶의 목적이 '영향력 있는 예술가'가 되었을 것이다. 그렇게 되었다면, 노르망디 상륙작전은 그가 아닌 다른 누군가에 의해서 이루어졌을 것이다. 여기서 오른손 약지에 있는 소용돌이무늬는 아이젠하워의 리더십이 필요로 하는 무대의 크기를 보여준다. 이름을 날리고, 소프트 라이트를 받는 가운데, 유능한 리더십을 발휘하는 것이 그의 성취이다.[18]

아이젠하워의 성공 비결은 단순하고 명쾌한 생활 태도에 있으며, 솔직하고 담백하면서 소탈한 대인관계, 탁월한 균형감각에 있었다. 단순하고 명쾌한 생활 태도는 강한 집중력을 가능케 했고, 단순하고 명쾌한 상사의 뜻은 부하들에게 명확하게 전달되었다. 아이젠하워는 위기가 닥칠수록 복잡한 것을 단순화하여 어려운 문제를 쉽게 해결하곤 했다. 그는 또 대인관계에서 지나치리만치 솔직했다. 아이젠하워의 전기를 쓴 존 건서(John Gunther)는 "그는 공식적이 아닌 회담에서는 옆 사람이 아슬아슬할 정도로 자기가 생각하고 있는 것을 솔직히 말해버리는 버릇이 있다"라고 말한다. 아이젠하워의 이런 솔직한 성격은 그를 신뢰할 만한 사람으로 만들어 주었다. 지나치게 솔직하게 말하다가 낭패를 볼 수도 있는 법이지만, 이때는 그의 균형감각이 위험을 막아주었다.[19]

왼손 엄지의 특징이 공동체의 협력과 같은 대인관계에 관련된 부분에서 3번 지문 유형이 지닌 특징이기도 하다. 솔직함이 있는 이유는 사람

18) 지문은 알고 있다, 리처드 웅거(권인택 옮김) p344

19) [네이버지식백과] 아이젠하워 [Dwight David Eisenhower]-미국의 군인·정치가 (인물세계사, 차창룡)

들을 쉽게 믿어버리는 것이기도 하다. 잘 믿는다는 것은 본인 역시 거짓말을 싫어하거나 하지 않는다는 것으로 보아야 한다.

아이젠하워는 "저도 젖소처럼 정직하게 살 것이며 미국과 국민 여러분에게 제가 가진 것을 아낌없이 다 드리겠습니다."라는 연설로 아주 많은 박수를 받았으며, 온화하고 성실한 태도를 보여준 그를 믿을 수밖에 없었을 것이다.

- 일상적인 관계에서 쉽게 외면하지 않고 사람 사귐을 좋아하기 때문에 정이 많아 보이지만 반면에 외로움 또한 많이 느끼는 편입니다.
- 완벽하거나 원칙적인 부분의 고지식함이 있기 때문에 부드럽다거나 융통성을 발휘하여 다정다감하게 관계를 이끌어 가거나 유연하지 않는 편입니다.
- 어떠한 상황에서든 일을 대충하거나 어설프게 진행하는 것을 싫어하기 때문에 남에게 맡기거나 대충하지 못하고 자신이 직접 처리하는 편입니다.
- 전략적인 판단력은 물론 완벽한 상황과 철저함을 추구하기 때문에 모든 면에서 스스로 평가하여 만족할 때까지 최선의 노력을 하는 편입니다.
- 책임감이 강하고 자기중심적인 고집스러움으로 인하여 때로는 고지식해 보이기도 하지만 목표가 주어 지면 최선을 다해 결과를 만들어 내는 편입니다.

▲ (드와이트 D. 아이젠하워의 지문 번호를 토대로 성향을 유추한 내용) 지문콕 프로그램사용

찰스 맨슨(Charles Manson)

구분	엄지	검지	중지	약지	소지
왼손					
오른손					

위의 지문 이미지는 '지문은 알고 있다' 지문 기호를 토대로 하였으며, 웅거 박사는 다음과 같이 해석을 하였다. 찰스 맨슨의 지문은 정확히 프리마돈나의 유형에 속하지는 않지만, 아이크와 비슷한 '유명한 지도자' 형에 속한다. 유명한 지도자와 반대되는 삶의 목적은 '나는 어디에도 속해있지 않다'라는 느낌과 결합한 무력감일 것이다.

찰스 맨슨은 캐서린 매덕스의 아들로 1934년에 태어났다. 어머니는 매춘부였고, 아버지는 누구인지 밝혀지지 않았다. 어린 시절 찰스 맨슨은 완전히 방치된 채 생활했다. 심지어 그의 어머니는 어린 찰스 맨슨이 보는 앞에서 성행위를 했고, 찰스 맨슨을 술집에 팔아넘기려고도 했다. 캐서린 매덕스는 1939년 친오빠와 주유소에서 무장 강도를 시도하다 체포되었으며, 경찰에 끌려가면서 찰스 맨슨을 외가에 떠맡겼다. 그러나 외삼촌의 냉대는 극심했다. 맨슨에게 강제로 여자 옷을 입히고 구타하며 성희롱을 즐겼다. 결국, 이를 견디지 못한 찰스 맨슨은 가출하여 아무 곳이나 떠돌다가 이런저런 잡범 죄에 연루되어 경찰에 체포당하는 일이 빈번하였으며 결국 소년원에 수감 되기에 이르렀다.[20]

흔히 범죄자의 지문 유형이 있느냐는 질문을 자주 받는다. 범죄자의 지문 유형은 없다. 찰스 맨슨의 검지를 보면 왼손은 4번 유형이며 흔히 말하는 반기문이며 오른손은 둥근 모양이다. 오른손은 강력한 리더십 발휘의 손가락으로 보기도 하며 왼손은 방향성을 가리킨다고 할 수 있다. 희대의 살인마로 알려진 찰스 맨슨의 지문을 보면서 안타깝다는 생각이 앞선다. 위의 내용을 보면 태교에 아주 심각한 문제가 있다는 것을 알 수 있으며, 출생 이후의 환경 또는 교육이 엉망이었다는 것을 누구도 부인하지 않을 것이다. 가장 중요한 임신 기간 중 태아의 교육은 물론 영유아기 때의 문제가 그를 그렇게 만들지는 않았을까? 우리 모두에게 시사하는 바가 크며 지문을 연구하는 사람들의 과제이기도 하다.

20) 네이버 위키백과

- 일상적인 관계에서 쉽게 외면하지 않고 사람 사귐을 좋아하기 때문에 정이 많아 보이지만 반면에 외로움 또한 많이 느끼는 편입니다.
- 자존심과 자기주장이 확고하고 뚜렷하여 고집불통처럼 비추어 지기 때문에 답답해 보이기도 하며 부드럽다거나 원만하지는 않은 편입니다
- 독립심이 강하고 뚜렷한 의지를 가지고 일관적이기 때문에 비교적 자기주장과 고집이 세며 융통성은 상대적으로 많지 않은 편입니다.
- 불확실한 말과 행동 또는 거짓말 하는 것 자체를 싫어하며 기본적이고 원론적인 부분을 벗어나지 않는 정확하고 명확한 상태를 중요시 하는 편입니다.
- 규칙적인 생활 또는 제도와 같은 틀에 구속되고 얽매이기 보다는 자유로움 속에서 독창적인 자신만의 일상을 즐기거나 추구하는 편입니다.

▲ (찰스 맨슨의 지문 번호를 토대로 성향을 유추한 내용) 지문콕 프로그램사용

독립운동가
유관순 열사

▲ 유관순 열사 일제 감시대상 인물 카드, 서대문형무소 수형자 기록표 사진.

유관순 열사 예상 지문 (천안=연합뉴스) 아우내장터에서 3.1만세시위를 주도한 유관순 열사의 수형자기록표. 14일 백석대 유관순연구소 주최로 열린 학술대회에서 향토사학가 임명순씨가 기록표 오른쪽 위에 적힌 유 열사 지문번호를 토대로 한 연구결과를 발표해 눈길을 끌고 있다. 사진은 지문번호를 토대로 작성한 예상 지문의 특징적 문양. 2013.11.14 << 백석대 >> jti@yna.co.kr

▲ 연합뉴스

선생은 "난 잔다르크처럼 나라를 구하는 소녀가 될 테다. 누구나 노력하면 될 수 있지 않을까. 그리고 나이팅게일처럼 천사와 같은 마음씨도 가져야지"하고 마음속으로 기도하면서 다짐하였다고 한다. 선생의 이 같은 조국애와 민족애는 곧이어 봉기하여 전개된 3·1운동으로 꽃피게 된다. 선생은 장터 어귀에서 밤새 만든 태극기를 나누어 주면서 만세 시위운동에 참여하러 모여드는 사람들에게 용기를 북돋아 주었다. 정오가 되자 군중 앞에서, "여러분 우리에겐 반만년의 유구한 역사를 가진 나라가 있었습니다. 그러나 일본놈들은 우리나라를 강제로 합방하고 온 천지를 활보하며 우리 사람들에게 가진 학대와 모욕을 다 하고 있습니다. 우리는 10년 동안 나라 없는 백성으로 온갖 압제와 설움을 참고 살아왔지만 이제 더는 참을 수 없습니다. 우리는 나라를 찾아야 합니다. 지금 세계의 여러 약소민족들은 자기 나라를 독립시키려고 일어서고 있습니다. 나라 없는 백성을 어찌 백성이라 하겠습니까. 우리도 독립 만세를 불러 나라를 찾읍시다"라고 열변을 토해냈다.[21]

21) [네이버 지식백과]유관순[柳寬順] - 3.1만세운동의 상징 (독립운동가, 이달의 독립운동가)

유관순 열사의 지문 유형은 7번 유형과 8번 유형이 주를 이루고 있으며, 7번은 쌍기문 8번은 둥근 모양으로 볼 수 있다. 특히 오른손 엄지의 지문 유형은 강력한 자기중심적 의지력 또는 추진력 발휘가 가능한 지문 유형이다. 진정한 봉사를 실천하며 타인의 어려움을 간과하지 않고 협조하거나 도움을 주는 사람이었을 것이다. 그러한 일들은 만세운동을 통해 다른 사람들에게 정신으로 승화되었을 것이며, 다른 많은 사람에게 영향을 주기에 충분하였을 것이다. 선생의 기질은 적당히 불의와 타협을 하거나 이끌려 가는 것을 용납하기 어려웠을 것이며, 자존심을 굽히는 것 자체가 죽기보다 싫었을 것이다. "독립운동가의 지문" 연구백서에서도 독립운동가들의 오른손 엄지에 주목하여 연구를 진행한 결과 의식 또는 가치관과 같은 강인한 정신력을 가질만한 지문 유형이 아주 높게 나왔다.

- 일방적인 주장보다는 전체의 의견을 골고루 듣고 수렴하기 때문에 포용력이 좋으며 중간에서 서로의 입장을 적절히 잘 표현해 주는 편입니다.
- 다양한 것에 욕심을 부리기 때문에 목표를 설정하고 계획을 세워 처음에는 열심히 하지만 마무리는 약하여 우유부단하게 느껴지는 편입니다.
- 낙천적이고 긍정적인 부분을 가지고 있지만 즉각적인 결정을 요구하거나 어느 하나를 선택해야 할 때 판단과 결정을 어려워 하는 편입니다.
- 자존심과 자기주장이 확고하고 뚜렷하여 고집불통처럼 비추어 지기 때문에 답답해 보이기도 하며 부드럽다거나 원만하지는 않은 편입니다
- 독립심이 강하고 뚜렷한 의지를 가지고 일관적이기 때문에 비교적 자기주장과 고집이 세며 융통성은 상대적으로 많지 않은 편입니다.
- 불확실한 말과 행동 또는 거짓말 하는 것 자체를 싫어하며 기본적이고 원론적인 부분을 벗어나지 않는 정확하고 명확한 상태를 중요시 하는 편입니다.

▲ (유관순 열사의 지문 번호를 토대로 성향을 유추한 내용) 지문콕 프로그램사용

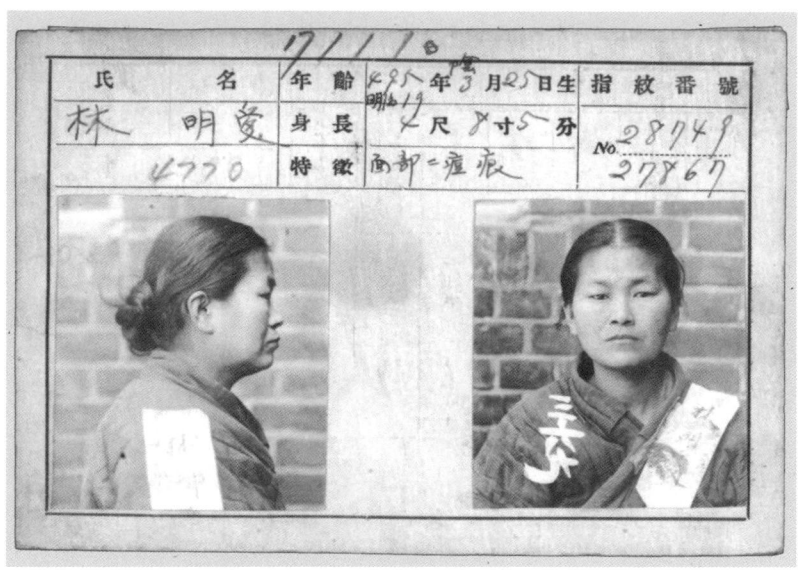

▲ 임명애 지사 일제 감시대상 인물 카드

파주 와석에서 남편 염규호, 김수덕, 김선명 등과 격문을 배포하고 700여명을 모아 만세운동을 두 차례 주도했다. 와석면사무소를 부수고 주재소로 향하던 중 일본 경찰의 발포로 붙잡혔다. 6월 3일 경성지방법원에서 1년 6개월 징역을 받아 임신한 상태로 입소했다.[22] 양손의 집게 손가락 검지 지문 유형이 반기문유형 창의형이다. 한손가락에만 있어도 매우 고집이 세거나 독특한 양상을 띈다. 엄지의 지문은 강인한 자기 중심적 기질을 가지고 굽힐줄 모르는 근성이었을 것이다. 왼손 중지의 지문 유형은 매우 왕성한 활동을 자랑하는 지문 유형을 가지고 있다.

22) 임명애 판결문
《행정안전부 국가기록원》.

- 남들과 다른 뛰어난 상상력은 물론 아이디어를 부각시키거나 알리기 위해 생각지 못한 돌출 행동 또는 고집을 피우기도 하는 편입니다.
- 보편적이고 일반적인 생각보다는 반대적인 관벙에서 바라보기 때문에 폭넓은 상상력과 관찰력을 바탕으로 독창적인 것을 추구하는 편입니다
- 보편적인 것에 무조건 따르고 순종하기 보다는 부정적인 시각으로 바라보기 때문에 반대입장에서 판단하여 불평을 하기도 하는 편입니다.
- 강압적이거나 억압적인 분위기 보다는 자유 분방함 속에서 무엇인가에 집착을 하기 때문에 외골수적인 고집이 매우 강해 보이는 편입니다.
- 독특한 스타일에서 표현되는 개성과 창조성이 두드러져 새로운 것을 만들어 내기도 하며 예술가적인 측면의 아이디어가 많은 편입니다.

▲ 인격적 성향(임명애 지사의 지문 번호를 토대로 한 지문 콕 검사)

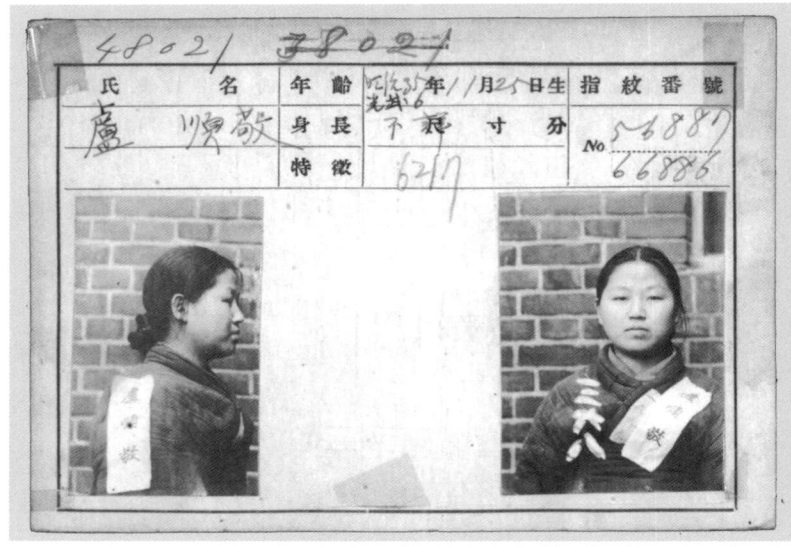

▲ 노순경 지사 일제 감시대상 인물 카드

정신 여학교를 졸업하고 세브란스병원에서 간호사로 활동하던 노순경 지사는 1919년 3·1운동 이후 독립운동에 투신하기로 결심을 하였습니다. 다시 만세운동의 기회를 기다리던 중에 12월 2일, 20여 명의

동지들과 함께 태극기를 제작하여 서울 훈정동 대묘 앞에서 일제 총독부에 정면으로 대항하는 독립 만세시위를 일으켰습니다. 출옥 이후, 중국으로 건너가 하얼빈에 있는 고려병원에서 남편 박정식과 함께 독립군 치료를 비롯한 군자금 모집 지원, 한인회 무료 의료사업, 여성 단체 활동 등 다방면으로 독립운동에 동참하였습니다.[23] 대체적으로 온순 하면서도 자상한 성품을 가지고 있었을 것이며 활동가를 의미하는 지문이 왼손 엄지에 있다.

양손의 소지 손가락 지문에는 소통을 의하거나 자연현상에 대하여 관심이 많은 지문이다. 자연현상에 대한 관심과 애착은 지사가 출옥후 간호사로 활동을 하였던 것이다. 대체적으로 지문의 융선 또한 많았다는 것을 알 수 있어서 내면의 깊이가 있어 사람의 마음을 아주 깊이 있게 알아 주었을 것으로 보인다.

- 일상적인 관계에서 쉽게 외면하지 않고 사람 사귐을 좋아하기 때문에 정이 많아 보이지만 반면에 외로움 또한 많이 느끼는 편입니다.
- 다양한 분야에 관심과 욕심이 많이 있기 때문에 부담 없이 쉽게 접근은 하지만 끈기와 지구력이 다소 약하여 포기를 쉽게 하는 편입니다.
- 여행과 같은 활동적인 것을 좋아하기 때문에 다양한 사람을 사귀거나 새로운 분위기 또는 환경에 대하여 쉽고 빠르게 적응을 잘 하는 편입니다.
- 대인관계에 있어서 충돌과 대립보다는 가장 좋은 협조적 해결방안을 잘 찾아내어 우호적인 관계를 형성하지만 맺고 끊는 것은 약한 편입니다.
- 책임감이 강하고 자기중심적인 고집스러움으로 인하여 때로는 고지식해 보이기도 하지만 목표가 주어 지면 최선을 다해 결과를 만들어 내는 편입니다

▲ 인격적 성향(노순경 지사의 지문 번호를 토대로 한 지문 콕 검사)

23) 대한민국 여성가족부,
    항일 애국지사 노순경
    독립운동가

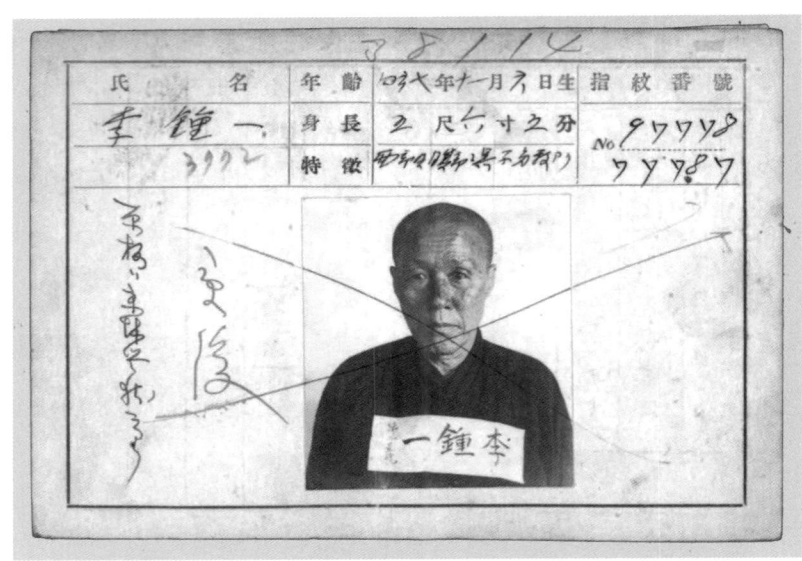

▲ 이종일 지사 일제 감시대상 인물 카드

30세 전후의 혈기 왕성한 청년들을 모아 '애국단'을 조직하여 유능한 인재양성에 심혈을 기울였으며 특히 신문사업을 실학운동의 재현수단으로 전개해갔다. 이어 1898년에는 순 한글의 <뎨국신문>을 창간하여 여성들도 볼 수 있는 애국계몽지로 간행하였다.[24]

전체적으로 지문 유형을 보면 자료를 수집 하거나 기록하는 것에 관심이 많다는 것을 알 수 있다. 순 한글 신문을 창간하여 독립운동에 활용한 선생은 매우 부드러운 성품에 다양한 사람들이 따랐을 것이다. 왼손 검지의 지문은 확실한 방향성을 가지고 폭넓은 활동을 하게 만들었을 것으로 보인다. 오른손 무명지의 지문 유형의 언어적 능력은 한글을 사랑하는 힘으로 작용하여 한글신문을 만드는 계기가 되었을 것이다.

- 도전과 모험에 대하여 자신감이 부족하기도 하며, 생각이 많아 소극적인 면도 있어 중도에 포기하거나 구상으로만 그치는 경우도 있는 편입니다.
- 이해심이 많아 대체적으로 받아들이기는 하지만 즉각적인 결정을 요구하거나 선택을 해야 할 때는 판단과 결정을 힘들어 하는 편입니다.
- 대중 앞에 나서서 의사표현이나 발표하기를 힘들어 하기 때문에 의견을 강하게 피력하거나 내세우기 보다는 원만하게 행동하는 편입니다.
- 충돌과 대립보다는 다른 사람의 이야기를 잘 들어주고 이래심이 많지만 반면에 맺고 끊는 것이 약해 부탁이나 거절을 어려워하는 편입니다.
- 적극적이고 활동적으로 움직이는 거 보다는 많은 생각으로 인하여 필요 이상의 고민거리를 가지고 있기 때문에 우유부단해 보이는 편입니다.
- 현실적인 부분에서 판단력이 빠르고 거침이 없기 때문에 쉽게 접근을 하고 결정을 하지만 인내력과 같은 끈기와 지구력은 다소 약한 편입니다.

▲ 인격적 성향 (이종일 지사의 지문 번호를 토대로 한 지문 콕 검사)

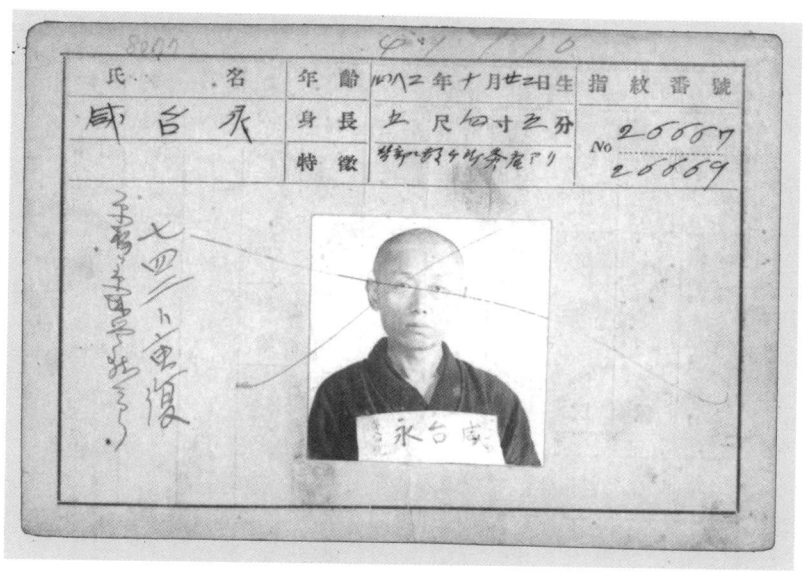

▲ 함태영 지사 일제 감시대상 인물 카드

한말의 독립운동가·정치가·종교인. 불의를 참지 못하는 강직한 성품으로 인해 법관 생활 중 면관·복직되기를 거듭하다 결국 공직에서 물러났다. 그 후 3·1운동 때 민족대표 48인의 한 사람으로서 활약했다. 광복 후 심계원장(審計院長), 한국신학대학장을 역임하였으며 대통령 이승만과 함께 제3대 부통령에 당선되었다.[25] 오른손 엄지의 강인한 지문은 강직한 성품을 가지게 만들었을 것이다. 협력을 중요하게 여기는 지문이 왼손 엄지에 있으며 대체적으로 원만할 것 같지만 그렇지 않았다. 불의를 보고 참지 못하는 고집스러움이 양손의 검지에 고스란히 있기 때문이다. 반기문 유형 창의형 지문이 양손 검지에 있었기에 법관으로서 무엇인가를 찾거나 파헤치는 것에 관심을 두었을 것이다. 엄지와 검지를 제외한 나머지 손가락의 지문 유형 역시 융선이 매우 많아 집중력이 있었을 것이다.

- 남들과 다른 뛰어난 상상력은 물론 아이디어를 부각시키거나 알리기 위해 생각지 못한 돌출 행동 또는 고집을 피우기도 하는 편입니다.
- 보편적이고 일반적인 생각보다는 반대적인 관점에서 바라보기 때문에 폭넓은 상상력과 관찰력을 바탕으로 독창적인 것을 추구하는 편입니다.
- 보편적인 것에 무조건 따르고 순종하기 보다는 부정적인 시각으로 바라보기 때문에 반대입장에서 판단하여 불평을 하기도 하는 편입니다.
- 강압적이거나 억압적인 분위기 보다는 자유 분방함 속에서 무엇인가에 집착을 하기 때문에 외골수적인 고집이 매우 강해 보이는 편입니다.
- 독특한 스타일에서 표현되는 개성과 창조성이 두드러져 새로운 것을 만들어 내기도 하며, 예술가적인 측면의 아이디어가 많은 편입니다.
- 따뜻한 마음과 부드럽고 자상한 심성때문에 다른 사람을 도와주고 싶어 하는 순수한 마음을 가지고 있으며 대체적으로 다정다감한 편입니다.

▲ 인격적 성향 (함태영 지사의 지문 번호를 토대로 한 지문 콕 검사)

25) [네이버 지식백과]
함태영[咸台永]
(두산백과)

지문적성검사 Q&A

Q 지문적성검사는 왜 하나요?

A 지문은 사람이 가지고 있는 신체의 서명과도 같은 것으로 누구나 고유한 특징을 지니고 있으며, 양가의 부모님으로부터 유전적인 기질을 물려받고 태어납니다. 유전적인 부분과 임신초기 모태의 환경 13주~19주 사이에 지문이 만들어지는 과정이 매우 중요합니다. 태아의 교육인 태교의 환경에 의해 지문의 융선 또는 생김새에 영향이 있습니다. 이미 태어난 사람은 자신의 기질 및 성향을 통해 자신이 어떤 사람이며 특징에 대한 궁금증을 해결해 주기 위해서입니다.

Q 지문 적성검사를 받으면 지문이 노출되어서 문제가 생기지 않을까요?

A 요즈음은 개인정보에 대하여 매우 민감한 것이 사실입니다. 일상생활 중에 손으로 만지는 물체에 지문자국이 무수히 많이 묻어 있으며, 지문만을 활용하여 금융권에서 대출을 받거나 도용이 가능하다는 이야기는 없습니다. 지문콕 프로그램을 활용하여 지문적성검사를 하는 시스템은 지문패턴 데이터를 별도로 저장을 하거나 보관하지 않고 있습니다. 필요시 사전 동의를 구하거나 지문적성검사 외에 사용하지 않는다는 서약서를 제공해 주기도 합니다.

Q 지문 적성검사를 할 때 10개 손가락을 다 하는 이유가 있나요?

A 엄지와 검지 손가락 네 개의 지문이 가지고 있는 특징적인 부분의 비중이 높다는 것은 당연한 사실입니다. 하지만 열 개의 손가락 지문 중에 아홉 개는 같은 유형 지문이고, 나머지 한 개의 지문 유형이 다르다면, 그 다른 한 개의 특징 또한 강하게 표출됩니다. 하얀 바탕에 빨간 점 한 개가 있으면 더욱 선명하게 보이는 것처럼 오히려 강렬함을 가지고 있기도 합니다. 열 개의 손가락이 대뇌와 각각 신경이 연결되어 있어서 특징 또한 다르다는 것을 알 수 있습니다. 각기 다른 특징에 따라 행동적인 부분은 물론 심리적인 부분도 차이가 있습니다. 특히 어떤 유형의 지문은 한 개만 있어도 매우 강력한 특징을 보이기도 합니다.

Q 손금을 보는 것하고 지문적성검사를 하는 것하고 어떤 차이가 있나요?

A 흔히 지문을 손금에 비유하는 경우가 많이 있기도 하지만, 손금은 변할 수 있다고 하며 성형수술도 가능한 반면에, 지문은 평생 변하지도 않고 성형수술 또한 법으로 금지되어 있습니다. 인도에서는 수상술이 발달해 있다고 알려져 있습니다. 간혹 지문에서 부족한 일부분을 손금을 통해 확정적으로 해석을 하는 일도 있습니다. 손금은 손금 나름대로의 해석방법이 있으며 지문유형과 비교해 보면 특징적인 부분들은 매우 많다는 것을 알 수 있습니다. 지문 유형을 통해 성격의 특징적인 부분을 유추한 부분과 손금에서 이야기하는 감정 선의 특징이 유사하다는 것을 알 수 있었습니다.

A 거친 일을 많이 하는 사람은 지문이 닳거나 융선이 뚜렷하지 않은 경우도 있으며, 연세가 많으신 분들도 지문이 흐릿하거나 약하게 보이기도 합니다. 특히 손에 습진이 심하거나 병을 앓고 있는 사람도 지문이 매우 약하여 육안으로 관찰이 어려운 경우도 있습니다. 간혹 손가락이 절단되어 없거나 장애로 인하여 손가락을 펼 수 없는 사람도 있습니다. 전혀 보이지 않으면 방법이 없으며, 일부 가능한 손가락만을 가지고 나머지 손가락을 유추하기도 합니다. 물론 열 개의 손가락 전부를 하는 것만큼 정확도는 떨어지지만 일부분만을 알아보기 위하여 실시합니다.

Q 지문적성검사결과는 어디까지 믿을 수 있나요? 과학적인 근거가 있나요?

A 사람에 대한 평가를 함에 있어서 완벽한 도구는 있을 수 없습니다. 다만 만족스러운 결과를 얻을 수 있는지에 대하여 접근이 되어야 합니다. "지문을 활용한 성격탐색과 진로적성에 관한 연구"석사논문에서 조사한 것에 의하면 다음과 같은 결과를 얻을 수 있었습니다.

구분	매우 그렇다	약간 그렇다	보통이다	모르겠다	전혀 아니다
적합성(알맞은가)	55	72	20	3	
타당도(적절한가)	56	81	13		
신뢰도(믿을만한가)	45	69	30	4	2
객관성(객관적인가)	51	66	25	6	2

Q 지문적성은 변하지 않나요? 중학교 때 했는데 고등학교 때 또 할 필요가 있나요?

A 지문패턴 데이터를 통한 적성검사는 변하지 않는다고 보아야 합니다. 다만 선천적으로 타고난 유전적인 부분에 대한 평가이기 때문에 후천적인 교육과 환경은 배제되어 있습니다. 결과보고서에 따라 상담자의 해석이 다소 차이는 있을 수 있으나, 원천적으로 변한다거나 전혀 다른 결과보고서는 나오지 않습니다.

Q 검사 결과를 어떻게 해석해야 하나요?

A 검사 결과에 따른 보고서는 성격유형의 특징에 따라 다양하게 제공이 됩니다. 적성검사는 성격의 특징에 따른 행동적인 특성과 그에 따른 직업적성 스트레스 원인을 알 수 있습니다. 학습코칭검사는 성격의 특징에 따른 학습유형을 알 수 있으며 그에 따른 학습지도방법과 코칭방법에 대하여 제공이 됩니다. 관계지향성검사는 성격의 특징에 따른 대인관계에 필요한 방법을 알 수 있으며 관계향상을 위한 스트레스 원인 과 해소 방법에 대하여 제공이 됩니다. 직무역량검사는 성격유형의 특징에 의한 진로적성과 우수재능에 따른 직무역량에 대한 결과보고서가 제공됩

니다. 결과 보고서는 매우 보편타당한 부분을 명시 하였으며, 무엇 보다 중요한 것은 지문 특징에 대한 해석이 뒤따라야 합니다.

Q 검사결과가 대부분 너무나 잘 맞는데, 인격적 성향에서 한 가지가 제가 생각한 것하고 조금 다른 게 있어요. 그 이유는 뭘까요?

A 지문 유형에 따라 다양한 형태의 특징적인 부분이 가중치에 의해 보고서로 제공되어 집니다. 사람의 성격을 외적 또는 내적인 부분으로 분류를 하며, 내면의 심리적인 부분에 대해서는 간혹 없는 것처럼 느끼기도 합니다. 내면에 있는 아주 일부분의 성격 특징에 대하여 의식을 하지 않고 있었다거나 또는 미약하여 감지를 하지 않는 경우도 있습니다. 대부분 특징적인 엄지 검지 지문 유형에 의한 기질보다는 나머지 손가락의 지문 유형의 기질에서 다소 나타나기도 합니다.

Q 진로적성이 왜 여러 직업으로 제시되나요? 나에게 맞는 딱 하나의 직업만 얘기해 줄 수는 없나요?

A 검사결과를 보면, 딱 하나의 직업만 제시하지 않고 여러 직업을 제시합니다. 그 이유는 몇 가지 있습니다. 첫째, 세상에 있는 모든 직업을 다 소개할 수 없기 때문입니다. 그래서 점수가 높게 나온 적성과 관련된 직업군을 제시하고 그 직업군의 대표적인 특성을 가진 몇 개의 직업을 제시하게 됩니다. 둘째로, 같은 직업군에 포함된 직업들은 일반적으로 비슷한 재능을 필요로 하기 때문입니다. 만약 검사 결과 사회복지사가 추천되었다면, 나는 직업상담사도 잘 할 가능성이 높고 진로코치도 잘 할 가능성이 높습니다. 비슷한 성격의 직업들이기 때문입니다. 만약 딱 한 가지 직업만 추천한다면 다른 직업을 생각해보지 못할 위험성이 있겠죠? 다양한 직업에 대해서 관심을 가져보는 기회가 되길 바랍니다.

Q 우수재능 영역별 점수가 다 높아요. 전 어떤 직업을 택해야 하나요?

A 우수재능은 선천적으로 타고난 부분과 후천적으로 계발이 가능한 부분으로 나뉘어 해석해야 됩니다. 이론에 따라 다소의 차이는 있으나 필자는 선천과 후천을 30:70으로 간주하여 설명하고 있습니다. 한 가지 직업을 선택하기 위해서는 재능의 우수한 영역이 보통 세 개 내지는 네 개가 우수하게 나와야 적합합니다. 가령 축구선수 에게는 신체율동재능, 자기이해재능, 공간지각재능, 대인관계재능의 우수함이 필요하다고 보아야 합니다. 다수의 높은 점수의 재능은 보다 폭넓은 분야의 직업 선택이 가능하다고 보아도 무방합니다. 다소 부족한 부분 역시도 후천적인 노력에 의해 충분히 가능성을 가지고 있다고 믿고 노력하는 것이 중요합니다.

Q 우수재능 점수가 거의 비슷비슷해요. 전 어떤 직업을 택해야 하나요?

A 각 영역별 점수가 비슷해서 어떤 직업을 선택해야 할지 판단이 서지 않는군요. 점수가 비슷하다는 말은 어떤 일을

해도 성공가능성이 비슷하다는 것을 뜻합니다. 이런 경우 내가 어디에 관심과 흥미가 더 있느냐를 알아보는 것이 필요합니다. 현실적인 여건도 직업 선택에 중요한 결정 요인이 됩니다. 가령 거주 지역 같은 것은 직업을 정할 때 미처 생각하지 못하고 있다가 큰 변수로 작용하는 경우가 있습니다. 그 외 에도 가치관이나 직업전망 등을 고려해야 합니다. 여러 가지 가능성을 염두에 두고 좀 더 관심이 있는 직업에 대한 정보를 알아보고 그 직업에 맞는 적성을 기르려고 노력하다 보면 점차 진로 선택의 폭을 좁혀나갈 수 있을 것입니다.

Q 우수재능 결과가 모든 영역이 낮게 나왔어요.

A 우수재능에 대한 평가는 상대평가가 아닌 개인의 절대평가로 해석을 해야 합니다. 누군가와 비교를 하거나 점수로 해석을 하는 것은 의미가 없습니다. 전체가 다 똑 같이 낮게 나오거나 할 수는 없으며 그 중에 다소 높은 것이 반드시 있습니다. 약간의 차이에 따라 높고 낮음이 있으며 그 중에서 조금이라도 우수한 재능이 있는지 여부를 살펴야 합니다. 직업을 선택함에 있어서 재능도 중요한 변수로 작용을 하지만 성격의 특징 또한 빼 놓을 수 없기 때문입니다.

Q 검사결과에서 추천한 직업들이 다 어렵게만 느껴져요. 능력이 부족한데 검사결과를 믿어야 할까요?

A 검사결과에서 제공되는 직업들은 다소 포괄적으로 직업군에 대하여 안내를 하고 있으며, 너무 많은 방대한 직업 유형을 안내 하기에는 한계가 있습니다. 검사 결과 보고서에 따른 전문 상담사의 안내 또는 조언이 필요하기도 합니다. 지문적성검사는 유전적으로 타고난 특징에 따라 안내를 하고 있으며, 후천적으로 능력을 개발 한다거나 노력을 하느냐 안하느냐는 개인적인 문제이기도 합니다. 간혹 우수한 재능을 가지고 있음에도 노력하지 않아 전혀 모르고 살면서 뒤늦게 후회하는 사례도 아주 많습니다. 능력은 엄청난 것을 타고난 것은 절대 아니며 다소의 차이가 노력 여부에 따라 아주 크게 작용을 합니다.

Q 지문적성검사 결과를 바탕으로 제 직업을 어디까지 결정할 수 있나요?

A 모든 검사 도구는 안내 또는 제안을 하는 정도이며 지문적성검사 역시 같은 맥락에서 접근을 해야 됩니다. 선천적으로 타고난 기질과 재능에 따라 안내를 하고 있으며 노력을 하지 않으면 어떤 일이든 절대 이룰 수 없습니다. 다만 유전적으로 타고난 부분에 대해서는 똑같은 노력을 기울여도 훨씬 좋은 결과를 가져옵니다. 모든 사람들이 확연하게 눈에 띄는 것은 아니며 일부는 우수한 재능이 보이지 않는 경우도 있습니다. 우수한 재능을 선천적으로 타고난 사람은 만족스러운 직업 상담이 가능하지만 그렇지 않은 사람들도 있습니다.

Q 현재 문과인데 적성은 이과 계통으로 나왔어요. 제가 하고 싶은 일도 문과인데 잘못 선택한 건가요?

A 사람에 따라 확실하게 문과와 이과를 구분 할 수 있는 경우도 있지만 간혹 애매한 경우도 있습니다. 어렸을 때부터 어느 분야에 공을 많이 들였느냐의 문제도 매우 중요한 변수로 작용을 합니다. 지문으로 보았을 때 하고는 전혀 다

는 방면으로 많은 교육을 받거나 노력을 하였다면 당연히 다르게 느껴지기도 합니다. 또는 재능은 이과 적으로 우수한 재능인데 성격유형은 문과 적으로 강한 성격 이라면 당연히 애매모호 할 수 있습니다. "재능이 있는 자 노력하는 자만 못하고 노력하는 자 즐기는 자만 못하다고 하듯 성격 유형에 더 많은 비중을 두어야 합니다.

Q 직업은 반드시 빨리 정해야 하나요?

A 직업은 빨리 정하는 것보다 신중하게 선택하는 것이 중요합니다. 대충 빨리 정하기보다는 이런 저런 가능성을 검토하면서 고민하는 과정이 필요하다는 것을 의미합니다. 여러 직업들이 비슷한 적성을 필요로 하는 경우가 많습니다. 진로가 확실하지 않은 상황이라면 하나의 직업에만 적합한 적성을 찾으려고 하기 보다는 좀 더 느긋하게 마음을 먹고 여러 직업들을 탐색하면서 자신의 적성을 개발하는 것이 훨씬 좋습니다.

Q 관심이 있는 직업은 적성이 낮게 나왔어요. 저는 꼭 관심 있는 일을 하고 싶은데 어떻게 해야 하나요? 적성이 낮으면 성공하기 어렵나요?

A 적성이 낮다고 성공을 하기 어렵다고 볼 수 없을 것입니다. 다만 적성이 맞으면 일을 즐기게 되며 오랫동안 할 수 있기 때문에 성공 가능성이 높은 것입니다. 무엇보다 중요한 것은 일을 함에 있어서 잘하느냐 못지않게 즐겁게 하느냐 그렇지 않느냐의 문제가 매우 중요합니다.

Q 돈을 많이 버는 직업을 선택하고 싶습니다.

A 직업을 통해 돈을 많이 벌고 싶은 것은 우수재능과는 다른 것으로 이것은 직업가치관에 관한 것입니다. 직업을 선택하는 데 있어 돈을 중요시할 것인지, 명예를 중요시 할 것인지, 근무 환경을 중요시 할 것인지 등을 직업 가치관 이라고 합니다. 직업선택에는 적성 뿐 아니라, 흥미, 가치관, 직업전망 등 많은 요인들을 고려해야 합니다. 그리고 이 많은 요소들 중에 나에게 가장 중요한 것이 무엇이냐 하는 것도 중요합니다. 내가 무엇을 중요시하고, 어떤 능력이 있는지, 무슨 일을 좋아하는지 계속해서 탐구해 보시기 바랍니다.

Q 잘하는 것이 하나도 없어서 고민입니다.

A 잘하는 것이 하나도 없다는 생각 때문에 고민이 많군요. 그러나 주변을 잘 살펴보세요. 잘하는 것이 하나도 없는 사람을 본 적이 있나요? 그래도 잘하는 점과 직업이 잘 연계되지 않는다면 그 때 코칭 등의 도움을 받아 보시기 바랍니다.

Q 하고 싶은 일이 너무 많아요. 어떻게 선택하나요?

A 세상에는 정말 많은 직업이 있고, 직업의 변화도 빠릅니다. 또한 예전에 비해 직업에 대한 정보를 더 쉽게 얻을 수

자문직성검사 Q&A

있으므로 하고 싶은 일이 많은 것은 당연한 일인지도 모릅니다. 하지만 많은 직업을 동시에 선택하는 것은 불가능하므로 내가 하고 싶은 일들 간에 공통점을 찾아보고 종합해서 어떤 분야가 적절할지 생각해봅니다. 목표가 구체적으로 설정되면, 구체적인 계획을 세우고 노력할 수 있습니다. 그런 점에서 지문적성검사가 도움이 될 것입니다

Q 꼭 지문적성검사에서 나온 직업들 중에 선택해야 하나요?

A 꼭 그런 것은 아닙니다. 지문적성검사에서 추천되는 직업은 일부 한계가 있으며 대부분 직업군으로 안내를 하고 있습니다. 간혹 상담을 하다 보면 직업은 다르지만 하는 일들은 비슷하다는 것을 알 수 있습니다. 가령 공간지각재능이 우수하면 디자인도 잘 하지만 요리를 잘 하기도 합니다. 디자인 회사에서 일을 하는 것과 요리를 하는 것은 전혀 다른 직업으로 분류되지만 하는 업무는 비슷한 부분도 있으며 관심 또한 비슷합니다.

Q 학교에서 했던 다른 검사 결과와 다르게 나와요. 어떤 것이 맞나요?
지문적성 검사결과가 내가 생각했던 것과 차이가 있는 것 같아요.(다른 검사를 더 해보아야 하나요?)

A 지문적성검사는 선천적인 부분의 객관적인 검사결과 입니다. 후천적으로 현재의 상태를 검사하는 지필식과 비교해서 판단을 해야 합니다. 검사결과만을 놓고 해석하는 것 보다는 전문가의 의견을 듣고 상담을 받아보는 것이 중요합니다. 모든 결과보고서에는 나름대로 해석하는 방법과 평가 기준이 있으며 무엇보다 개인의 판단이 중요합니다.

Q 우수재능 검사 결과에서 그래프의 점수가 뜻하는 것은 무엇인가요?

A 직무역량검사에서 우수재능의 그래프는 다중지능의 우월순서와 같다고 보셔도 됩니다. 우월순서에는 분명히 높은 것과 낮은 것으로 나뉘어 판단을 해야 되며, 높은 것 세 개 내지는 네 개를 상으로, 중간 부분에 있는 것을 중으로, 그 외의 나머지는 하로 보면 됩니다. 지문을 통해 재능의 우월 순서를 나타낸 그래프는 선천적인 부분 30% 정도라고 보아야 합니다. 점수로 해석하는 것보다는 순서로 이해를 해야 됩니다.

PART 2

지문적성을 활용한

학습코칭 및 길라잡이

Contents

PART 3

진로코칭

지문과의
대화

Conversation with
Fingerprinted

PART 2

학습코칭

PART 2. 학습코칭

I. 성공하기 위한 첫 번째 꿀팁 : 코칭

1. 코칭, 무엇일까?

코칭이란 무엇인가? 일반적으로 코칭을 하는 사람을 '코치(Coach)'라고 하고, 코칭을 받는 사람을 '코치이'라고 한다. 하지만 이 책은 학습코칭에 중점을 두고자 하기 때문에 '코치이'라는 말 대신 '학습자'라고 칭하기로 한다. 코치는 코칭을 받는 학습자가 목표를 달성하도록 도와주는 역할을 해야 한다.

이 책은 코치를 위하여 기획되었다. 그렇다고 전문적인 자격을 가진 몇몇 코치만을 위해 만들어진 것은 아니다. 청소년 자녀를 둔 부모로서 자녀 교육에 관심을 가진 분들이 자녀를 어떻게 코칭할 것인지 방향을 잡을 수 있도록 써진 것이다. 따라서 전문적인 코칭에 대한 지식이 없다고 해서 걱정할 필요는 없다.

코치(Coach)라는 말은 마차로부터 시작되었다. 그러다가 1880년경부터 스포츠에 적용되어 운동선수를 지도하는 사람을 코치라 부르게 되었다. 그 후 코치는 스포츠에서 매우 중요한 역할을 하는 사람으로 인식되기 시작했다. 스포츠에서 코칭은 선수와 팀의 경기력을 올려주고, 최고의 능력을 발휘하게 하는 것을 목표로 하게 된다.

선수와 팀의 경기력을 최고의 수준으로 높이지 않고서는 경기에서 좋은 성적을 거둘 수 없다. 그렇기 때문에 최고 수준의 경기력을 발휘하기 위해 코치와 선수는 온갖 노력을 다한다. 그래서 스포츠에서는 코치가 주체가 되어 선수들에게 운동에 필요한 체력, 기술 등을 지도하면서 상호교류를 갖는 가르침을 코칭이라고 말하기도 한다.

또한 선수가 운동에 참가하기 위해 필요한 지식이나 체력, 기술 등을 효과적으로 습득할 수 있도록 코치가 해야 할 총체적인 행위를 코칭이라고 하기도 한다.

코칭의 방법은 1970년대 미국의 한 기업에서 고안한 방법이다. 현재보다 좀 더 발전하려는 의지를 지닌 사람과 전문가인 코치가 함께 개인의 잠재된 능력을 개발하고자 하는 프로그램[1]을 만들어서 선보였던 것이다.

코칭의 정의에 대한 연구들은 다양하고 아직까지 일치된 견해는 없다. 그것은 아마도 코칭이라는 인적 서비스가 현재와 같은 의미로 사용되기 시작한 것이 얼마 되지 않았고, 코칭을 바라보는 시각이 각기 다르기 때문일 것이다.

그중 몇 가지를 소개하기로 한다. 먼저 국제코치연맹 (ICF: International Coach Federation)은 코칭이란 인생, 경력, 비즈니스와 조직에서 뛰어난 결과를 달성할 수 있도록 도와주는 지속적이며 전문적인 관계라 설명한다.[2]

그리고 Corporate Coach University(CCU)에 따르면, 코칭은 코치와 발전하려고 하는 의지가 있는 개인이 자신의 잠재능력을 최대한 개발하고, 발견 프로세스를 통해 목표설정, 행동 그리고 매우 뛰어난 결과를 성취하도록 해주는 강력하면서도 협력적인 관계라고 말한다.[3]

마지막으로 한국코치협회(KCA: Korea Coach Association)에 따르면, 코칭은 개인과 조직이 잠재력을 극대화하여 최상의 가치를 실현할 수 있도록 돕는 수평적 파트너십이라고 말한다.

이들을 종합하면 코칭은 학습자가 가지고 있는 문제를 해결할 수 있도록 도와줌으로써 그가 성장하고 발전하도록 지원하는 인적서비스라는 공통점을 가진다.

Whitmore (휘트모아)는 코칭이란 단순한 기술이 아니라 관리방식이나 대인관계 방식과 관련이 있으며 사고하고 방식이면서 존재방식이라고 하였다. 이러한 코칭은 라이프. 커리어. 비지니스 등 다양한 분야에서 활용하고 있다.

그러나 코칭을 어떻게 보느냐에 따라 세 가지로 나누어 볼 수 있다.

---

1) Joyce B. & Showers B, 2005: 4-10
2) www.coachfederation.org
3) www.ccui.com.

첫째   학습자의 관점에서 Whitmore (휘트모아)는 "구성원의 성과를 극대화하기 위해 개인의 잠재능력을 깨우는 것"이라 할 수 있다.

둘째   코치가 하는 일의 관점에서 Levinson (레빈슨)은 "현실의 문제에 초점을 맞춰 인터뷰하고 카운슬링하는 것"이라 할 수 있다.

셋째   성과의 관점에서 "조직 목표를 달성하기 위해 개개인의 학습을 촉진하는 것"이라 할 수 있다.

코칭은 처음에는 기업조직을 대상으로 연구되었지만 현재는 학교에서도 매우 활발하게 연구가 진행되고 있다. 코칭은 개인에게 긍정적인 영향을 미쳐 지속적인 성장과 성과를 향상하도록 돕는 양방향 의사소통과정이라고 할 수 있다.

2. 누구에게나 코칭이 필요한가?

코칭을 하는 코치로서 당신은 매우 다양한 사람들을 관리해야 한다. 바로 그러한 당신의 기능이 코치로서의 역할이라고 할 수 있다. 코치는 다른 사람의 삶에 공헌할 기회를 가지게 된다.

코칭은 코칭 받는 사람의 잠재력을 최대로 활용해 그가 목표를 달성하도록 도와주는 것이다. 그러기 위해서 코칭하는 사람과 학습자는 서로 지식과 경험을 공유하며 서로 도움이 되는 양방향 파트너가 되어야 한다.

코칭은 상호 합의에 바탕을 두기 때문에 모든 상황에서 적용할 수 있는 것은 아니다. 만일 학습자가 코칭을 원하지 않는다면 무리하게 하지 않는 것이 좋다.

따라서 올바른 코칭이 되기 위해서는 학습자의 학습과 발전을 위한 수단이 되어야 하며, 학습자를 인도하여 목표를 달성하도록 하는 것이어야 하며, 합의한 성과를 이루어내기 위해 경험과 의견을 서로 공유하는 것이어야 한다.

그런데 코칭이 단순히 누군가의 행동이나 활동을 바로잡기 위해 조치하는 것이든지, 목표를 달성하기 위해 조치를 취하도록 지시하는 것이라든지, 모든 답을 가진 전문가나 감독자처럼 행동하는 것은 문제가 된다.

일반적으로 학습자는 코치와 함께 한다면 수행이 개선될 것이라고 믿을 때 코칭을 하거나 코칭을 요청하게 된다. 코칭은 분명한 목적을 가지고 시작해야 학습자에게 도움을 줄 수 있게 된다.

코칭을 통해 자신의 탁월함을 극대화하게 되고, 개인적 장애물을 극복할 수 있게 된다. 또한 지속적인 코칭을 통해 자신의 잠재능력을 끄집어낼 수 있게 되는 것이다.

그럼 몇 가지 질문을 통해 코칭에 대해 더 알아가기로 한다.

언제 코칭을 하는 게 좋은가?

학년별 또는 학기별로 수업이 시작되면 목표를 세우고 공부를 시작하는 경우가 많다. 그러나 코칭은 꼭 이런 학교 일정에 맞추어서 할 필요는 없다. 왜냐하면 코칭은 지속적으로 이루어지며, 필요할 때마다 이루어지기도 하기 때문이다.

어디서 코칭을 하는 게 좋은가?

장소에 구애받을 필요는 없겠으나 코치와 학습자 둘만의 장소는 필요하다. 방해받지 않아야 하고 다른 곳에 시선을 빼앗길 수 있는 곳이라면 코칭이 제대로 진행되기 어려울 수 있다.

누가 코칭을 하는가?

코칭은 전문 코치가 하는 것이 좋겠으나 경우에 따라 부모도 자녀의 코치가 될 수 있다. 코칭은 1:1로 하는 것이 일반적이지만, 경제적인 이유나 환경의 영향으로 1 : 다수의 형태로 집단코칭을 하는 경우도 있다. 그러나 1:1로 하는 개인적인 코칭이 보다 더 효과적이라고 하겠다.

'미해결과제'라는 것이 있다. 우리에게 미해결과제가 있으면 우리는 그것에 마음을 빼앗기게 된다. 그것이 오래 지속되면 여러 가지 부정적인 양상으로 우리의 삶 속에 나타나게 된다. 나를 불편하게 하는 사람, 또는 아직도 마음에 남아 나를 괴롭히는 그 상황이 내 지각에서 여전히 전경으로 남아 고착되었다고 볼 수 있다. 그것을 배경으로 순환시킨다면 괴롭히는 것들이 해소되고 새로운 마음을 형성할 수 있다.

필자에게 미해결과제로 남아 있는 것은 몇 사람에 대한 섭섭함이다. 특히 누나가 그랬다. 누나의 모습이 전경으로 항상 그의 마음에 자리 잡고 있었던 것 같다. 그러나 그런 것들은 배경으로 순환시키고 그의 다른 감정들을 전경으로 순환시킨다면 이 문제는 해결될 수 있을 것이라고 생각한다.

또한 사람의 마음속에는 두 가지의 감정이 잔존하는 경우가 많다. 그 한 예를 든다면, 다른 사람을 수용하는 마음과 비판하는 마음이 그것이다. 그러나 이것은 한쪽은 옳고 다른 한쪽은 잘못되었다는 그런 차원이 아니다. 이 두 가지의 마음 역시 내 자신의 일부분이라는 것이다.

비판하는 마음 역시 자신의 일부임을 자각하고 사랑하는 마음이 중요하다. 또한 한쪽의 마음이 나에게 어떤 유익을 주고 있는지, 다른 한쪽의 마음은 나에게 어떤 위험을 주는지 파악하는 것이 중요하다. 위험이 감지되면 그 위험을 극복하기 위해 다른 한편으로 이동을 시도하는 것은 좋은 방법이 된다.

이런 복잡한 현상들이 자녀에게 늘 나타난다. 따라서 부모는 자녀에게 집중해야 한다. 그런데 자녀가 다음과 같은 상황에 놓여 있다는 것을 알게 되면 어떤 방법으로 도움을 줄 수 있는지 생각해보아야 한다.

일상에서 우울함과 따분함을 많이 느끼는 것 같다.

성적이 이유 없이 자꾸만 떨어진다.

친구들과 자주 충돌한다.

코치는 코칭을 할 때 학습자의 상황에 대한 분석과 이해가 필요하다. 상황에는 환경적인 것과 개인적인 기술이 포함된다. 그래야만 상황과 개인의 능력을 개선할 수 있는 방법을 찾을 수 있다.

학습자를 잘 관찰할수록 좀 더 전문적인 조언을 적절하게 제공할 수 있다. 따라서 개인의 행동을 여러 방법을 통해 관찰할 필요가 있다. 관찰할 때에는 일반적으로 다음과 같은 두 가지 점에 집중하면 좋다.

자녀가 타인에게 어떤 영향을 미치고 있는가?

자녀의 행동이 목표에 어떤 영향을 주는가?

관찰을 하게 되면 판단이 서게 된다. 하지만 성급하게 판단을 내리거나 가정을 하지는 말아야 한다. 이때부터 당신은 코치에게 연결하거나, 스스로 코치가 되어야 한다.

코치가 되려면 중립적인 관찰자가 되어야 한다. 어떤 판단을 내리기 전에 추가관찰을 하고, 지문적성과 연결시켜서 생각해 보아야 한다.

가능하다면 이런 어려움에 대해 다른 사람과 이야기를 나누어 보는 것도 좋다. 이런 준비가 끝났다면 자녀와 코칭을 시도해보는 것이 좋다. 그런데 이때 자녀와의 대화는 일상적인 대화여서는 안 된다. 코칭적인 질문이 들어가야만 된다. 만약 스스로 해결하기 어렵다면 이런 시점에서 전문적인 코치가 필요한 것이다.

4. 어떻게 코칭을 하는 거지?

코칭은 이미 정해진 단계들로 구성이 된다. 일반적으로 4~5단계로 진행된다. 이 단계들은 목표설정에서부터 행동계획 및 실천의지 다짐에 이르는 코칭의 흐름이다. 절차에 따라 대화를 한다는 것은 코칭 대화는 일반적인 대화와 구분 짓는 매우 중요한 요소이다. 이를 통하여 코치와 학습자가 동일한 목표를 가지고 한 방향으로 향하고 있음을 나타냄과 동시에 코칭의 성과를 점검할 수 있는 기회를 제공한다.

대부분의 코칭에서는 먼저 해결하고자 하는 것. 현재 상황, 도달하고자 하는 목표를 세운다. 다음으로, 목표에 도달하기 위한 다양한 방법을 찾아보고, 문제해결을 위한 실행계획을 수립한다. 마지막으로 선택한 방법을 실행하는 과정에서 예상되는 장애요소를 극복하는 방안 및 실천을 확인하는 단계 등 일정한 절차가 있다.

이상과 같이 코칭은 코칭을 행하는 코치와 학습자가 합의하에 목표를 설정하며, 스스로 문제를 해결하는 답을 찾아가는 것을 돕게 된다. 그러므로 자기주도 학습 능력 향상을 위해 학습코칭모형은 코치와 학습자가 함께 할 수 있는 학습 의사소통의 방법이다.

일반적으로 코칭에서 가장 많이 사용되는 것은 GROW 모델이다. 이것은 4단계 코칭의 절차를 만들어 놓은 것으로, 영어의 앞 글자를 따서 만든 것이다. 이를 구체적으로 설명하자면 다음과 같다.

Goal (코칭 목표 정하기),

Reality (현실파악, 핵심적인 요구 인식),

Options (대안탐색),

Will (실천의지 확인)을 중심으로 하고 있다.

5. 기술을 익힌 후 코칭하라

칼 로저스(Carl Rogers)에 따르면 사람은 긍정적이며, 남을 신뢰하는 존재로 인간의 근본적인 자세와 행동 방식이 대화를 성공으로 이끌 수 있는 열쇠라고 강조한다. 코칭에서 가장 중요하게 인식되는 것은 코치와 학습자간의 개방적이고 신뢰적인 관계이다.

코칭 기술(coaching skill)은 코칭이라는 특수한 목적을 달성하기 위해 코치가 갖춰야 할 기술이다. 크게 나누어서 의사소통 기술과 대인관계 기술이 해당된다. 의사소통 기술로는 경청하기, 질문하기, 피드백하기 등이 포함된다. 반면 대인관계 기술로는 학습자와의 관계 설정에 필요한 기술이다. 예를 든다면 자기관리를 어떻게 할 것인가 등이 포함된다. 대인관계 스킬은 학습자와의 신뢰를 구축하고, 지속적으로 좋은 관계를 유지하는데 필수적이다.

이러한 기술에 대해서는 뒤에서 자세하게 설명할 것이다.

II. 이제는 **학습코칭**을 하자

1. 학습코칭이란?

코칭을 공부하는 방법에 활용하기 시작한 것은 그리 오래되지 않았다. 또한 무엇이 학습코칭인지 이에 대한 의견도 분분하다. 그중에서도 코칭을 "학습 과정을 체계적으로 반영해 주어서 교사의 역량을 강화시켜주는 지원방법"[4]으로 소개한 자료를 비롯하여 코칭 기법을 교수학습에 적용시키려는 노력이 활발하게 진행되었다.

이러한 여러 주장을 종합하면 코칭은 '학습과 발전을 위한 수단이며, 합의한 성과를 이루어내기 위해 서로 의견과 경험을 공유하면서 목표를 달성하도록 이끌어가거나 지도하여 가르치는 것'[5]이라 할 수 있겠다. 즉', 가르치려는 코치와 발전하려는 의지를 가진 학습자가 상호 협력하여 잠재력을 최대한 개발하려는 것이며, 뛰어난 결과를 이끌어내는 강력한 협동과정'인 것이다.

따라서 학습코칭은 학습과 함께 코칭기술을 적용하여 자기주도능력을 형성 시킬 수 있도록 돕는 일련의 과정을 말한다. 그런데 학습코칭에는 축구 코치나 노래 코치라면 사용하지 않을 수 있는 특별한 코칭 요소들이 있다.

다양한 코칭의 분야 한 분야인 학습코칭 (Learning Coaching)에 대한 정의는 국내, 국외의 선행 논문을 조사한 결과 용어에 한 정확한 정의와 개념이 언급되고 있지 않은 실정이다. 학습코칭 시장이 한국에서 활성화된 것은 고교 졸업생의 80% 가까이가 대학에 진학하고 교육열이 강한 한국만의 독특한 현상이라 할 수 있다. 국내에서 학습코칭이란 용어가 이토록 많이 사용되어 진 것은 자기 주도학습과 관련지어 살펴볼 수 있다. 그리고 대학교 입시에서 입학사정제가 생기고, 자기 주도학습이 사교육 시장으로도 번져 자기 주도학습, 학습코칭의 열풍이 불었던 것도 사실이다.

자기주도 학습이 가능하려면 학생 스스로가 공부에 대한 동기를 가져야 하고, 공부 방법을 알아야 한다. 이 지점에서 필요한 것이 바로

4) Veenmap S & Denesen E., 2001: 385-415

5) Harvard Business School Publishing, 2007: 14-15

학습코칭이다. 즉 학습코칭이란 학생에게 목표설정을 통한 동기를 부여하고 과목별 공부계획, 효율적인 시간활용 등에 대해 학생과 같이 고민하고 스스로 결정할 수 있도록 도와주는 것이라 할 수 있다.

학습코칭이란 "코칭기법과 자기주도학습을 위한 관리기법을 결합한 것으로"학생들이 올바른 목표를 가지고 스스로 공부하는 열정과 능력을 갖춤으로써 자립형 인재로 성장하게 하는 것이다."

요즘과 같은 고도의 정보화 시대에는 다양한 정보통신기술을 활용하여 정보 검색, 수집, 분석, 종합 등 새로운 정보 창출과정에 직접 참여함으로써, 창의력과 문제 해결력을 신장하게 하며 다양한 교수학습 활동을 촉진시킨다. 예를 들면, 문제 해결 학습, 프로젝트 학습, 상황학습, 협동학습 등의 다양한 수업활동을 지원함으로써 학습의 질적, 양적 향상이 이루어진다. 또한 시공간의 제약성을 극복할 수 있는 다양한 코칭의 기술을 활용하여 교육의 장을 더욱 확대함으로써 사고의 폭을 보다 넓히고 고차적인, 사고 능력을 신장시킬 수 있는 특성이 있다.

2. 학습코칭이라는 날개

학습코칭은 일방으로 교사가 학생에게 가르치는 방식이 아니라 학생 스스로가 방법을 찾고 스스로 계획을 하고 문제를 해결해 나가며 성취감을 느낄 수 있게끔 도와주는 것이다. 따라서 학습자 입자에서는 날개를 얻은 것처럼 도움이 되는 일이 된다. 일반으로 학습코칭은 다음과 같은 3가지의 공통된 특성을 가지고 있다.

첫째   학습코칭은 피코치자의 발전 가능성에 초점을 맞추고 목표를 이루어나가는 과정 중심 학습이다.

둘째   학습코칭에서 코치와 피코치자는 수직인 관계가 아니라 수평인 관계를 형성하는 상호작용 관계이다.

셋째   학습코칭은 코치의 일방적인 가르침이 아니라 피코치자의 학습수준을 고려한 구체적인 상호작용을 통해 목표를 이룰 수 있도록 하는 것이다.

이와 같이 학습코칭은 개인의 타고난 재능, 흥미, 성격을 알게 하여 자존감을 갖게 하고, 꿈과 목표를 갖게 하여 스스로 즐겁고 재미있게 공부할 수 있도록 지원하는 것이다. 또한 효율적인 시간관리와 효과적인 학습기술을 통해 자신의 꿈을 이루게 하는 것이다.

3. 학습코칭에서 고려할 부분들

학습코칭에 관한 연구를 살펴보면 코칭과 가장 유사한 영역이라 할 수 있는 멘토링과 비교할 수 있다. 코칭은 멘토링과 달리 주체가 학습자이고, 코치와 수평적 파트너십을 가진다. 그리고 학습자 스스로가 해결방안을 찾도록 도와줌으로써 스스로 자신의 가치를 발견하고 자신의 잠재력을 발휘하도록 만들어 준다. 또한 코칭은 분야에 따라 비즈니스 코칭, 개인코칭, 커리어코칭, 스포츠코칭, 임원코칭, 크리스천 코칭, 가족코칭, 부모코칭, 청소년 코칭, 학습코칭으로 분류가 가능하다. 특히 가족코칭, 부모코칭, 청소년 코칭, 학습코칭 등은 1990년대 말 외환위기 이후 가족 해체와 대학입시 경쟁 과열로 인한 학부모와 청소년들의 수요가 반영되어 최근 우리나라에서 주목받고 있는 코칭 분야가 되었다. 이처럼 학자별로 코칭에 대해 다양하게 정의하고 있으며, 코칭을 적용한 다양한 분야에 대한 연구 결과가 보고되고 있다.

개인의 학습과 성장을 제외하고 코칭을 설명하기 어렵다. 지식이 폭발적으로 증가하는 정보화시대에 개인이 고려해야 할 것은 배우고자 하는 태도를 지니는 것이다. 특히 코칭은 개인의 요구와 목표달성에 관련되고 개인의 성장과 삶의 만족을 향상시킬 수 있는 기술을 개발하는 데 초점이 맞춰져 있다. 따라서 코치는 동기부여를 통해 학습자가 스스로 목표를 이룰 수 있도록 돕는 역할을 해야 한다.

와트(Watt)는 코칭에서 학습자들은 목표를 정하고, 코치는 네비게이

션을 제공하는 역할을 한다고 보았다. 중요한 것은 자신의 학습에 대해 최종적으로 책임져야 할 사람은 학습자라는 것이다.

학습자 입장에서 두 가지 핵심 요소는 발견과 연계이다. 발견은 기본적으로 자기주도성에 의한 반성적 성찰의 결과물이다. 그에 반해 연계는 학습자가 자신의 욕구를 목표와 연계시키는 것이다. 이러한 과정을 통해 지속적인 학습이 가능해진다.

학습자가 학습할 준비가 되어있고 배우고자 할 때 목표를 달성하게 되고 바람직한 학습결과를 가져온다. 이 모델은 코치와 학습자 사이에 전환적인 학습연계를 보여준다. 그리고 문제해결, 다양한 스킬과 과정을 통해 이루어지는 목표 지향적 코칭의 틀을 제공한다.

학습전달 수단으로 코칭을 강조한 Herlein(할레인)은 코칭은 바람직한 결과를 달성하는 데 도움을 주기도 하지만 학습의 전달 수단이라고 보았다. 코치는 학습자가 새로운 방법을 익혀서 학습하도록 돕는다. 코치는 교실에서부터 업무현장에 이르기까지 기술을 전달하고, 학습하는데 동기를 불어넣을 수 있다고 보았다.

Cox(콕스)는 코칭에서 개인 경험의 활용을 강조하였다. 그는 코칭이 실제 삶의 문제를 해결하기 위해 이전의 저장된 경험을 활용할 수 있도록 목표 지향적이고 자기주도적인 학습자를 통해 코치와 학습자는 그들의 경험과 학습목표를 도출해내는 능동적인 과정에 몰두하게 된다고 보았다. 특히 학습자의 경험은 문제를 찾아내는데 활용된다고 보았다.

그리고 코칭의 목표는 이러한 문제들을 명확히 함으로써 학습자들을 코칭에 더욱 몰입하게 만든다. 결과적으로 코치와 학습자 간의 관계는 더 신뢰할 수 있을 정도로 발전하게 된다. 서로 믿는 관계가 만들어지면 학습자의 문제가 코치와 학습자의 관계 속으로 들어오게 되고 공유된 이해를 바탕으로 실행계획이 수립된다.

코칭과정은 학습자의 자기주도성을 강화하고 경험에 근거해 자기반성하는 것이다. 즉, 피드백을 통해 자기 자신의 장점과 단점을 찾아내 대안을 만드는 의식의 전환을 이루게 하는 학습의 촉진과정이라고 볼 수 있다. 그런데 중학생의 심리적, 인지적, 사회적 특성에 맞추어 본다면 자기주도성이 부족한 학생들의 학습에 학습동기, 학습전략, 학업성취가 영향을 미치도록 초점을 맞추어야 한다.

코칭은 개인의 요구와 목표달성에 관련되고 개인의 성장과 삶의 만족을 향상시킬 수 있는 기술을 개발하고 강화하는 데 중요하다. 따라서 코치는 동기부여를 통해 학습자가 스스로 목표를 이룰 수 있도록 돕는 역할을 해야 한다.

4. 학습코칭 전략

학업과 관련된 문제를 몇 가지 유형으로 나누어 보자.

첫째 유형 성적 저하로 인한 걱정과 스트레스이다.

둘째 유형 시험 불안이다. 이런 경우 긴장과 불안으로 인해 자신의 실력을 충분히 발휘하지 못하는 현상이 일어난다.

셋째 유형 주의집중력 문제이다. 공부방법의 문제, 잘못된 학습습관, 지능 수준 등으로 인한 학업능률의 저하가 따른다.

넷째 유형 공부에 대한 회의와 동기 저하이다. 이런 경우는 처음부터 이런 상태가 유지되어 온 것도 있지만, 어떤 사건이나 환경의 여하응로 인하여 이런 동기저하가 급격하게 이루어지는 경우도 있다.

다섯째 유형 학업과 관련하여 발생하는 교우관계 갈등, 부진 학생에 대한 따돌림, 학업성적으로 인한 부모와의 갈등 등의 문제이다. 이렇게 학업과 관련된 문제는 다양한 형태로 나타나고, 그 원인도 다양하다

우리나라처럼 학교성적이 주요한 평가 기준이 되는 학교생활에서 학

습 부진은 신중하게 고려해야 할 부적응이다. 학습문제로 인하여 여러 가지 문제가 나타나기 때문이다.

1970년대만 해도 학습 부진을 가져오는 요인으로 "학습전략의 결손"에 대한 관심이 증대되었다. 그리고 많은 연구들이 실제로 학습전략의 차이가 학습 성과의 차이를 가져온다는 것을 보여 주었다.

학습전략은 시험점수를 잘 맞기 위한 방법이나 단순한 공부 방법만을 말하는 것이 아니다. 학습정보를 자율적으로 활용하는 방법 등에 관한 전반적인 인지과정 전략을 의미하며, 최선의 학업성취를 산출하기 위한 목적을 가지고 있다. 이런 측면에서 볼 때, 한참 의욕적으로 공부해야 하는 중학생 시기에 자기에게 맞는 학습전략을 익혀서 최선의 결과를 만들어내는 것이 중요하다.

또한 학습전략은 학습자의 내적 상태를 조절해 주는 동기 가지기, 감정 조절하기, 주의 집중하기, 시간 관리하기, 자원 관리하기 까지 포함하는 보다 폭넓은 개념이다. 고등학교 진학을 앞두고 있는 중학생 시기에는 학습전략의 여러 측면을 파악하여 부족한 부분을 보완해 줄 수 있도록 하는 것이 매우 중요하다. 그런데 국내외 여러 학습전략 프로그램을 분석해보면 학습동기를 가질 수 있도록 만들고, 자기 효능감 향상위한 내용을 포함하고 있다.

본서에서는 학습전략이 학습자의 내적 상태를 조절해 주는 동기 가지기, 감정 조절하기, 주의 집중하기, 시간 관리하기, 자원 관리하기 까지 잘 할 수 있게 한다. 따라서 자기주도 학습 코칭을 통해 학습전략을 향상시키는 방법에 대해 이야기하고자 한다.

5. 코칭하면 공부를 잘할까?

코칭이란 학습자의 성장과 발전을 위하여 잠재력을 개발하며 스스로 문제해결과정에 초점을 두어 노력을 다하는 것이다. 그러기 위해 심리학의 일부 이론을 코칭에 적용하고 있다.

코칭은 행동의 변화에 사고의 전환과 변화의 의지가 필요함을 깨닫는 과정을 통해 내적동기를 갖게 하고, 자기효능감을 통해 자신감을 갖게 하므로 행동변화에도 효과를 갖는다. 그런데 이런 코칭이 과연 성적에도 영향을 줄 것인가?

우리가 일상에서 쓰는 성적은 학술적으로는 학업성취라는 이름으로 통용된다. 학업성취도란 학교교육을 통하여 습득한 지식, 기능, 태도 등 학교 학습 결과를 총칭한다. 학업성취란 교육과정에 속한 교과목들의 수행정도를 나타낸다. 학습의 결과는 교사나 시험 등 어떤 가치기준에 의해 판단되어지는 교육목표의 완수 정도를 의미하기도 한다.

1980년대 이후에 들어서 학업성취에 대한 많은 연구들이 활발히 이루어져 왔다. 최근에 이루어진 학업성취 관련 연구들은 학습자와 환경에 관심을 두고 있다. 학업성취 검사도구로는 각 학년말 학업성취 결과와 표준화된 학업성취 검사, 각 학년의 평균학점, 형성평가, 표준화 검사 등이 주로 사용되고 있다.

학습의 결과를 예측할 수 있다면 학습의 효과를 높이는데 크게 유효할 것이다. 그런데 많은 학자들은 학업성취도는 학교학습 결과로 보았다. 그리고 학업성취도는 학습자 개인의 능력에 의해서 결정되는 것이 아니라 그 이외의 요인인 수업관련 요인, 학습자 개인 요인, 교육을 구성하는 환경 등에 영향을 받는다고 하였다.

학교 학습에서 학업성취와 관련하여 가장 큰 것은 인지적, 정의적 특성이다. 인지적 특성은 학습의 효과를 향상시키는데 매우 중요하다. 학습자 개인의 지적 능력과 특성에 적절한 학습방법이 투입될 때 학습효과가 극대화가 될 수 있다. 또한 학습과정에서 자신의 학습과정을 스스로 통제함으로서 학습에 대한 관찰, 점검이 이루어지고 자기보상을 통해 의욕이 커진다. 이러한 자기 주도적 학습 능력의 향상을 통해 학습자는 스스로 자신의 학습에 주도권을 갖게 된다. 또한 자신을 진단하고 자신의 학습목표를 결정하며 학습에 필요한 자원을 확보하게 된다. 그리고 적합한 학습전략을 선택, 실행하고, 성취한 결과를 스스로 평가하다보면 학습효과가 좋아진다.

6. 지문적성별 학습유형과 코칭방법

학습유형은 지문적성 성격유형 분석에 의해 분류를 하였기 때문에 행동특성과도 거의 비슷하게 느껴지기도 한다. 학습지도방법은 한 개인에게 효과적인 코칭방법으로서 학습뿐만이 아니라 일상적인 생활에서도 그대로 적용이 된다. 대인관계에 있어서 본인이 희망하는 것이기 때문에 적극적으로 반영을 하면 스트레스를 줄여 주고 즐겁게 반응을 할 수 있다. 학습지도방법에는 성격유형에 따라 어떤 사람은 한가지의 유형이 효과적이기도 한 반면 여러 가지의 방법이 적용되어야 효과적인 사람도 있다.

1) 원론학습이 필요한 안정형

"선생님, 우리 지현이를 보고 있으면 너무나 답답해요."
"어떤 점에서 그러세요?"
"매사가 너무나 느려 터졌고 ... 친구들과 잘 어울리는 것 같지도 않고."
"그리고요?"
"말이라도 시원하게 한다면 답답하지는 않을 것 같은데 속에 있는 생각을 제대로 말도 안하니 ... 부모로서 속이 터질 것 같아요."
"학교에서 말썽을 많이 피우는 편인가요?"
"답답해서 그렇지 ... 그런 건 아니에요."

오늘도 지현이 엄마는 속이 타는 모양이다. 지현이는 안정형의 학습유형이다. 성격은 차분하고 조용한 안전 그 자체를 선호하는 특성을 가지고 있다. 주변에서 이런 학생을 보면 다소 답답하기는 하지만 이런 학습유형은 단계적으로 지도하는 학습방법이 효과적이다. 원론학습은 한꺼번에 많은 욕심을 부리지 않고 차근차근 계단을 밟고 올라가는 심정으로 이루어져야 한다고 보면 된다. 무리한 욕심으로 여러 가지를 주입시키려고 한다든지 여럿이 모인 단체학습은 오히려 부담감으로 효과가 반감이 될 수도 있다. 지현이의 경우 차분하고 조용한 환경에서 단계적으로 꾸준한 지도방법이 적용되면 불안해하지 않고 잘 적응을 한다. 강압적이고 억압적인 방법은 심한 스트레스는 물론 심리적 안정에 별 도움이 되지 않는다는 것을 유념해야 한다. 어린 시절의 학습습관이 평생을 좌우하는 경우가 많아 몰아붙이지 않고 천천히 지도하는 것이 효과적이다.

2) 원리학습이 필요한 탐구형

"그런데 선생님은 왜 하늘이 파란 색인지 알아요?"
"무지개는 왜 일곱 가지 색깔로 보이는 걸까요?"

오늘도 현수는 나를 만나면 질문 공세가 이어진다. 항상 서두는 그런데 …. 라고 말하고 잠깐 뜸을 들인 다음 바로 본론으로 들어가서 질문이 쏟아진다. 세상의 모든 것이 다 그의 질문거리인 것 같다. 그의 눈에는 이 세상이 거대한 호기심의 덩어리 인지도 모른다. 그를 보고 있자면 그야말로 호기심 천국에서 방금 이사를 온 아이 같다.

우리가 보았을 때는 그는 호기심만 가지고 있는 엉뚱한 아이처럼 보일 수도 있다. 그러나 그의 입장에서 본다면 그는 상당히 논리적 체계성을 가지고 사물을 바라보고 있는 아이인 것이다. 그런 점에서 그를 잘 관찰해보면 그저 단순한 호기심만 발동하는 아이는 아니라는 생각이 든다.

최근 들어 질문의 패턴이 조금 바뀌었다. 질문의 특징이라면 처음 시작할 때 '만약에라는' 단서가 붙는다는 점이다.

"만약에 사람들의 마음이 눈에 보인다면 어떤 일이 벌어질까요?"
"만약에 내가 잠들 때마다 비가 온다면 어떤 일이 벌어질까요?"

그의 질문에 답하려고 하면, 소통의 즐거움이 생기고, 독특한 시각으로 세상을 돌아볼 수 있다는 생각이 든다. 현수는 논리적인 부분에 예리함이 특히 장점인 유형으로 수학적인 계산방법과 논리적인 전개과정을 매우 자신 있게 주장하는 유형이다. 스스로 판단하여 이해가 되지 않으면 따지고 드는 것을 잘하기 때문에 조금은 까칠해 보이기도 한다. 이런 유형은 논리수리 또는 자연현상 등 다양한 분야에 관심을 가지고 탐구하고자 노력하는 유형이며, 객관적이고 믿을만한 데이터에 의해 설득 또는 지도를 하지 않으면 강하게 반발하는 특징을 가지고 있다. 간섭과 지나친 관여보다는 구체적인 방법에 의한 타당성을 설명해 주고 지도하면 효과적이다. 스스로 흥미를 가지고 공부할 수 있도록 동기유발을 시켜주는 것이 필요하다.

3) 관심학습이 필요한 감성형

"우리 아이를 어떻게 교육하는 게 좋을지 잘 모르겠어요."

수정이 엄마는 수정이를 키우는 동안 자녀 교육이 어렵다고는 하지만 이렇게까지 어려울 줄 몰랐다고 푸념한다. 그도 그럴 것이 수정이는 어떤 때는 거의 천사와 같이 엄마 말을 잘 따르고 순종하는 아이처럼 보이지만 어떤 때는 정말 감당하기 어려운 아이로 돌변하기 때문이다.

그런데 그녀는 기분이 좋으면 불가능해 보이는 일도 해낸다. 하지만 기분이 틀어진다면 아무리 간단하고 쉬운 일도 못한다고 나자빠지기 일쑤인 것이다. 그렇다고 병적으로 장애가 있는 것은 아니지만 기분에 따라 성과가 많이 차이나는 아이인 것이다.

문제는 수정이의 정서를 잘 살펴가면서 학습을 지도해야 하는데, 그런 감정에 대한 배려 없이 강요하다보니 자녀의 교육이 목적한 방향으로 가기 어려운 것이다.

그녀의 관심 대상 중에 선생님도 포함된다. 평소에 선생님 주변을 맴돌면서 선생님의 관심을 끌기 위해 노력한다. 교무실에 자주 나타나기 때문에 다른 선생님의 눈총을 받기도 한다. 그러나 그런 눈총이 그녀의 교무실 순례를 방해하는 것은 아니다.

그녀가 좋아하는 과목은 몇 과목에 편중되어 있다. 그녀가 좋아하는 선생님의 과목은 정말 열심히 해서 칭찬을 받기 위해 노력한다. 그러나 관심이 없는 선생님의 경우 그 과목의 성적은 곤두박질치게 마련이다.

그러나 좋아하고 싫어하는 감정은 오래 가지 못한다. 변덕이 죽을 끓는 것처럼, 좋았던 선생님도 어느 순간에는 싫어지기도 한다. 그런 점에서 다른 아이들에 비해 변덕이 조금 심한 편이다. 그녀는 정서적인 감정에 정이 많아 동요가 잘되고 대체적으로 원만한 스타일로 어디서나 잘 어울린다.

감성적인 성향에 관심학습은 어릴 적 성장환경이 매우 중요하게 작용을 한다. 즐겁고 부드러운 분위기에서 성장을 하면 흥겨워하는 외향성이 강한 낭만적 스타일의 성향을 띤다. 그러나 반대로 강압적이고 억압적인 분위기에서 성장을 하면 매우 소극적인 내향성이 강한 유형이 된다. 그만큼 환경의 변화에 민감하고 가정환경 또는 양육자의 스타일이 중요하다. 이런 경우 경쟁적이고 억압적인 분위기와 강압적인 환경보다는 흥미유발을 위한 활기찬 분위기를 조성해 주는 지도가 필요하다. 결과에 따라서 비교 당하고 다그치는 것을 싫어하며 자상한 눈빛의 부드러운 대화를 하는 학습지도가 효과적이다.

민수는 아무리 보아도 매우 창의적인 아이다. 그의 머릿속에서는 하루에도 수백 가지의 아이디어들이 탄생했다가 빛을 보지 못하고 사라지고 마는 것처럼 보인다. 그의 방은 아이디어를 찍어내는 공장처럼 곳곳에 낙서와 그림들로 빼곡이 가득 차 있다. 그 방을 민수 엄마는 열심히 치워보지만 아무리 치워도 깨끗해지기 어려운 것 같다. 치우라고 노래를 부르던 그의 엄마도 이제는 지친 모양이다.

그는 아이디어가 떠오를 때마다 열심히 그린다. 그의 꿈은 에디슨과 같은 발명가가 되는 것이다. 99%의 노력과 1%의 영감을 믿는 것이 아니라 99%의 영감만을 믿는 것 같다. 그래서 항상 영감이 떠오르면, 그것을 놓치지 않으려고 노력하는 것이다.

그러다보니 그는 가끔은 엉뚱하게 보이기도 하며, 밥을 먹거나 약속을 어기는 적이 자주 있다. 그렇기 때문에 그를 이해하지 못하는 사람들은 그를 오해하기도 한다. 창의성이 풍부한 민수의 행동적 특성은 폭넓은 상상력과 독특한 생각에서 비롯되는 자유 분망한 사고력이다. 자유 분망하고 독특한 생각이 과학적인 아이디어 또는 선구자와 같은 새로운 것을 창출하는 좋은 발상의 시작이라고 볼 수 있다.

이런 경우 칭찬학습에 대한 지도방법은 인내력을 가지야 되며, 세심한 관찰을 통해 철저히 이행되어야 효과적이다. 독특한 질문이나 특이한 생각에 대하여 무작정 칭찬보다는 핵심적인 것을 찾아 진지하게 진행이 되어져야 한다는 것이다.

"우리 아이의 열정을 막을 사람은 없을 겁니다."

혜연이는 마음에 한번 꽂힌 일이라면 꼭 끝장을 보고야 만다. 그의 엄마 말에 따르면 그녀는 뭐든지 열심히 하는 스타일이다. 공부도 잘하고 춤도 잘 추고 반장까지 한다. 그야말로 팔방미인이고, 친구들 사이에서는 인기짱이다. 노래면 노래, 춤이면 춤, 운동이면 운동 못하는 것이 없다. 얼마 전 축제 때에는 걸그룹 가수들 춤을 아주 감쪽같이 따라할 정도로 춤 솜씨 또한 수준급이다.

"그렇게 뭐든지 잘하면 걱정 할 거 없잖아요?"
"그렇지도 않아요."
"어떤 점에서 그렇지요?"
"이제 조금 있으면 고등학생이 될 터인데 이렇게 이것저것 하다보면 중학교 때처럼 상위권 성적을 유지한다는 게 어려워질지도 모르니까 걱정이 되요."

그녀의 말이 어느 정도 일리가 있다. 그러나 그녀의 열정을 누가 막을 것인가. 그녀는 한 가지 일만 잘하는 것보다는 여러 가지 일을 하면서 오히려 시너지 효과가 일어나고 있는지도 모른다.

여러 가지 일을 다 열심히 하는 모습을 옆에서 지켜보기에는 너무나 힘들어 보일 수도 있다. 그러나 지현의 입장에서 보면 여러 가지 일을 동시에 하여도 힘이 들지 않는 그런 스타일인지도 모르겠다. 또한 모든 일을 다 잘해야 안심이 되는 것인지도 모른다.

음식점에 가면 50가지가 넘는 메뉴가 적어진 집을 본다. 그 많은 음식을 다 잘한다는 것은 사실상 불가능하다. 그렇게 많은 메뉴를 한결 같이 맛있게 해내고, 손님이 많은 집은 사실상 손에 꼽을 정도이다. 반면에 메뉴가 달랑 하나이거나 잘해야 두세 개인 집이 많다. 그런 집이 다 장사가 잘되는 것은 아니지만, 맛집의 경우 그렇게 한두 가지의 메뉴가 특화되어 있는 경우가 많다. 손님들은 그런 대표 메뉴를 보고 찾아오는 경우가 많다. 그리고 그런 메뉴는 회전율이 좋기 때문에 신선한 음식을 제공해 줄 수 있는 것이다. 많은 음식을 항상 신선한 상태로 보관한다는 것은 불가능에 가깝다.

혜연이의 경우도 마찬가지가 아닌가 생각된다. 시간이 되면 어느 순간에 자신이 잘하는 일을 조금은 정리할 필요가 있다. 모든 일을 다 잘하기는 어려운 시기가 올 것이기 때문이다. 자신이 할 일을 몇 가지로 정리해보고 거기에 집중한다면 의외로 좋은 결과를 얻을 수 있다. 시간은 한정되어 있기에 모든 일을 다 잘하기에는 한계가 있는 것이다. 그러기 위해서는 효율적인 시간관리가 필요한 것이다.

그녀는 열정적인 에너지와 넘치는 자신감이 우수하며 적극적으로 참여하고 부지런하게 움직이고자하는 유형으로 일 욕심이 많다. 일에 대한 욕심은 다양한 분야에 참여와 같은 관심과 의욕 또는 활동적인 행동특성으로 나타난다. 그녀는 다양한 분야에 호기심 관심이 아주 많으며, 화려하고 튀어 보이는 자신의 모습을 드러내 보이고 싶어 하는 것에 대하여 개성을 적극 지지하고 인정해 주면 좋다.

색깔이 분명한 개성에 대하여 진심에서 우러나오는 열린 마음을 가지고 긍정적으로 인정을 하는 것이다. 긍정적인 측면의 솔직함을 가지고 있으며 마음을 털어 놓고자 하는 것에 대해 지지가 필요하다.

6) 격려학습이 필요한 사고형

효린이는 매사 뭔가를 결정을 한다는 것이 그 어느 것보다 어렵기만 한 것 같다. 얼마 전에도 친구의 생일 선물로 무엇을 줄까 고민하다가 많은 시간을 보냈다고 했다. 무슨 장애가 있어서라기보다는 어떤 결정 하나를 하기 위해서 늘 망설이고 고민하는 과정이 있기 때문이다. 더군다나 그녀는 어려운 문제라 할지라도 남의 도움을 바라기보다는 스스로 해결하는 경향이 있다.

이런 효린이에게는 타인의 관심이 필요하다. 그녀의 신중함에서 비롯된 지나친 배려심이 오히려 행동의 방해가 되기도 하며 무엇인가를 실행하기 위해서는 많이 망설이게 만든다. 망설이고 고민하는 과정 속에서 과감한 결정은 늘 어려운 과제이기도 하다. 따라서 결정에 대한 도움이 필요하기도 하다. 효린이처럼 배려심이 좋은 행동특성을 가진 경우 결정에 대한 도움을 직접적으로 요청하고 먼저 손을 내밀지는 않는다. 그러한 행동특성이 있기 때문에 신중하게 고민하고 생각이 많은 것이다.

그녀는 타인에 대한 섬세한 배려로 인해 정작 자신이 원하는 것은 소홀히 하는 경우가 있다. 하지만 강하게 요구하지 않는 스타일이니 관심이 필요하다. 자기주장이나 자기의견에 대하여 강력하게 주장을 하지는 않지만, 자상한 마음으로 격려해 주고 관심을 가지고 지켜봐 주면 자신감을 얻는다. 자신감 부족은 결정을 하는데 시간을 끌고 단호한 거절이 어려운 이유가 되기도 한다.

7) 교감학습이 필요한 관계형

지혜는 아이들에게 인기가 많다. 그러나 학생으로서 가장 중요하다고 할 수 있는 공부는 그리 잘한 편이 못된다. 물론 다른 분야는 매우 잘하고 있다. 공부라는 요소만 뺀다면 그녀의 모습은 모범생에 가깝다. 그러나 그녀의 부모나 선생님을 그녀를 그렇게 모범적이라고 평가하는 것은 아닌 것 같다. 그녀의 꿈은 UN산하 기구에서 일하는 것이 목표라고 한다. 세계의 많은 사람들에게 도움이 되는 일을 하고 싶다는 것이 그녀의 꿈이다

그러나 그녀의 부모는 걱정이 많다. 노력에 비해 그녀의 성적이 오르지 않기 때문이다, 그렇게 많은 시간을 친구들의 고민을 상담해주는 일에 소모하고 있다고 생각하는 것 같다. 그렇게 상담하면서 허비하는 시간을 차라리 공부하는데 쓴다면 그녀의 성적은 많이 향상될 것이라고 생각하는 것이다.

그녀는 관계지향적인 행동특성과 다양한 관심 속에서 상호간에 교류

를 통해 협력적인 대인관계를 모색하는 것을 좋아한다. 상호교류와 협력에 대하여 소신을 가지고 관계지향적인 발전을 위하여 중간에서의 조정자 역할과도 같다. 대체적으로 합리적이고 협조적인 상황을 선호하여 모두에게 부드럽고 자상하게 다가가는 유형으로 상호간의 의견에 대하여 적극 존중하는 유형이다. 그녀는 상대의 입장 및 상황에 대하여 거부감 없이 적극적인 자세로 협력하며, 타인의 지시 역시 크나큰 하자나 문제가 없으면 잘 받아주기 때문에 관심을 가지고 조언해주면 좋다.

서로를 존중해주는 이해심과 친근한 관계를 좋아한다는 것은 상대방에 대한 배려 깊은 마음 씀씀이에서 비롯되기도 한다. 관심도가 높고 흥미를 보이는 분야에 집중해 주는 것이 필요하며, 또한 성취감을 느낄 수 있도록 적극적으로 지지해 주면 좋다.

8) 인정학습이 필요한 현실형

지수는 행동이 빠르고 순발력이 우수하여 사람들로부터 깍쟁이라는 소리를 곧잘 듣는다. 자신은 당연하다고 생각되는 행동들에 대해 다른 사람들이 계산적이라고 평가할 때마다 조금은 속이 상할 때도 있다.

지수와 같은 현실형은 타인의 인정이 필요하다. 그녀는 다양한 분야에 적극적으로 참여하기 때문에 활동적인 행동특성과 욕심으로 가진 사람으로 표현되기도 한다. 그러한 외향적으로 비추어 지는 행동특성과 다양한 관심이 폐쇄되고 규칙적인 분위기 보다는 자율적인 분위기를 더 선호하게 만들기도 한다.

자율적인 생각은 원칙과 계획보다는 때와 시기에 적절한 현실적 방법으로 쉽고 빠르게 방향을 바꾸어서 선택하는 것이다. 그녀는 다양한 분야로의 관심과 쉬운 접근 방식으로 인하여 자신감이 넘치기 때문에 한꺼번에 여러 가지를 하려고 하지만 한 가지에 전념하도록 해야 한다. 순발력과 대처능력의 결과에 대한 결과지향적인 부분을 적극 인정해주고, 상황판단에 대한 대응방법과 처세술 또한 인정하여 적극적으로 응원을 해주면 효과적이다.

9) 존중학습이 필요한 주도형

현수는 오늘따라 기운이 없어 보인다. 친구들과 만나면 늘 주도권을 가지고 분위기를 주도하는 아이인데 오늘따라 그 주도권을 빼앗겼기 때문이다.

이처럼 주도형의 아이들은 주도권이 중요하다. 이들은 뚜렷한 주장과 소신으로 일관되고 굳건한 의지력을 가지고 있는 고집스런 면을 가지고 있다. 그는 자기주도적인 뚜렷한 주장과 소신으로 일관되고 굳건한 의지력을 가지고 있는 고집스런 면을 가지고 있다. 강인한 정신력은 소신이 있는 행동적 특성을 보이기도 하며 자신이 옳다고 생각하면 무조건 밀어 붙인다.

자기중심적인 면에서 위기관리 능력과 경쟁심에 의한 강한 승부욕은 목표 지향적이기도 하다. 이런 경우 자신의 의지와 판단을 굽히지 않으려는 일관성 있는 행동에 대하여 진심어린 마음에서 존중해주는 학습방법이 좋다. 다양한 분야에 관심보다 자신의 좋아하는 관심분야에 집중하는 습관에 대하여 존중해주고 간섭하지 않는 것이 좋다.

10) 신뢰학습이 필요한 원칙형

"엄마, 연준이가 내 책에 또 낙서했어."
"연준이가 자꾸만 내 물건을 엉망으로 만들어."
"연준이가 없었으면 좋겠어."

연수는 오늘도 기분이 우울하다. 동생이 자신의 책에 낙서하고 학용품을 엉망으로 만들었기 때문이다. 이 유형의 아이들에게 나타나는 특색은 나름대로 원칙이 뚜렷하고 완벽을 추구한다는 점이다. 어떻게 보면 강박처럼 보이기도 하지만, 나름대로 확고한 원칙이 있기 때문에 그 원칙이 깨지는 것을 아량을 가지고 보기 어려운 것이다.

이런 원칙형의 아이들에게는 신뢰가 필요하다. 연수는 자기중심적인 고집과 원리원칙적인 확고한 신념을 가지고 있으며 목표를 향해 흐트러짐이 없이 돌진하는 원칙주의 유형이다. 원칙에 따라 행동하고 완벽한 것을 추구하여 다소 고지식하게 보이기도 하지만 자신에 대한 확고한 신뢰를 매우 중요시 한다.

이 유형은 흑백논리에 따른 정확하고 계획적인 생활습관 및 행동특성을 통해 자신의 의지를 확고히 하는 치밀한 유형이다. 이런 경우 믿음과 신뢰에 대한 강한 애착을 가지고 있기 때문에 스스로의 행동도 정직하게 하는 유형이며 다른 사람한테도 역시 믿어주기를 원한다. 원칙적이고 계획적인 것에 대한 확실하고 분명한 행동에 대하여 온전한 믿음을 가지고 학습지도를 하면 효과적이다. 과제수행과 임무완성에 대한 강한 자신감과 의지력에 대하여 굳건하게 지지해 주고 믿어주면 최선을 다한다.

코치는 학습자를 섬세하게 관찰하는 것이 필요하다. 그러다보니 즉흥적으로 하는 관찰보다는 계획적인 관찰이 더 요구된다. 관찰의 절차를 적어본다면 다음과 같다.

1) 학습자를 관찰할 때 중요하다고 생각되는 사항들을 적어본다.

   학습자의 행동 중 합리적인 것과 비합리적인 것은?
   학습자의 행동이 목표에 미치는 영향은?
   학습자의 행동이 가족에게 미치는 영향은?

2) 관찰한 내용을 숙고하며 답을 찾으려고 노력한다. 하지만 성급한 판단은 피한다. 또한 코칭으로 어떻게 해결할 것인지 생각해본다.

   코칭은 한번으로 해결되는 경우가 많지 않다. 단번에 문제를 해결하려고 한다면 오히려 어려움에 처하게 된다. 왜냐하면 문제의 원인이 다양하기 때문이다. 문제가 학습자 개인에게 있는 경우도 있지만, 또래 집단이나 가정에서 비롯된 경우도 많기 때문이다.

3) 당신이 학습자의 부모라면 자신에 대한 객관적인 점검이 필요하다. 학습자의 성과에서 만족감을 느끼지 못한다면 여러 원인이 있을 수 있을 수 있다. 자녀 코칭을 하기 전에 당신 자신의 행동을 점검하는 것도 필요하다. 그리고 그 문제에 어떻게 기여할 수 있을지 자문하는 것이 필요하다.

4) 현실상황을 점검하면서 장애 요인들을 찾아본다. 현실을 다각도로 점검해본다면 상황을 객관적으로 볼 수 있게 된다. 그리고 목표를 방해하는 장애요인들을 찾을 수 있을 것이다.

   장애요인에는 부모의 높은 기대도 있을 수 있다. 부모가 가진 분노나 좌절의 감정이 현실적인 장애가 되는 경우도 있을 수 있다. 평소에 자녀의 말에 귀 기울이지 않았다면 이 부분에 대한 점검도 필요하다. 칭찬에 너무 인색한 경우도 자녀의 마음을 닫히게 만들기도 한다. 이는 문제 행동이나 태도로 발전될 수 있다. 부모의 말과 행동의 모순 역시 장애요인으로 작용하느 경우가 많다. 그런데 부모가 이런 장애 요인을 스스로 인지할 수 있음에도 불구하고 시인하기 어려운 경우도 생긴다. 그럴 경우 자녀의 문제 해결은 지연될 수밖에 없다.

5) 지금까지 관찰하고 분석한 내용을 토대로 자녀와 코칭을 시도해본다. 만일 자녀가 코치에 대해서 불편함을 느낀다면 주변에 코칭을 해줄 코치를 찾는 것이 필요하다.

2. 코칭을 잘하기 위해 필요한 기술

효과적인 코칭을 진행하기 위해서는 코칭의 기본원리와 코칭기법을 잘 숙지하고 적용하여야 한다. 코치는 학습자를 존중하고 학습자에 대한 편견에서 탈피하여야 한다. 또한 학습자와 신뢰관계를 형성하고 학습자의 말을 경청하면서 주의 깊게 관찰하여야 한다.

학습자를 상대로 코칭을 실시했을 경우, 항상 성공하는 것은 아니다. 일반적으로 코칭이 실패하게 되는 경우는 맞춤식 코칭을 하지 않고 일반적인 방식으로 끌고 갔기 때문인 경우가 많다. 따라서 자상한 코치가 되어 학습자의 생각을 더 탐색할 기회를 가지는 것이 필요하다.

훌륭한 코치라면 다음과 같은 기술들을 가지고 있어야 한다.

① **반영** : 학습자의 느낌을 반영한다는 것은 학습자의 말과 행동에서 표현된 기본적인 태도나 주요 감정을 코치가 다른 참신한 말로 재진술하는 기법이다. 코치가 반영을 통해 학습자의 태도를 거울에 비추어주듯이 보여줌으로써 이해를 도울 수 있다. 이것은 학습자의 자기이해를 도와줄 뿐만 아니라 학습자로 하여금 자기가 이해받고 있다는 인식을 주게 된다. 가능한 한 충분히 다른 말을 사용하며 관심을 가지고 이해하고자 한다는 태도를 보여야 한다.

코치는 학습자의 말속에 흐르는 주요감정을 놓치지 않고 반영해주기 위해 감수성을 동원하여 학습자의 내면적 감정을 정확히 파악하고 학습자에게 전달해 주도록 해야 한다. 반영의 기법은 느낌뿐만 아니라 경험, 생각, 욕구, 행동도 대상으로 삼는다. 따라서 코치는 자세, 몸짓, 목소리의 어조, 눈빛 등에 의해 표현되고 있는 것도 반영해 주도록 한다.

② 환언 : 코치가 학습자의 이야기를 듣고 난 후, 학습자의 말과 행동에서 표현된 인지적인 측면을 재진술함으로써 학습자의 입장을 이해하려고 코치가 노력하고 있음을 알려주는 것이다. 또한 학습자가 한 말을 간략하게 반복함으로서 학습자의 생각을 구체화시킨다. 그런데 코치가 학습자의 말을 바꾸어 말하여 줄 때는 전달하고자 하는 요점을 분명히 전달하도록 한다.

※ 반영과 환언의 차이점 : 학습자의 말을 되풀이하기보다는 동등한 느낌을 나타내는 다른 단어를 사용하여 재진술하는 것은 유사하다. 그러나 반영은 학습자의 말과 행동의 정서적인 측면에 초점을 두지만, 환언은 인지적인 측면과 내용을 강조한다는 면에서 차이가 있다.

③ 수용 : 학습자의 말을 주의 깊게 듣고 있고, 받아들이고 있다는 것을 보여주는 코치의 태도와 반응을 말한다. 또한 학습자의 말을 방해하지 않는 태도를 말하기도 한다. 이는 학습자로 하여금 자기 이야기를 계속해 나갈 수 있도록 강화시키는 효과가 있고, 생각이나 대화의 중간을 연결해 줌으로서 대화가 부드럽게 되어간다는 느낌을 갖게 한다.

* 수용의 요소 : 학습자에 대한 지속적인 시선, 코치의 진실된 표정과 끄덕임, 코치의 어조와 억양, 자연스러운 자세와 태도 등이다.

④ 계약 : 계약은 목표달성에 포함된 과정과 최종결과에 초점을 두는 것이다. 코칭을 위한 계약은 코치와 학습자와 관련된 변화를 위한 것이라는 점에서 매우 중요하다. 코치는 학습자에게 코칭의 목적이 무엇인지를 분명하게 가르쳐 주어야 한다. 따라서 학습자의 행동, 사고 혹은 느낌상의 변화를 촉진하는 계약을 강조해야 한다.

⑤ 구조화 : 코치의 편에서 코칭 진행의 성질, 조건, 목적 등을 제시하는 것이다. 즉, 코칭과정의 본질, 제한조건 및 방향에 대하여 코치가 정의를 내려주는 것이고, 학습자에게 코칭의 방향이나 전체적인 형태를 제공하는 기법이다. 구조화를 통해 학습자는 코칭관계가 합리적인 계획을 가지고 있다는 점을 느끼게 된다. 코치가 학

습자에게 적절한 구조를 제공하지 않으면 학습자는 코치에게 의존하게 되고 코치가 자기문제의 해결에 소극적이라 느끼고 적대감을 갖게 되기도 한다.

바람직한 학습자의 행동 및 역할은 다음과 같다. 첫째는 학습자의 자발적인 참여유도이고, 두 번째로 학습자가 코칭에 대해 합리적 기대를 가지도록 하는 것이다. '코치가 모든 것을 다 알아서 해결해 줄 거야'라고 기대하는 것은 다소 비현실적인 기대이다. 또한 코칭이 시작되면 비밀유지에 대해 반드시 논의해야 한다. 특히, 학습자는 자신이나 주변 사람이 위험하지 않는 한 비밀을 유지하겠다는 말을 들어야 한다.

⑥ 요약 : 학습자가 이미 언급한 내용들을 중심으로 여러 생각과 감정을 코칭이 끝날 무렵 한데 묶어 정리하는 것이다. 요약의 기본은 대화의 내용과 감정들의 요체 그리고 일반적인 줄거리를 잡아내는 것이다.

그것은 단순히 학습자가 말한 내용이나 감정을 반영하는 경우도 있지만, 종종 결합된 형태를 취하기도 한다. 학습자의 진술을 요약함으로서 코칭의 진행방향과 현위치를 알게 해주는 효과가 있다.

※ 요약과 재진술 : 학습자가 전달하는 이야기의 표면적 의미를 코치가 다른 말로 바꾸어서 말하는 것이 재진술이라면, 학습자가 한 말을 정리하는 것은 요약이다.

⑦ 공감 : 공감적 이해란 학습자가 전달하려는 내용에서 한 걸음 더 나아가 그 내면적 감정에 대해 반영하는 것을 말한다. 따라서 공감이란 학습자가 경험한 정서를 같이 경험하며, 상대방의 입장에 서서 느끼는 것을 말한다. 즉, 공감이란 상대방의 입장에 들어가서, 상대방의 눈으로 세상을 보고, 상대방의 머리로 생각하고, 상대방의 가슴으로 느껴서 그 생각과 느낌을 상대방에게 말해주는 것이다. 그런 점에서 상대방과 생각이 같다는 동의나 상대방과 같이 느낀다는 동감과는 다르다. 결론적으로 공감이란 학습자의 세계를 코치 자신의 세계인 것처럼 경험하지만 객관적인 위치에서 벗어나지 않는 것을 말한다.

⑧ 깨끗한 대화 : 학습자의 말 중 모호하거나 모순된 점을 발견하게 되었을 때, 학습자가 확실히 알도록 해주는 것이다. 이런 경우 다시 질문하여 학습자가 그 의미를 명백히 하도록 하는 기술이 일반적이다.

코치가 학습자의 말을 정확하게 이해하기 위해서도 필요하지만, 학습자 스스로의 의사와 감정을 구체화하여 재음미하도록 돕기 위해서도 중요하다. 명료화하도록 요청하는 것은 학습자로 하여금 자기가 한 말을 요약하거나 예를 들거나 새롭게 표현하도록 함으로서 이야기의 의미를 보다 분명하게 한다.

⑨ 해석 : 학습자가 자기의 문제를 새로운 각도에서 이해하도록 그의 생활경험과 행동과 행동의 의미를 설명하는 것이다. 즉, 학습자가 겉으로 나타내는 문제가 내부적 정신작용에 관련되어 있는데도 이를 의식하지 못하거나 깨닫지 못할 때 그 관련성을 설명하여 이해시키는 방식이다.

해석은 느낌의 반영이나 환언과 비슷한 부분도 있지만, 학습자에게 보다 새롭고 기능적인 참조체계를 제공한다는 의미에서 차이점이 있고 큰 의의가 있다. 그러나 사용하는데 있어서 신중이 필요하다.

해석은 해석자의 이론적 입장에 따라 다양하므로 성공적인 코칭을 하기 위해서는 다양하게 여러 수준의 의미와 다양한 표현으로 해석할 수 있어야 한다. 해석은 지적인 차원보다는 감정적 차원에 초점을 맞추는 것이 좋으며, 코치와 학습자의 견해가 일치되어야 해석이 받아들여진다.

⑩ 침묵 : 코칭에 대한 긴장감. 두려움, 불안감, 당황, 거절의 의미를 가지는 학습자의 침묵이 발생되었을 때 코치는 침묵의 원인이 되는 학습자의 숨은 감정을 다루어야 한다.

코칭의 과정에서 가끔 학습자가 침묵을 지속하는 경우가 있다. 예를 들어 침묵은 코치에 대한 적대감에서 오는 저항이나 불안 때문에 생긴다. 학습자의 생각이 바닥났거나 무슨 말을 해야 할지 모를 경우 침묵할 수 있다. 학습자가 코치에게서 재확인을 바라거나 해석 등을 기대하며 침묵하는 경우도 있다. 학습자가 방금 이야기했던 것에 관해서 생각을 계속하고 있는 경우이다. 생각과 감정을 정리할 시간을 가지며 휴식을 취하는 경우도 있다. 또한 학습자가 이전의 감정상태에서 생긴 피로를 회복하고 있다는 의미로 볼 수도 있다. 그리고 학습자가 자신의 느낌을 표현하려고 노력하는 데도 잘 표현되지 않는 경우이다.

코칭에서 침묵을 다루는 것은 중요한 기술이며, 모든 역량 있는 코치들이 익숙할 필요가 있다. 그렇다고 코치는 학습자의 침묵에 대해 초조해하거나 불안해 할 필요는 없다. 침묵을 참지 못하고 먼저 말하는 경우 학습자로부터 주도권을 뺏는 안 좋은 결과를 초래하므로 유의할 필요가 있다. 따라서 학습자가 생각하거나 말하고 싶어할 때는 경청의 태도를, 학습자가 무언가 반응을 기대할 때는 적절한 말을 해주어야 한다.

⑪ **직면** : 학습자가 의식할 수 있으며 살필 수 있는 것을 지적해주고, 그것이 학습자 자신의 문제와 어떻게 관련되는지를 생각해 보도록 하는 작업이다. 또는 학습자의 자기이해를 돕기 위하여 코치의 눈에 비친 학습자의 행동이나 말에서 모순이 되는 부분을 지적해줌으로써 학습자가 스스로 통찰하게 하는 모험적이고 직접적인 자기대면의 방법이다. 즉, 문제를 있는 그대로 확인시켜주어 학습자가 문제와 맞닥뜨리도록 함으로써 학습자가 외부에 비친 자신의 모습을 되돌아보고, 통찰의 순간을 경험하게 하는 것이다.

따라서 직면은 학습자로 하여금 행동의 특정 측면을 검토해보고 수정하게 하며 통제해보도록 도전하게 한다. 적절한 직면은 학습자의 성장을 유도하고 자신을 솔직히 돌아볼 수 있는 용기를 주지만 직면에 실패할 경우 학습자에게 해로울 수 있기 때문에 코치는 직면의 시기에 유의하며 동기가 진실해야 한다. 학습자의 약점보다는 강점을 직면시키는 것이 보다 생산적이다.

⑫ **래포(rapport)형성** : 코칭관계에서 유지되는 윤리적 문제와 비밀유지의 원칙을 설명함으로써 신뢰감을 주며 불안을 감소시키고, 친밀감이 형성되도록 학습자의 긴장감을 풀어주는 과정이다. 코치는 래포형성에 노력해야 하는데, 수용적이고 학습자에게 깊은 관심이 있다는 것이 전달될 때 학습자는 코치를 믿고 자기 세계를 개발할 수 있기 때문이다.

⑬ **즉시성** : 코치가 즉시 학습자와의 상호작용과 반응에 민감하게 동조하는 것을 말한다. 즉, 코칭과정에서 코치가 자신의 바람은 물론 학습자의 느낌, 인상, 기대 등에 대해 이를 깨닫고 대화를 나누는 것이다.

⑭ **감정이입** : 감정이입은 코치가 객관적 자세를 잃어버리지 않고 마치 자신이 학습자 세계 속에 들어가 경험하는 듯 공감을 나누는 능력이다. 기법으로는 지각과 의사소통이 있다.

⑮ **비언어적 행동** : 비언어적 행동은 코치가 학습자의 진심을 끌어들이는 데 매우 효과적인 방법으로 미소, 끄덕임, 몸짓, 기울임, 눈맞춤 등이 있다. 비언어적 의사소통은 언어적인 것보다 더 중요할 수 있는데. 그 이유는 우리는 언어적인 것보다 더 비언어적인 것에 영향을 받기 때문이다. 비언어적 관심은 SOLER로 요약할 수 있다.

· **S** (Squarely) : 똑바로 바라본다.
· **O** (Open) : 개방적인 자세를 취한다.
· **L** (Lean) : 학습자 쪽으로 기울인다.

- **E** (Eye comtact) : 시선을 부드럽게 맞춘다.
- **R** (Relaxed) : 코치 스스로가 이완되어 편안하게 한다.

3. 첫 만남이 중요한 초기 코칭

초기코칭은 코치와 학습자 사이에 첫 만남이 이루어지는 순간부터 시작해서 이후의 몇 번의 만남이 이루어지는 중요한 과정이라고 할 수 있다. 코치는 개방적인 관계를 통하여 학습자의 문제를 다룰 수 있는지를 평가해야하며, 학습자는 코치를 신뢰할 수 있는가를 생각해 본다.

초기면담의 유형은 크게 세 가지로 나누어 볼 수 있다.

첫째, 솔선수범 면담이다. 이는 학습자에 관해 필요한 정보를 수집하고 받아들이면서 관계의 시작을 알리는 면담으로 「학습자에 의해 시작된 면담」과 「코치에 의해 시작된 면담」으로 구분된다.

둘째, 관계지향적 면담이다. 학습자에게 코치가 적극적으로 듣고 있다는 것을 보여주는 반응이 필요하며 환언과 반영 등이 주로 이용된다. 환언은 인지적인 측면에 초점을 맞춘 재진술이다.

반면 반영은 환언과 유사하나 정서적인 측면에 초점을 맞춘 재진술이다. 여기서 재진술이란 학습자가 표명하려는 말을 코치가 제대로 알아들었음을 증명해주는 코치의 반응으로서, 학습자의 입장을 이해하려고 노력하고 있음을 알 수 있게 해준다.

셋째, 정보지향적 면담이다. 초기면담의 목적이 정보수집에 있다면 정보수집을 위해 「폐쇄적 질문」, 「개방적 질문」을 사용한다.

폐쇄적 질문은 '예, 아니오'와 같이 특정하고 제한된 응답을 요구하며, 질문의 범위가 좁고 한정되어 있는 질문이다. 짧은 시간에 가장 많은 정보를 추출하는 데 효과적이지만 도움이 될 만큼 정교화된 것은 아니다. 대답할 내용을 미리 범주화하여 그 가운데서 하나 또는 몇 개를 선택하는 형식이다. 학습자의 시야를 좁게 만들고 바람직한 촉진관계를 닫아 놓는다.

반면 개방적 질문은 폐쇄적 질문과는 대조적으로 통상 열린 질문을 하려면 '무슨, 어떤, 어떻게'등과 같은 단어를 넣으면 된다. 질문의 범위가 포괄적이며 학습자로 하여금 보다 시야를 넓히도록 유도하는 질문이다. 그러나 아주 내성적인 학습자는 개방적 질문에 답을 잘못할 수 있다. 이럴 때는 폐쇄적 질문을 몇 차례 한 다음 개방적 질문을 하는 것이 좋다. 개방적 질문은 학습자와 코치와의 바람직한 촉진관계를 형성하지만, 학습자에게 말할 수 있는 시간을 허락하여야 한다.

코칭은 학습자와 만나기 시작해서 종결될 때까지 여러 번의 면접을 거치는 하나의 과정이다. 한 두 번의 면접으로 학습자의 문제가 해결되기도 하고 수차례를 통해 면접해야 하는 경우도 있다. 이처럼 코칭의 지속 시간에 따라 진행과정은 얼마든지 달라진다. 코칭은 초기, 중기, 종결의 단계로 나눌 수 있다. 몇 번까지 코칭의 초기인지에 대한 정확한 지침은 없지만, 코칭의 초기에 완수해야 할 세 가지 작업들이 어느 정도 이루어졌다고 생각되면 코칭의 초기가 끝났다고 볼 수 있다.

코칭 초기에는 세 가지 작업이 이루어진다. 첫째, 촉진적인 코칭관계를 형성하는 것이다. 둘째 학습자의 문제를 제대로 이해하는 것이다. 셋째, 코칭의 진행 방식에 대해 알려주는 것이다.

첫째, 촉진적 코칭 관계의 형성이다. 학습자가 코치에게 느끼는 전문적 숙련성, 매력, 신뢰성 등은 코칭효과를 높이는 요인이 된다. 코칭 초기에 가장 중요한 과제 중의 하나가 코치와 학습자 간의 서로 신뢰하고 믿는 따뜻한 분위기를 형성하는 것으로 다른 말로 래포(rapport) 또는 촉진적 관계를 형성한다고 한다. 코칭의 촉진적 관계를 형성하는 데에는 코치의 공감적 이해, 학습자에 대한 무조건적인 수용, 진실성 등이 요구된다.

둘째, 문제의 제시이다. 학습자들은 대부분 문제에 대한 책임감을 회피하고 남을 비난하거나 전문적 코칭의 필요성을 느끼지 못하는 경우가 많다. 먼저 학습자에게 자신의 문제 등에 대해 이야기하게 함으로서 문제의 배경 및 관계요인을 토의하고 적극적으로 코칭에 임하도록 해야 한다.

셋째, 학습자 문제의 이해이다. 코칭의 가장 중요한 목적은 학습자가 호소하는 문제를 이해하고 해결하는 데 있다. 따라서 학습자의 문제가 무엇이고, 그것이 어떠한 배경에서 발생하였는지를 확인하는 것은 코칭의 필수사항에 해당한다. 코치는 학습자의 말에 주의를 기울이고 비언어적 행동을 관찰하며 문제가 무엇인지 파악함으로서 상황에 대한 학습자의 기대와 느낌을 명료화할 필요가 있다.

합의는 코칭의 토대라 할 수 있다. 코치와 학습자 사이에 코칭 과정에 대한 의견이 일치해야 합의가 이루어진다. 합의는 회의적으로 수용하는 데서부터 진심으로 몰입하는 것에 이르기까지 그 범위도 넓다. 코칭을 받는 사람이 변화를 보이거나 기술 부분에서 발전을 이룰 때 합의를 이루기는 더 쉬울 것이다.

다음 절에서 부터는 코칭에 필요한 세부적인 기술들을 하나하나 설명하기로 한다.

4. 무조건 들어라

코칭에서 있어서 듣기는 학습자를 이해할 수 있는 가장 중요한 수단이다. 경청은 코칭을 성공적으로 이끄는 주요 요인이 된다. 경청은 학습자의 언어적 및 비언어적 의사소통을 지각하고 이 지각을 나타내 보이면서 코칭에 적극적으로 참여하는 방법이다. 경청은 학습자로 하여금 생각이나 감정을 자유롭게 표현하게 한다. 또한 코치가 선택적으로 주목함으로서 학습자로 하여금 특정문제에 대해 탐색하도록 해준다.

이때 코치는 반응보다는 학습자의 생각이나 기분을 이해하고, 말의 내용은 물론 그 내면에 깔린 동기나 정서에 집중하여 학습자에게 피드백을 주어야 한다. 또한 코치는 자연스럽고 이완된 자세를 취함으로써 학습자의 말에 귀를 기울이고 있음을 표현해야 한다. 경청함으로서 학습자로 하여금 모든 것을 말하고 표현하도록 하는 것이 바람직하다.

경청은 적극적 경청이 되어야 한다. 적극적 경청은 학습자가 표현한 것 이상의 의도, 감정 정황까지도 들을 수 있는 방법이다. 잘 들어주는 것은 학습자의 마음을 열 수 있는 방법이다.

코치로서 당신은 학습자의 감정과 동기에 귀 기울여야 한다. 그러려면 상대의 말을 적극적으로 경청하는 습관을 들여야 한다. 적극적 경청은 의사소통을 고무시키며 학습자를 편안하게 만든다.

또한 학습자의 말을 명확히 알아들음으로써, 경청하지 못했을 때 생길 수 있는 오해를 막을 수 있다. 적극적 경청자가 되고 싶다면 다음의 지침에 따라 학습자에게 관심을 기울여야 한다.

코칭 받는 학습자와 시선을 유지하라

미소를 지어 보임으로써 학습자의 마음을 편안하게 해주어라.

주의를 분사시키지 않도록 유의하라.

학습자의 자세와 팔 동작 같은 신체언어에 신경을 써라. 그는 긴장하고 있는가, 여유 있어 보이는가?

경청을 하면서 평가하지 말라

학습자의 말을 확인하거나 그가 편안하게 말할 수 있도록 격려하는 질문을 제외하고는 상대방의 말을 방해하지 말라.

학습자가 말한 내용을 당신 자신의 말로 반복하라.

학습자가 말을 마칠 때까지 기다려라.

코칭에서 질문은 핵심이다. 질문하기는 코치가 질문을 하거나 질문으로 설명을 할 때 사용된다. 코치의 질문하기는 학습자가 배우고 성장하도록 도울 수 있는 도구이다. 질문은 학습자로 하여금 자기탐색을 중단하지 않고 진행시키는 방향으로 유도하기 위해서나, 학습자의 자기 이해를 돕기 위한 기법으로 사용될 때 이상적이다.

질문은 개방형 질문과 폐쇄형 질문이 있다.

먼저 개방형 질문은 학습자가 자유롭게 여러 형태로 대답할 수 있는 질문을 말한다. 학습자로 하여금 보다 넓은 시야를 넓히도록 유도하며, 바람직한 촉진관계를 열어놓는다.

둘째, 폐쇄형 질문은 질문의 범위가 좁고 한정되어 있는 것을 말한다. 이런 경우 학습자에게 특정한 답변을 요구한다. 학습자의 시야를 좁게 만들며, 바람직한 촉진관계를 방해할 수 있다.

이중질문은 학습자에게 양자택일을 하게 하거나, 어느 쪽 답변을 해야 할지 모르게 만드는 질문이다. 또한 두 개의 질문이 복합적으로 들어간 질문도 이중질문이다. 이런 식의 질문은 면담관계에 아무런 도움을 주지 못하고 학습자로 하여금 혼란을 주게 하거나 제멋대로 답하게 만든다.

간접적 질문과 직접적 질문이 있다. 간접적 질문은 넌지시 물어보는 것으로, 문장 끝에 물음표가 없는 질문이다. 직접적 질문은 이와는 반대이다.

'왜'라는 질문이 쓰이는 경우도 있다. '왜'라는 말은 정보를 구하거나 원인이나 이유를 탐색하는데 사용되었으나 요즘에 와서는 불쾌감이나 불찬성의 의미로 변질되어 사용되기도 한다. 경우에 따라서는 '왜'라는 질문이 학습자 입장에서는 코치가 비난하고 있다는 말로 받아들일 수 있으므로 주의하여야 한다. '왜'라는 말이 무방할 때도 있다. 학습자

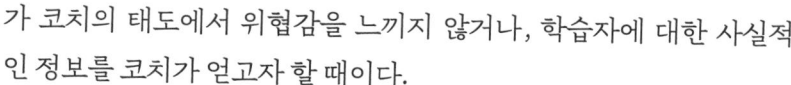

가 코치의 태도에서 위협감을 느끼지 않거나, 학습자에 대한 사실적인 정보를 코치가 얻고자 할 때이다.

그렇다면 효과적인 질문은 어떤 것일까?

우선 질문은 가능한 한 개방적이어야 한다. 예를 들어 "지난주에 기분 나쁜 일이 있었니?"처럼 폐쇄적인 질문보다는 "지난 주에 무슨 일이 있었니?"처럼 개방적 질문이 더 좋은 질문이 된다.

하지만 질문을 하는 것은 상대방을 이해하고 그의 관점을 파악하는 가치 있는 도구다. 질문은 개방적 질문과 폐쇄식 질문을 모두 사용해야 한다. 질문의 형태마다 얻게 되는 반응이 서로 다르기 때문이다.

개방적 질문은 참여와 아이디어 공유를 이끌어낸다. 따라서 다른 사람의 동기와 감정에 대해 더 많이 알기를 원할 때 자유 응답식 질문을 고려해야 한다. 개방적 질문을 하면 코칭 받는 사람의 진정한 관심사를 파악할 수 있다. 상대방의 관심사를 알게 되면 당신은 그를 도울 수 있는 더 효과적인 방법을 얻을 수 있다. 경우에 따라 폐쇄형 질문을 해야 할 경우가 있다. 확인이 필요한 경우가 바로 그런 경우이다.

직접적 질문보다는 간접적인 질문이 더 좋다. "왜 오늘 코칭에 늦었지요?"라는 직접적 밀문보다는 "오늘 코칭에 늦은 특별한 사정이라고 생겼는지 궁금하군요?"라는 간접질문이 더 적절하다.

'왜'라는 질문과 이중질문은 가능한 피한다. "어제도 술을 하셨나 보죠? 그리고 그때 사모님은 뭐라고 하시던가요?"라는 이중질문보다는 "어제도 술에 취해서 들어가셨을 때 사모님은 뭐라고 하시던가요?"라고 단일질문을 하는 것이 좋다.

SMART (Specific, Measurable, Attaainable, Relevant, Time-Specific) 형식은 가장 널리 쓰이는 목표를 설정하는 도구 중의 하나이다. 코칭에서도 이 형식은 많이 애용되고 있다. SMART 형식은 구체화, 계량화, 달성가능성, 타당성, 기한 설정을 뜻하는 영어 단어의 머리글자를 따서 만들어진 형식이다. 코칭을 할 때 이것을 통해 적절한 목표를 설정하면, 중요하면서도 달성 가능한 목표를 발전시키는 훈련을 유지하는데 도움을 줄 것이다.

구체화 (Specific, 당신이 어디를 향하는지 분명하게 말할 수 있는가?)

당신이 목표하는 정확히 무엇입니까?
당신이 목표를 달성한다면 그것은 무엇처럼 보일까요?

계량화 (Measurable, 경과를 포함시켰는가?)

당신의 목표가 어느 정도 달성되었는지 알고 싶습니다. 목표를 숫자로 어떻게 측정할 수 있을까요?

달성가능성 (Attaainable, 목표 달성은 오직 당신에게 달려 있음을 알고 있는가?)

이 목표는 학생의 능력으로 가능한가요?
목표 달성을 방해하는 그 무엇이 존재하나요?

타당성 (Relevant, 이 목표가 최고의 우선순위를 갖는가?)

이것이 당신에게 왜 중요한가요?

목표에 계속 매진하기 위해 당신의 일정을 진행하거나 혹은 중지하도록 만드는 것은 무엇인가요?

마감 시한 (Time-Specific, 정한 목표는 마감 시간을 갖고 있는가?)

이 목표를 언제까지 달성하겠습니까?
언제부터 시작하겠습니까?

7. GROW 모델
기술을 향상시켜라

코칭에 있어서 가장 널리 사용 되는 대화모델은 아마도 GROW 모델일 것이다. 이 4단계 모델은 학습자로 하여금 출발점을 명확하게 규명함으로서 목표를 분명히 하는 데서 출발한다. 그후 몇 가지 잠재적인 해결책을 만들어내고(Options), 자발적이고 실질적인 행동 단계를 만들어서 (Will)실제로 목표를 향해 나아가게 된다. 이 모델은 습관을 고치거나, 작업능률을 향상시키는 등 실질적인 문제를 안고 있는 사람들을 도와주는데 적합하다. 그리고 짧은 시간동안 잠재고객들에게 코칭 시범을 보이는데 적합하다.

Goal (목표설정)

목표는 사람이 도달하고자 하는 목적지이다. 1회성 코칭 대화라면 대화 막바지에는 목표를 설정할 수 있고 정기적인 코칭대화를 받는다면 수차례의 코칭대화 동안에 목표를 설정하면 된다. 이때 명확하고 구체적인 목표를 가져야 함을 명심하라. 만약 목표가 불분명하다면, GROW모델의 다음 단계에서 어려움을 겪을 것이다. 목표 설정을 위한 질문은 다음과 같다.

무엇에 대해 가장 이야기하고 싶은가요?
이 대화가 성공적이라고 평가하려면 어떤 결과가 나와야 할까요?
우리가 함께하는 시간 동안 무엇을 얻어내고 싶습니까?

Reality (현실점검)

바람직한 변화의 객관적인 출발점을 결정하기 위해서는 현실 점검이
필요하다. 당신은 상황에 대한 주관적인 입장이 아니라, 학생이 처한
객관적인 상황 자체를 규명하려는 시도를 해야 한다. 현실 점검을 위
한 질문들은 다음과 같다.

지난주에 그 일을 몇 번이나 했나요?
마지막으로 그 일이 일어난 것이 언제인가요?
이 문제에 어떤 것들이 가장 중요한 요소인가요?
현 상황에 이르게 한 사건이나 선택에는 무엇이 있습니까?

Options (해결책 탐구)

Options 단계는 몇 가지 잠재적인 해결책을 도출하기 위해 창의적으
로 생각하는 과정이다. 코치이로 하여금 수많은 대안만 이야기하게
하지 말고, 시간을 들여 깊이 생각할 수 있도록 하라. 해결책에 대한 질
문은 다음과 같다.

이 일에 대해서 무엇을 할 수 있습니까?
이것 말고 다른 가능성 있는 대안들에는 어떤 것이 있습니까?
최소한 다섯 가지의 실행 가능한 해결책을 만들어 봅시다. 당신은 또
무엇을 할 수 있습니까?
만약 이 장애물이 제거된다면 당신은 무엇을 할 것인가요?

Will(의지)

이 단계는 당신이 선호하는 해결책을 실제적인 행동으로 옮기는 단계이다. 아래의 동기 점검 항목의 첫 번째 질문에 최소한 8점을 얻을 수 있도록 단계들을 만들어라. 8점 미만의 점수를 얻는다면 장애물들을 제거하거나, 해당 단계의 기한을 조정함으로써 달성 가능성을 높여라. 의지에 관한 질문들은 다음과 같다.

당신은 어떤 해결책을 밀고 나갈 것인가요?
그 선택을 행동단계로 만드세요. 무슨 일을 언제까지 할 것인가요?
10점 척도로 평가한다면, 다음 행동 단계에서 당신의 실행점수는 얼마나 될까요?

8. 코칭 단계는 물 흐르듯이 흘러야

본격적인 코칭을 시작하기 전에 공감을 형성하는 작업이 필요하다. 예를 들어 담소나 가벼운 질문을 하는 것이 좋다. 훌륭한 코칭의 시작은 고객이 자신의 마음속 이야기를 편안하게 할 수 있도록 안내하는 것이다. 이를 위해 의미 있는 질문이나 개방형 질문으로 코칭을 시작하는 것이 좋다.

이번 주에 일어난 일들 중 가장 유쾌한 시간은 무엇이었습니까? 지난번 코칭 이후로 당신에게 일어난 가장 의미 있는 것은 무엇입니까?

다음으로, 점검이 필요하다. 지난 코칭 이후 실제 실행한 것을 3분에서 5분 정도 간략하게 검토해보는 것이다. 코칭을 시작할 때 고객의 진척상황을 검토하는 것은 코칭 시간을 효율적으로 활용하기 위함이다. 하나의 사안에 대해 너무 많은 시간을 할애함으로써 다른 사안들에 대해 이야기할 수 없게 되는 상황을 피하게 해준다. 다음과 같이 질문하면 될 것 같다.

지난 코칭 이후 무엇이 이루어졌는지 간단히 말해 보세요.

이어서, 이루어진 행동 중에서 후속 행동이 필요한 것에 대해 의논한다. 그런 후에 전반적인 코칭목표를 다시금 살펴보고, 계속 앞으로 나아가기 위해서 필요한 일들에 초점을 맞춘다.

목표 달성을 위해 오늘 우리가 이야기해야 할 것은 무엇인가요? 지난번 코칭 이후 후속 조치가 필요한 것은 무엇이 있을까요?

이후 GROW모델을 이용하여 코칭을 진행하고, 새로운 행동 항목들을 만든다.

코칭의 최종결과는 계획한 행동의 실행이다. 이것은 목표를 향한 실질적인 과정을 창조한다. 만일 당신이 행동을 창조하고 있지 않다면 당신은 코칭을 하는 것이 아니다.

만약 행동단계에서 해결책의 전환이 일어나면 이 모델을 이용해서 가능성에서 행동을 수용하도록 하는 결정으로 옮아가야 한다.

그런데 코칭의 경우 개방형 질문을 하지만 구체적인 행동단계를 쫓아 단호한 결정을 하도록 도와주기 위해 직접적인 질문을 하는 방향으로 옮길 필요가 있다.

앞으로 무엇을 할 수 있겠습니까? 다음 단계는 무엇입니까?

끝내지 못한 행동은 하지 않은 것만 못하다. 그것은 자신감과 에너지를 약화시키고 다음 단계를 성공시키는 것에서 멀어지게 된다. 이런 경우 다음과 같은 질문이 유용하다.

이것을 마치는데 있어 지정해야 할 다른 장애가 있나요?
이 일을 하는데 있어서 점검할 다른 것이 있습니까?
10점 척도로 따지면 마감할 자신감은 얼마나 됩니까?

그런데 학습자가 코치의 과정에서 얼버무리는 경우가 발생한다. 이것은 행동에 대한 부분을 전적으로 수용하지 않았다는 암시이다. 그것에서 벗어나기 위해 아래와 같은 질문이 유용하다.

당신은 미적거립니다. 어떤 식으로든 결정을 듣고 싶습니다. 어떻게 하시겠습니까?
당신을 망설이게 하는 것이 있나요?

9. 코칭 태도를 훈련하라

코치가 학습자를 대하면서 가져야 할 기본 태도는 로저스의 책에 일관되게 나타나는 중심 주제와 관련이 있다. 로저스에 따르면, 존경과 신뢰의 풍토가 조성된다면 인간은 긍정적이고 건설적인 방향으로 발전하려는 경향을 지닌다고 하였다. 인간은 믿을 수 없고, 우월하고 '탁월한' 위치에 있는 사람에 의해 지시받고, 가르침 받고, 처벌받고, 보상받고, 통제되고, 지배받아야 한다는 가정에 기초한 이론적 체계들에 대해 그는 공감하지 않았다.

그는 성장을 계속 촉진시키는 분위기를 만들어서 학습자를 유능하게 만드는 코치의 세 가지 속성이 있다고 보았다. 이 속성들은 ① 일치성, 진실성 ② 공감적 이해 ③ 무조건적 수용 등이다. 로저스는 만약 이런 태도를 지니고 코치가 학습자와 대화한다면 학습자들은 덜 공격적이 되고 자신과 주변 세계의 경험에 보다 개방적으로 된다고 가정하였다.

① **일치성/ 진실성** : 코치가 코칭과정에서 경험하는 자신의 감정이나 생각 등을 있는 그대로 인정하고 학습자에 솔직하게 표현하는 태도로서 일치성, 솔직성, 진지

성을 나타낸다. 일치성은 외적 표현과 행동이 내적 감정이나 생각과 일치하는 것이며, 관계에서 느끼는 분노, 좌절, 좋아함, 매력, 관심, 권태, 귀찮음 등의 감정을 있는 그대로 표현하는 것이다. 코치와 학습자와의 신뢰 있는 관계형성을 위하여, 코치는 가면이나 가식이 없는 진솔하고 개방적인 존재여야 하며 학습자에게 있는 그대로의 자신을 제시하여야 한다.

② 공감적 이해 : 코치의 주요 과업 중 하나는 코칭기간 중에 상호작용을 통해 나타나는 학습자의 경험과 감정을 민감하고 정확하게 이해하는 것이다. 즉, 공감적 이해란 코치가 학습자의 생각, 감정, 경험에 대하여 코치 자신의 주관적인 입장이 아니라 학습자의 입장에서 듣고 반응하는 것이다. 따라서 학습자의 주관적, 현상적인 세계를 학습자의 입장에서 그대로 인식하며, 내면세계를 마치 자신의 것처럼 인식하는 것이다. 다시 말해서 코칭관계에서 공감할 수 있는 능력은 코치가 학습자의 감정과 경험을 마치 자신의 것처럼 정확하고 민감하게 이해하고 반응할 수 있는 것이라야 한다. 학습자의 입장에서 학습자의 눈으로 보고 학습자의 가슴으로 느끼고 학습자의 머리로 생각할 수 있는 능력을 필요로 한다.

③ 무조건적 수용 : 학습자를 하나의 인격체로서 깊고 진실하게 돌보는 것이다. 돌본다는 것은 학습자의 감정이나 생각, 행위의 좋고 나쁨의 평가와 판단에 의해 영향을 받지 않는다는 점에서 무조건적이다. 또한 수용은 학습자를 구별하거나 비교하거나 선택하는 방식으로 평가하거나 판단함이 없이 소중히 여기고 존중하는 태도이다. 따라서 학습자의 갈등과 부조화를 평가하지 않고 온정적으로 수용하는 것을 말한다. 여기서 수용이란 학습자를 별개의 한 인간으로 존재가치가 있는 개인으로 수용하는 것을 의미한다. 부족하면 부족한대로 불안해하면 불안해하는 그대로 수용하는 것이다.

또한, 코치가 개발해야 할 태도 중에서 핵심적인 것이라면 3가지로 정리가 가능하다. 그것은 지지와 기대와 신뢰이다.

피드백은 다음 세 가지가 들어가야 제대로 된 것이라 할 수 있다. 그건 지지와 기대와 신뢰이다.

지지는 고객의 생각과 감정에 동의하는 것이다.
기대는 변화와 성장을 기다리는 것이다.
신뢰는 변화와 성장을 믿는 것이다. 또한 학습자가 목표에 도달한 능력이 있음을
　　　　예측하는 것이다.

**10. 피드백을 아끼지
　　말라**

피드백은 전반적인 문제 또는 변화의 필요성에 대한 당신의 입장을
제시하거나 주장하기보다 구체적인 행동에 반응을 보인다는 점에서
옹호와 다르다. 피드백은 코칭의 중요한 부분이다. 피드백을 주고받
는 일은 처리해야 할 쟁점을 파악하고 실행계획을 함께 수립하며 결
과를 평가하는 코칭 전체에 걸쳐 계속된다.

코칭 과정에서 자주 피드백을 해야 효과적이다. 긍정적인 일에 대해서
든, 부정적인 일에 대해서든 피드백을 할 때는 다음 사항에 주의하라

성격이 아닌 행동에 초점을 맞춘다.
행동이 다른 사람에게 미치는 영향에 대하여 언급하면 좋다. 또한 판
단을 내리는 언어는 자주 사용하지 않는다.

구체적이어야 한다.
막연하게 정말로 잘했다고 하기보다는 "네가 오늘 적은 노트는 매우
정리가 잘 되어 있다"고 해야 한다.

진실해야 한다.
진실이 담기지 않은 경우는 오래가지 못한다.

현실적이어야 한다.
상대방이 노력하면 달성할 수 있는 범위 내에서 피드백을 하라. 아무
리 노력해도 불가능한 일에 대한 피드백은 도움이 되지 않는다.

학습자들은 성격이나 습관이 다르다. 그렇기 때문에 각기 학습하는 방식 또한 다르다. 어떤 사람은 과제를 수행하는 방법을 한번만 배우고도 스스로 척척 학습을 한다. 어떤 사람은 과제 수행법을 몇 번 반복해서 배우고 나서야 학습을 할 수 있다. 남의 지시를 받을 필요가 있는 사람이 있는가 하면 책을 통해 스스로 길을 찾아가기를 좋아하는 사람도 있다.

이런 차이를 코치가 알아차리지 않으면 코칭을 하더라도 일반적인 코칭을 하게 되고, 이럴 경우 만족도는 떨어지게 된다. 그런데 학습자의 학습하는 방식을 알게 되면, 코칭 과정에서 부딪힐 수 있는 어려움을 극복하고 시간을 절약할 수 있다.

개인의 학습취향을 발견하는 가장 효과적인 방법은 개인에게 직접 물어보는 것이다, 그러나 본인도 잘 모르는 경우가 있으므로 지문 적성의 결과가 필요한 이유가 된다. 바로 이런 차이점에 대한 정보를 제공하기 때문이다.

그래서 이번에는 맞춤식 코치에 대해 설명하고자 한다.

먼저 학부모인 당신이 자녀를 대상으로 코칭을 하고자 한다면 장소와 시간을 준비해야 한다. 두 사람 모두 편안하게 여기는 공간이 필요하다. 코칭을 하는 동안 방해가 될 요소를 제거해야 한다. 예를 들어 컴퓨터나 휴대폰을 곁에 두지 않도록 한다.

코칭이 시작되면 문제가 되는 것은 무엇인가, 코칭의 목적은 무엇인지 서로 대화가 필요하다. 코칭은 협력관계이다. 서로 소통하지 못한다면 좋은 결과는 기대하기 어렵다.

이때 코칭에 대한 공감이 필요하다. 코치인 당신은 어조를 긍정적으로 유지하며. 학습자를 도와주고 싶어 하는 진실성을 보여주어야 한다.

당면한 상황에 대해 학습자의 생각과 설명을 적극적으로 경청해야 한다. 그리고 그동안 학습자를 관찰하는 동안 수집했던 관련 자료를 조심스럽게 제시하는 것도 필요하다.

실행계획을 세우려면 현실적인 목표를 세우도록 도와주어야 한다. 또한 모든 실행계획을 동시에 실시하기 어렵기 때문에 우선순위를 정하도록 도와주는 것이 필요하다. 이때 예상되는 장애물을 부각시키고, 이것을 해결하기 위한 대화가 필요하다.

의견일치를 보아야 할 영역에 대해 검토하고, 실행계획을 작성하는 동안 코치의 적극적인 경청기술이 필요하다.

마지막으로 수립한 실행계획에서 수정할 부분이 있는지 파악한다.

그런데 이런 코칭을 진행하면서 코치인 당신은 학습자가 수행하는 실행계획을 수행과정에서 지시를 받으며 하기 좋아하는지, 아니면 업무진행이 조금 더디어지더라도 스스로 방법을 찾아 수행하기를 좋아하는가를 파악해야한다.

학습자의 특징이나 상황이 모두 똑같지는 않기 때문에 사로 다른 경우에 적용할 수 있는 서로 다른 코칭 방식을 익혀야 한다. 특히 학습자의 경험이 부족하거나 의지가 약한 경우에는 지시적 코칭 방식을 택하는 게 좋다. 그 외에는 보통 지지적 코칭을 하는 게 좋은데, 이 경우 코치는 촉진자 또는 안내자의 역할을 하게 된다.

학부모이면서 코치인 당신은 두 가지 역할을 해야 할지도 모른다. 평가자로서 당신은 자녀의 수행을 검토한다. 반면 코치로서 당신은 자녀의 성장과 향상에 도움을 줄 방법을 찾아야 한다. 두 가지 역할을 훌륭하게 해내기 위한 비결은 당신과 자녀 사이에 신뢰의 분위기를 조성하는 것이라고 하겠다.

12. GROW 단계별 코칭과정

여기서는 GROW 코칭과정 단계별 질문지에 따라 Worksheet를 작성하는 방법을 설명하기로 한다. 수업의 내용은 글쓰기 과목이고, 교수자는 작성방법을 설명 후 학습자들이 개별적으로 작성하도록 지도하는 내용이다. 이 Worksheet 에는 목표 설정하기, 현재수준 파악, 대안 찾기, 실천계획서 작성 등이 포함되어 있다.

1) 목표설정하기

이 단계는 글쓰기 수업에 대한 개인별 목표를 설정하는 단계이다. 목표설정은 학습몰입이나 학습성과를 도출하는데 필수적인 단계라고 판단된다. 아래와 같은 질문을 통하여 목표를 구체화할 수 있다.

- 이 수업을 통해 당신은 무엇을 성취하고자 하는가?
- 글쓰기와 관련하여 평소에 느끼는 어려움은 무엇인가?
- 글쓰기를 통해 당신이 얻고자 하는 목표는 무엇인가?
- 글쓰기와 관련하여 장기적으로 어떻게 변화되기를 목표로 하는가?
- 코칭 글쓰기수업을 통해 글쓰기가 향상된다면 당신에게 유익한 점은 무엇일까요?

2) 글쓰기 현재수준 파악

글쓰기 관련 설정된 목표에 대한 자신의 현재 수준을 확인하는 단계이다. 자신의 현재수준을 파악하는 것은 실현가능한 목표를 설정하는 데 있어서 매우 필요한 단계이다. 여기에는 현재 시점에서 글쓰기를 방해하는 장애요인에 대하여 진단하고 확인하는 단계도 포함한다. 정한 목표가 현실의 수준에 비하여 너무나 높다든지, 현실의 수준에 비하여 너무 낮다든지 하면 조금은 목표에 대한 조절이 필요하다. 이런 점에서 현실과 이상의 갭을 파악하는데 이 단계는 많은 도움이 된다. 아래와 같은 질문을 통하여 현재수준을 파악할 수 있다.

- 본인이 느끼는 본인의 글쓰기 현실은 어떠한가?
- 당신은 실제로 지금까지 무엇을 성취할 수 있었는가?
- 1~10점 척도를 사용하여 현재 상태를 표시해 본다면 몇 점 정도가 될까요?
- 혹시 현재 상황에 대해 본인의 느낌이 어떠한지 표현할 수 있을까요?
- 목표달성을 위해 외부요인에 방해하는 것이 있다면 어떤 것이 있나요?
- 목표달성을 위해 내부요인이 방해하는 것이 있다면 어떤 것이 있나요?
- 지금까지 해결해보려고 노력한 것이 있다면 어떤 것이 있을까요?

3) 대안 찾기

글쓰기 목표 달성을 위한 대안탐색과 다른 전략을 파악하는 단계이다. 장애요인 중에서 가장 해결이 필요한 하나를 선택하고, 이를 극복하기 위한 대안을 탐색하는 단계이다. 경우에 따라서는 다른 전략을 파악하는 것도 포함된다. 아래와 같은 질문을 통하여 대안을 찾을 수 있다.

- 외부 장애요인 중에서 가장 넘기 어려운 요인은 무엇인가요?
- 내부 장애요인 중에서 가장 넘기 어려운 요인은 무엇인가요?
- 당신이 선택할 수 있는 것들이 있다면 무엇인가?
- 그래도 선택이 가능해지도록 하기 위해 의견을 말해본다면?
- 글쓰기의 학습성과 달성이란 문제를 해결하기 위해 본인이 버려할 것은 무엇이라고 생각하는가?
- 글쓰기란 문제를 해결하기 위해 본인이 할 수 있는 대안은 무엇인가?
- 다른 사람들이 한 것을 본 것 중에 본인에게 도움이 될 수 있는 것이 있다면 무엇인가요?
- 본인이 주위에 활용할 수 있는 자원이 있다면 어떤 것이 있을까요?

4) 실천계획서 작성 (worksheet 작성)

이 단계는 실천계획서를 작성하여 목표에 따른 계획의 실천의지를 확인하는 단계이다. 개인별로 작성한 worksheet를 토대로 개별 코칭을 통해 설정된 내용을 토대로 실천계획서를 작성하는 단계이다. 계획을 보다 명확하게 추진하고, 행동으로 실천하기 위해서는 실천계획서는 SMART(Specific, Measurable, Agreed, Realistic, Timephased)한 요소가 명확하게 정립되도록 작성되어야 한다. 아래와 같은 질문을 통하여 실천계획서를 작성할 수 있다.

- 당신은 무엇을 하고자 하는가?
- 이 실천계획서에는 SMART한 요소가 명확하게 잘 정립되었다고 생각하는가?
- 이 계획이 달성되면 다음 단계로 무엇을 할 것인가?
- 이 계획대로 실천이 가능한가?
- 목표 달성 가능성은 10점 만점에 몇 점이라고 스스로 생각하는가?
- 당장 한 달 이내에 어떤 행동을 실천할 것인가?
- 목표 달성 시 어떤 이점이 있는가?

13. 질문과 경청 능력 스스로 진단하기

코칭에서 질문과 경청은 매우 중요하다. 여기에서는 실전에서 쓸 수 있는 질문 예시와 경청 역량을 스스로 점검할 수 있는 진단표를 소개하도록 한다.

1) 질문하기

질문하기는 일반적인 질문 육하원칙 (5W1H)과 대화의 기본이 되는 감탄, 인정, 지지, 경청, 칭찬 등에 쓰이는 감탄사 사용을 기본 모델로 한다. 주요 내용으로는 감탄하기, 추임새, 반복하기, 미러링, 바꿔 말하기, 요약하기, 감정 읽어주기, 긍정 대화 등이 여기에 해당된다. 각 질문별 주요 의미를 다음과 같다.

가. What은 목표, 비전, 주제를 일깨우는 질문으로 다음과 같은 질문이 가능하다.

- 어떤 프로가 되길 원하는가?
- 미래 프로로서 무엇을 이루고 싶은가요?
- 미래 프로로서 어떤 어려움이 있나요?
- 글쓰기를 하는데 있어서 무엇이 고통스럽거나 두려운가요?
- 지금 하려는 글쓰기는 어떤 의미가 있나요?

나. Where는 자신의 과거, 현재, 미레 위치를 헤아리는 질문으로 다음과 같은 질문이 가능하다.

- 미래 프로로서 지금 어떤 위치에 있나요?
- 앞으로 어떤 지위까지 올라가고 싶은가요?
- 장애물이 있다면 어디에 어떤 것이 있을까요?
- 지금, 여기에서 무엇을 할 수 있을까요?
- 지금, 여기에서 불편한 점은 무엇이 있나요?

다. Who는 존재, 사명, 롤 모델을 찾는 질문으로 다음과 같은 질문이 가능하다.

- 어떤 프로가 되고 싶은가요?
- 어떤 사람으로 기억되고 싶은가요?
- 가족에게 가장 듣고 싶은 말이 있다면?
- 누가 롤모델이 될 수 있을까요?
- 혹시 사명이 있다면 어떤 사명을 가지고 있나요?

라. Why는 가치, 기준, 규범, 원인 등을 알아보는 방향키 같은 질문으로 다음과 같은 질문이 가능하다.

- 프로로서의 결정은 어떤 기준으로 하나요?
- 중요한 결정을 할 때 어떤 기준으로 했나요?
- 이익보다 더 중요한 판단 기준이 있다면?

- 뒤늦게 후회했을 때 어때서 그랬나요?
- 어떤 이유 때문에 결정 내용이 기뻤나요?

마. How는 역량, 방법, 능력을 알아보는 질문으로 다음과 같은 질문이 가능하다.

- 지금 어떤 역량을 가지고 있나요?
- 비전을 이루는데 어떤 역량이 필요하가요?
- 실행력을 높이려면 어떻게 극복하면 될까요?
- 예상되는 난관을 어떻게 극복할 건가요?
- 하루를 최고로 살려면 어떻게 하면 될까요?

바. When은 시기, 때를 확인하는 질문으로 다음과 같은 질문이 가능하다.

- 언제부터 그 계획을 실행할 건가요?
- 언제까지 그 일을 끝낼 건가요?
- 진행 내용은 언제, 어떻게 알 수 있을까요?
- 목표를 달성했을 때 기분은 어떨까요?
- 목표를 달성 했을 때 누가 제일 좋아할까요?

2) 경청 점검표[6]

아래 질문은 학습자 스스로 얼마나 상대방을 대상으로 적극적인 경청을 하고 있는지 스스로 점검하는 검사이다. 하지만 이 검사는 코치가 자신의 경청 정도를 점검할수 있을 것이라 생각된다.

경청은 상대방의 말과 행동에 선택적으로 주목하는 것을 의미한다. 상호작용 시 상대방이 경청을 해주는 경우 생각이나 감정을 자유롭게 표현할 수 있다. 또한 경청을 대상자가 언급하는 말 뿐만 아니라 그들의 목소리나 얼굴 표정 또는 언어적 메시지도 들을 수 있어야 한다. 이런 점에서 경청은 단순한 청취가 아니라 대상자를 행한 적극적 관심의 표현으로써 듣는 기술이라고 할 수 있다.

6) 도로시 리츠, 질문의 7가지 힘, 2003

- 나는 대화에 참여할 때마다 구체적 핵심을 들으려고 한다.
- 사람들은 종종 내가 딴 생각을 하면서 귀를 기울이지 않는다고 말한다.
- 나는 조급하게 앞질러서 상대방의 할 말을 대신한다.
- 나는 들으면서 상대방의 눈을 쳐다본다.
- 나는 듣고 있지 않아도 듣고 있는 척 할 수 있다.
- 사람들은 종종 내가 관심을 가지고 교감을 하면서 듣는다고 칭찬한다.
- 상대방의 이야기에 충분히 주의를 기울일 수 없을 때는 양해를 구한다.
- 종종 사람들로부터 "너는 지금 듣고 있지 않아!"하는 말을 듣는다.
- 여러 사람들이 모여 있는 자리보다 일대일로 만나면서 좀 더 귀를 기울인다.
- 대화를 하면서 적당한 때 확인 질문을 한다.
- 누군가 이야기를 하면 주의를 집중한다.
- 나는 대화에 자유자재로 끼어들었다 나갔다 하면서 한 가지도 놓치지 않는다.
- 처음 사람을 만나면 항상 그들의 이름을 기억한다.
- 어떤 문제에 대해 테스트를 받을 거라고 생각하면 좀 더 열심히 귀를 기울인다.
- 신체 언어로 관심을 보여주기 위해 노력한다.
- 어떤 사람이 한 말에 동의할 수 없거나 첨가하고 싶은 맘이 있으면 그 생각에 매달려서 다른 말은 귀에 들어오지 않는다.
- 나는 무엇이든 기억을 하므로 절대 메모를 하지 않는다.
- 나는 귀를 기울이지 않아서 몇 번 큰 실수를 저지르고 오해가 생긴 적이 있다.
- 다른 사람의 생각을 들어보고 내 의견과 전략을 바꿀 준비가 되어 있다.
- 나의 듣기 기술은 지난 5년 동안 더 나아진 것이 없다.

IV. 성공하기 위한 두 번째 꿀팁 : 자기주도 학습

1. 자기주도 학습, 뭐지?

자기주도 학습이란 학습자가 자신을 진단하고, 스스로 학습목표를 세우고, 학습전략을 짜고, 학습과정을 실행해본 다음 실행한 결과를 스스로 평가해 적극적인 학습을 이끌어내는 것이다. 그런데 자기주도 학습은 외부적인 환경과 학습자 개인의 내부적인 특성을 모두 합친 것이라고 할 수 있다.

자기주도 학습에 대해 사람들이 관심을 가지게 된 것은 1960년대 초에 시카고대학의 하울(Houle) 교수가 성인교육을 위한 책을 출간하면서부터라고 볼 수 있다. 그후 그의 제자인 캐나다의 터프(Tough)에 의해 자기주도 학습에 대한 이론이 형성되었고, Knowles(노울즈)에 의해 본격적으로 이 학습 방법에 대한 기반이 다져졌다고 하겠다.

2. 자기주도 학습자의 특징

일반적으로 교육에 참여하는 학습자의 유형은 크게 세 가지로 나눌 수 있다.

첫째   명확하게 설정된 목표를 달성하기 위한 수단으로 교육을 이용하는 학습자이다.

둘째   배우기 위해 지식을 추구하는 학습 지향적인 학습자이다.

셋째   학습하는 주변 분위기 자체에서 의미를 발견하기 때문에 공부하는 학습자의 경우이다.

이처럼 모든 인간은 주어진 상황에서 나름대로의 방식으로 열심히 학습하고 싶어 한다. 또한 적극적인 학습자가 되고 싶어 하는 본성을 지니고 있기에 자기주도 학습력은 누구나 가능하고 기대할 수 있다. 하지만 자기주도 학습은 학습 전체를 학습자 자신이 통제하고 관장하기 때문에 자신을 어떻게 지각하느냐에 따라 영향을 받을 수 있다.

자기주도 학습자의 학습특성은 7가지로 정리해 볼 수 있다.

첫째	자기주도 학습은 개방성과 관련이 깊다. 개방성이란 어떤 것에 관심을 가지고 무엇인가 새로운 활동에 계속적으로 참여하고자 하는 자기 수용적인 태도나 적응력 등을 말한다.
둘째	자기주도 학습은 학습자가 자신의 능력을 믿고 자신에 대한 긍정적 평가를 할 때 가능한 것이기에 긍정적 자아개념은 중요하다.
셋째	내재적 동기가 없다면 학습이 진행되기 어렵다. 그런데 학습자가 학습을 외적 보상이나 벌 때문이 아니라 학습 자체에서 오는 만족감 때문에 하는 것은 "내재적 동기"이다. 학습에 대한 내적 만족감은 학습자로 하여금 자발적·능동적으로 학습에 임하게 한다.
넷째	자기주도학습은 자발적으로 학습을 계획·실행하는 "자율성"을 가진다. 자율성이란 규칙을 만들고, 무엇이 가치 있는지 스스로 선택할 수 있는 능력이다.
다섯째	자기주도 학습은 창의성과 상당히 관련이 있다. "창의성"은 어떤 사태에 직면했을 때 새로운 통찰과 사고과정을 거쳐 기존의 것과 다른 아이디어나 해결 방법을 산출해내는 것이다. 창의적인 인간은 인습적인 속박이나 구속으로부터 탈피하여 어려운 문제를 해결하고자 하는 도전성이 있다.
여섯째	자기주도학습은 "문제해결력"을 키워준다. 문제해결이란 목표 지향적인 인지적 활동이다. 이럴 경우 학습자는 학습에 대한 주도권과 책임을 지고 학습 과정을 스스로 점검하게 한다.
일곱째	자기주도 학습은 "자기평가"가 가능하게 한다. 자기평가란 학습자가 자기 스스로 하는 평가이다. 자신의 학습이나 행동을 평가하는 것을 말한다. 자기평가는 자신이 행한 학습에 대한 책임감을 높여주며, 자신의 학습과 행동을 바람직하게 조절하는 기능을 지니고 있다.

3. 자기주도 학습을 잘하려면?

Zimmerman(짐머만)에 따르면 자기주도 학습이 잘되기 위해서는 동기조절, 인지조절, 행동조절이 같이 이루어져야 한다. 자기주도 학습자는 학습에 대해 동기화 되어있으며, 다양한 인지조절 전략을 사용하고, 자신의 행동을 통제하는 능력을 갖춘 학습자라 할 수 있다.

자기주도 학습을 구성하고 있는 요인은 다양하나, 공통적으로 제안되는 것은 크게 동기적 요인, 행동적 요인, 인지적 요인 등 세 가지이다.

동기적 요인은 공부에 대한 동기를 가지게 하는 것이다.

행동적 요인은 학습 전략에 대한 것으로 시간 조절과 공부조절이 이에 해당한다. 인지적 요인은 자기주도 학습을 시연하거나 점검하는 것이 이에 해당한다.

V. 학습동기와 학습습관

1. 학습동기란 무엇일까?

동기는 인간의 행동이 왜 발생하는가와 관련되어 있다. 대부분의 학자들은 동기는 행동을 발생하게 하고 그 행동이 계속해서 지속되도록 하며, 특정한 행동을 선택하게 하는 과정이라고 말한다. 동기가 학습에 적용되면 학습동기가 되며, 이는 곧 학습자가 학습에 대한 의욕을 가지고 학습활동을 전개하는 힘으로 정의될 수 있다.

매슬로우의 욕구위계이론은 동기이론 중 가장 많이 알려진 이론이다. 매슬로우는 중요한 동기이론들 주의 하나인 욕구이론을 개발하였다. 매슬로우는 욕구의 존재를 밝히고 이러한 욕구들 간의 관련성을 설명하면서 5가지 욕구가 그 강도와 충족에 있어서 계층적 구조를 형성한다고 주장하였다. 그에 따르면 행동은 충족되지 않은 욕구에 의해 결정되고 좌우되는 것으로, 이들 욕구는 위계적으로 구성되어 있어 하위의 욕구가 충족되어야 상위의 욕구가 발생한다고 가정하였다. 즉 인간은 특수한 형태의 충족되지 못한 욕구들을 만족시키기 위하여 동기화되어 있다.

그가 주장한 5가지 욕구를 보면 다음과 같다.

첫째 먼저 생리적 욕구는 생명을 유지하기 위해 기본적으로 충족하지 않으면 안 되는 욕구이다. 식욕, 성욕, 수면욕, 배설욕 등의 욕구를 말한다.

둘째 안전욕구는 편안하게 지내고 싶은 욕구와 신체적, 정서적 위협으로부터 자신의 안전을 지키고 싶은 욕구를 말한다.

셋째 소속과 사랑의 욕구는 주로 인간관계와 관련된 욕구로서 타인과 어울리고 집단의 일원으로서 사랑과 인정을 받으려는 욕구이다.

넷째 존경의 욕구는 타인들로부터 인정이나 존경을 받고 싶어하는 욕구를 말하며, 자존심을 지키고 타인의 존경을 받고 싶은 욕구이다.

다섯째 자아실현의 욕구는 앞 단계의 모든 욕구가 다 충족되고 나면 최고 수준의 자아실현을 위한 욕구가 나타난다. 자아실현이란 자기가 성취할 수 있는 모든 것을 성취하려는 욕구로서 자신의 잠재력을 실현시키는 자기 충족 상태를 말한다.

Ausubel(아우스벨)은 학습동기란 학습의 원인으로서 뿐만 아니라 효과로서도 주장했다. 따라서 주어진 학습과제에 대해 가능하고 구체적인 목표를 세움으로써 학습동기를 유발시킬 수 있다고 설명하였다. 그는 학습의 출발단계에서 학습자가 스스로 현실적인 목표를 세우도록 도와주고 이러한 목적을 향한 진보를 평가하게 하며, 능력의 한계를 극복할 수 있는 다양한 정보를 제공하고 목적 달성의 정보에 관한 정보를 제공함으로써 학습자의 초기의 학습동기를 유지할 수 있도록 하는 것이 학습목표의 성취에 중요한 요건이라고 했다.

Bruner(브루너)는 학습동기를 학습하고자 하는 의지라고 하였다. 학습하고자 하는 의지를 일으키게 하기 위해서 탐구를 위한 호기심이 중요하며, 이 호기심은 학습을 위한 내적동기 유발을 위해 필요하다. 외적동기 유발은 특별한 행위에 필요하고 일시적으로는 반복될지 모르지만 장기적인 효과는 없다.

학습의 효과를 높이기 위해 학습동기 유발은 주어진 학습과제에서 가능하고 구체적인 목표를 세움으로써 촉진될 수 있다. 학습자가 스스로 현실적인 목표를 세우게 도와주고, 이런 목적을 향한 진보를 평가하게 하며, 학습자에게 능력의 한계를 극복할 수 있는 다양한 자료를 제공하고, 목적달성의 정도에 관한 정보의 되돌림 (feedback)을 제공함으로써 학습자의 초기의 학습동기를 유지하고 학습의 성공으로 도달할 수 있게 한다.

일반적으로 학습동기는 내적동기와 외적동기로 나누어진다. 최근에는 계속동기가 주목받고 있다.

첫째   내적동기란 내재적 동기 또는 본질 동기라 부르기도 한다. Deci(데시)는 내적 동기란 호기심·흥미·욕구 등의 내적요인이 학습활동의 동기가 되어 학습자가 학습활동 그 자체를 목적으로 삼아 학습에 참여하는 상태라고 하였다.

둘째   외적동기는 외재적 동기 혹은 비본질 동기라고 하는데 이는 외부에서 주어지는 유인체나 보상에 의해 유발되는 활동 경향성이라 하였다. 행위 그 자체보다는 학습활동을 통하여 얻고자 하는 어떤 목적을 말하는 것이라 하겠다.

데시의 이론은 외재적 동기화가 되면 외재적 보상을 원하고, 내재적 동기화가 되면 직무수행에 대한 고유한 즐거움을 원한다는 이론이다. 내재적으로 동기화된 사람은 외재적으로 동기화된 사람보다 직무에 더 몰입하게 되고 만족감을 느낀다. 외재적으로 동기화되었다는 것은 돈과 같은 외적인 보상 때문에 행동을 하게 된다는 것이고, 내재적으로 동기화되었다는 것은 행위 자체에서 오는 즐거움 때문에 행동을 하는 것을 의미한다. 이는 금전적 보상이 동기를 낮출 수도 있다고 하였다. 즉, 데시는 외재적 보상이 있다면 내재적 동기가 감소할 것이라고 믿었다.

셋째   최근 주목받는 계속동기(continuing motivation)는 본질 동기요인과 비본질 동기요인을 모두 포함하는 것으로, 학습자가 외적 간섭 없이 스스로의 학습결과를 인식하고 계속해서 학습하고자 하는 의욕을 말한다. 또한 계속 동기란 학교를 벗어나서도 학교학습 관련활동을 자발적으로 계속하고자 하는 의욕으로서 다음의 학습활동에 영향을 줄 수 있는 것으로 보았다.

학습동기에 대해서는 학자마다 조금씩 다르게 제시하고 있으나 종합한다면 다음과 같이 말할 수 있다. 학습동기는 학습자가 학습이 가치가 있다는 생각을 가지고 교육목표를 정하고 이를 동조해야 한다. 그리고 과제에 성공할 것이라는 믿음을 가지고 학습활동에 적극적으로 참여하는 것이다. 심리적 태세로서 학습에 의하여 어떤 결과를 성취하려는 강한 욕망이라고 말할 수 있다.

이러한 학습동기를 유발하는 요인으로는 세 가지가 있다.

첫째   학습과제에 대한 중요성과 그 과제에 대한 흥미를 나타내는 내적 가치

둘째   개인이 어떤 행동이나 활동을 성공적으로 수행할 수 있는 자신의 능력에
대한 믿음을 뜻하는 자아 효능감

셋째   학습자들이 학습과제에 도전해 보고자 하는 욕구를 의미하는 호기심 및
자신감으로 나눌 수 있다.

2. 학습습관은 중요한가?

학습은 경험 또는 연습의 결과로 생기는 비교적 영속적 행동의 변화이
다. 습관이란 어떤 행동을 반복하고, 그것이 차차 고정되어 어떤 장면
에 대해서 의식 없이도 언제나 비슷한 형으로 반영되는 것을 말한다.
따라서 학습습관이라고 하는 경우에는 어떤 학습장면에 있어서 본인
이 의식하는 일없이 자연히 행해지는 학습방법이라고 할 수 있다.

여기서 학습장면이란 교실수업 장면만이 아니라 휴식시간 및 자율학
습 시간과 같은 학교 학습장면, 가정 학습장면을 포함한다. 다시 말해
학습자가 시간적으로나 공간적으로 위치하는 모든 학습장면을 의미
한다. 또한 학습행위의 반응양식은 학습 또는 공부와 관련된 습관, 태
도, 동기, 기술 및 환경을 나타내는 행동유형을 말한다.

또한 학습습관은 학습자가 특정한 학습행동을 선호하여 반복적으로
수행한 결과로 학습자 스스로 내면화되어 자연발생적으로 일어나게
되는 일관된 학습행동이다. 그런데 학습자에게 일어나게 되는 일관
된 행동은 학습장면에 따라 변화하는 순간적이고 일시적인 학습행동
이 아니다. 그보다는 학습자에게 습성화되어 다양한 장면에서 일관
성 있게 나타나는 지속적인 학습활동을 뜻한다.

그리고 학습습관은 어떤 학습장면에 있어서 본인이 의식하는 일 없이
자연히 행해지는 학습방법이다. 학습장면이란 교실수업 장면만이 아

니라 휴식시간 및 자율학습 시간과 같은 학교 학습장면, 가정 학습장면을 포함하는 모든 학습장면을 의미한다. 또한 학습행위의 반응양식은 학습 또는 공부와 관련된 습관, 태도, 동기, 기술 및 환경을 나타내는 행동유형을 말한다. 즉, 여러 학습장면에서 학습자가 특정한 행동을 선호하여 반사적으로 나타난 결과로 비교적 변화가 적은 일관된 학습행동의 반응양식을 의미한다.

3. 너에게 빛나는 것, 학습습관

학습동기란 학습을 위해 일정한 방향으로 지속시켜 나가는데 필요한 에너지를 제공해 주는 내적 상태이다. 이는 학습하는 원인이 되고, 동시에 학습의 효과를 결정짓는 주요 요인이 된다. 학습의 효과를 높이기 위해 학습동기 유발은 주어진 학습과제에서 가능하고 구체적인 목표를 세움으로써, 또 학습자가 학습과정에서 사용하는 적절한 학습전략의 선택과 사용에 따라 촉진될 수 있다.

최근 학습 행위에서의 관심은 교사의 가르치는 행위가 아니라 학습자의 배우는 행위에 집중되어 있다. Norman은 "학생들에게 학습하는 방법, 기억하는 방법, 문제해결의 방법을 가르치지도 않고 그들이 학습하고 기억하는 문제를 해결하도록 기대하는 것은 부당한 일이다"라고 주장하였다. 그는 학습과정에 대한 훈련을 강조하고 있다. 이것은 학생이 학습을 성취하는데 사용할 수 있는 기법과 전략에 관한 것이다. 학습동기와 학습전략의 관계를 살펴보면, 동기적 요인의 결핍이 학습자가 전략을 사용하지 못하는 가장 핵심적인 원인임을 알 수 있다. 따라서 학습동기를 향상시키기 위한 학습전략으로서의 학습습관 향상 프로그램의 적용이 절실히 요구되고 있다고 하겠다.

학업성적의 향상을 돕기 위해서 여러 훈련프로그램들이 여러 학자들에 의해 개발되었다. 1920년대 학습 부진아를 구별하기 위해 학습기술과 학습습관에 대한 연구가 시작되었다. 당시의 연구는 학업성적을 예측하기 위하여 학습습관이나 학습동기를 조사하는 것이었다. 학습 습관을 측정하기 위한 검사는 Wrenn에 의해서 최초로 제작되었다.

Robinson은 읽기, 시험, 노트정리, 기억, 외국어 공부, 보고서 작성, 동기촉진, 학습자세, 주의집중에 관한 기술을 내용으로 기술훈련 프로그램을 실시했다. 그 후 연구된 학습습관의 방법을 보면 몇 가지가 공통적으로 포함된다. 그것은 동기, 시간관리, 주의집중, 환경의 조직화, 책읽기, 노트정리, 시험대처, 기억향상 등을 다루고 있다. 따라서 여기에서는 적절한 학습습관 향상을 위한 프로그램을 재구성할 경우 학습동기를 훈련을 통해 높게 육성될 수 있게 할 수 있다.

VI. 학습코칭의 실천 : 목표 설정

1. 목표란?

교육이나 스포츠 분야에서 어떤 목표를 설정하느냐에 따라 구성원의 실질적인 행동이나 행동의도가 달라져 결국 수행결과에 영향을 미친다. 여기에서 말하는 '목표(Goal)'란 개인이 성취하고자 하는 것, 즉 행위의 목표(Aim)또는 목적(Object)을 의미한다.

대부분의 목표 설정에서 목표는 제한된 시간 내에 달성할 수 있는 정도로 사용되었다. 이를 두 가지 측면에서 살펴보면 다음과 같다.

첫째 목표란 개인이나 조직이 장래의 어떤 시점에서 도달하고자 하는 바람직한 상태를 말한다.

둘째 목표란 과거나 현재의 결정과 행동의 결과로 얻어지는 것으로서 현재나 미래의 행동에 가해지는 여러 가지 제약이라고 볼 수 있다.

넓은 의미에서 보면 이 두 가지 정의는 목표가 지니고 있는 분리할 수 없는 양면을 나타내고 있다. Locke 등은 이 두 측면 중에서 첫 번째 정의에 중점을 두고 "목표란 개인이 달성하고자 시도 하고 있는 목적"이라고 정의하였다. 이 개념 정의에 따르면 목표란 목적(Purpose)과 의도(intention)라는 개념과 유사한 의미를 갖고 있다. 따라서 목표란 개인과 조직이 제한된 지식의 범위 안에서 미래의 포부를 결정짓는 역동적 과정이라고 할 수 있다.

유생열은 목표를 설정하려고 할 때 네 가지의 요인을 고려해야 한다고 했다.

첫째 목표설정은 설정자가 이룰 만한 동기 유발이 되어 있어야 한다. 아무리 좋은 목표설정을 해놓아도 그것을 실행하는 당사자가 움직이지 않으면 설정된 목표는 쓸모 없이 된다.

둘째 목표는 긍정적으로 적어져야 한다. 목표가 긍정적이지 못할 때 초점은 부정적 방향에 맞추어지고 많은 노력이 허비되어 버린다. 부정적 목표를 세우면 항상 부정적 결과를 초래하게 된다.

셋째　　　목표는 구체적이어야 한다. 목표는 명확하게 그리고 행동에 옮길 수 있게 기술되어야한다. 목표를 달성했는지 명확한 피드백이 없으면 좌절감과 동기의 상실을 가져오며 자주 도중에 포기해 버린다. 그래서 목표는 측정가능하고 관찰 가능해야 한다는 것이다.

넷째　　　목표가 '무엇인가를 꼭 해야한다'라는 식으로 정해지는 것은 피해야 한다. 설정된 목표에 도달할 가능성을 높아지려면 가능한 한 원하는 목표를 정하는 것이 중요하다.

2. 목표설정 이론

로크(Lock)와 랜덤(Latham)에 의해 제안된 목표설정 이론은 사람들이 합리적으로 행동한다는 가정에 기초를 두고 있다. 목표는 개인에게 의도된 행동을 유도하는 동기의 기초가 되며, 목표설정은 동기가 높아지게 하는 심리적 기제라고 생각했다. 설정된 목표가 일반적일 때보다 구체적일 때 근로자들의 직무수행이 보다 높아진다.

또한 직무수행과 목표의 난이도는 관계가 있으며, 어려운 목표는 더 높은 직무수행을 가져온다고 보았다. 외재적 공략(금전)이 때로는 더 높은 목표 설정을 유도하며, 목표를 달성하는데 있어서 얼마만큼의 성과를 거두고 있는지에 대한 조언이 성과를 더 높일 수 있게 한다.

목표설정 이론의 핵심적인 개념은 다음의 3가지로 요약할 수 있다.

첫째　　　과제수행 동기에 가장 영향을 주는 것은 개인의 목표 또는 의도이다. 따라서 높은 수준의 목표는 과제수행 동기를 높인다.

둘째　　　외적인 유인자극이 행동에 영향을 미칠 수 있는데 이것은 이 유인자극이 행동에 직접적인 영향을 미치기 때문이 아니라 개인의 목표와 의도에 여러 경로를 통해서 간접적으로 영향을 미치기 때문이다.

셋째　　　만족과 같은 감정적 반응들은 개인의 가치 기준과의 관계를 추정해서 생기는 것이다.

Locke의 목표설정에 관한 초기 연구의 문제는 성취의도 수준(목표수준)과 실제 성취수준과의 관계를 밝히는 것이었는데, 그는 구체적인 성취의도 수준이 높을수록 수행수준도 높을 것이라고 제안하였다. 왜냐하면 목표 또는 의도가 과제를 성취하는데 영향을 주기 때문이다. 따라서 어려운 목표를 설정하게 되면 이 목표를 달성하려는 동기가 높아진다.

또한 Locke와 Bryan은 구체적이고 도전적인 과제가 최선을 다하라는 애매한 과제보다 높은 흥미를 유발할 것이라고 주장하였다.

목표설정이 과제수행을 향상시키는 배경은 다음의 4가지 기제작용으로 설명한다.

첫째   목표를 설정하면 주의나 활동의 방향이 목표를 향해 집중하며,

둘째   목표를 위해서 에너지의 소비나 노력을 동원하게 하며,

셋째   목표달성을 위해 지속적으로 노력을 투입하도록 하며,

넷째   목표달성을 위한 효과적인 전략을 개발토록 한다.

최근에 Locke와 Latham은 목표설정이론을 스포츠 상황에 적용할 경우, 스포츠 상황은 산업 및 조직 상황보다 개인의 수행 측정이 훨씬 용이하기 때문에 목표설정 이론은 다른 곳보다 더 효과적일 것이라고 주장하였다. 그리고 다음과 같은 10가지 가설을 제시하였다.

① 구체적 목표는 일반적 목표보다 더욱 정확하게 행동을 조절할 것이다.

② 목표가 양적 구체적으로 제시된 경우 과제를 해결할 충분한 능력과 개입이 가정되면 목표수준이 높을수록 수행은 향상될 것이다.

③ 구체적이고 어려운 목표는 "최선을 다하라"는 막연한 목표나 목표가 없는 경우보다 수행을 향상시킬 것이다.

④ 단기목표와 장기목표를 동시에 사용할 경우는 장기목표만을 사용할 경우보다 수행이 향상 될 것이다.

⑤ 목표는 활동의 방향을 결정하고 노력을 투입케 하며 지속성을 증가시키고, 과제 해결을 위한 적절한 전략을 강구하도록 한다.

⑥ 목표설정은 목표에 관한 진보정도를 알려주는 피드백이 제공될 때 가장 효과적이다.

⑦ 어려운 목표를 설정할 경우 목표에 대한 개입의 수준이 높을수록 수행은 증가할 것이다.

⑧ 개입은 목표에 대한 개인의 수용과 지지를 나타내는데 개인에게 목표의 설정, 선택 그리고 훈련에 참여토록 하며, 유인이나 보상에 의해 영향을 받을 수 있다.

⑨ 목표 달성은 특히 과제가 복잡하거나 장시간을 소요하는 과제일 경우 적절한 행동계획이나 전략에 의해 촉진될 것이다.

⑩ 경쟁은 보다 높은 목표를 세우거나 목표에 대한 개입을 증가시켜 이룰 수 있게 한다.

3. 목표는 어떤 특성이 있을까?

지금까지 산업 및 조직 상황에서의 목표설정 효과는 목표설정이 성공적인 동기유발 도구임이 입증되었으나 스포츠 상황에서의 연구결과는 일치되지 않고 있다. 이러한 목표설정 연구에 관한 여러 가지 문제는 목표의 난이도, 목표의 구체성 및 목표의 근접성 등에서 나타날 것이다.

첫째 목표설정 수준에 따라 수행은 달라지는가? 만약 목표의 난이도수준이 수행에 영향을 미친다면 어느 수준에서 수행이 극대화될 것인가?

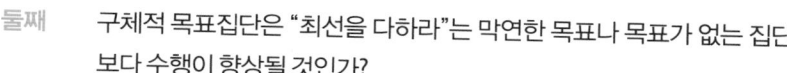

둘째   구체적 목표집단은 "최선을 다하라"는 막연한 목표나 목표가 없는 집단
보다 수행이 향상될 것인가?

셋째   근접적 목표집단(장기목표 집단, 단기목표 집단, 단기와 장기의 동시목
표 집단)은 목표가 없는 집단보다 수행이 향상될 것인가? 만약 근접적 목
표설정의 효과가 있다면 이러한 3가지 목표 중 어느 목표가 가장 효과적
일 것인가? 이다.

1) 목표는 어려우면 좋을까?

Locke와 Bryan은 구체적이고 어려운 목표는 "최선을 다하라"는 목표
보다 우수한 수행을 유도하고 Locke는 어렵고 도전적인 목표는 보통
이거나 쉬운 목표보다 수행이 향상된다고 하였다. 즉 목표수준이 높
을수록 수행이 우수하다고 하였다. 이러한 가설은 개인이 과제를 수
행할 적절한 능력이 있을 경우를 전제로 한다. 또한 스포츠 상황에서
의 최초의 실증적 연구인 Botterill(보터릴)의 지구력 과제연구에서 구
체적이고 어려운 목표를 설정한 피험자가 "최선을 다하라"는 피험자
보다 유의하게 수행이 향상되었다. 그리고 그의 추후 연구에서도 아
이스하키 선수를 대상으로 목표 난이도, 목표 명확성(구체성), 그리고
목표설정 유형(집단, 자기, 타인)을 조작하여 실험한 결과, 난이도가
높은 목표가 쉬운 목표보다 수행이 향상되었다.

2) 목표는 구체적이면 좋을까?

Locke와 Latham은 목표 구체성과 관련된 가설에서, 구체적 목표는 "최
선을 다하라"와 같은 일반적인 목표보다 더욱 정확하게 행동을 조절
할 것이라고 하였다. 즉 목표가 구체적으로 제시된 경우에 피험자가
목표를 수행할 충분한 능력이 있고 목표에 적극적으로 개입을 하게
되면 목표수준이 높을수록 수행은 향상되고, 이러한 구체적이고 어려
운 목표는 "최선을 다하라"는 목표나 목표가 없는 경우보다 수행을 향
상시킬 것이라고 주장하였다. 이와 같은 목표 구체성은 애매한 표현

이 아닌 측정 가능한 행동적, 수치적 용어의 표시를 전제로 한다. 따라서 Locke과 Latham은 목표 구체성 자체만으로는 수행증가에 영향을 미치지 못하고 목표 난이도와의 상호작용에 의해 영향을 미친다고 주장하였다.

3) 장기 목표가 좋은가? 단기 목표가 좋은가?

장, 단기 목표에 대한 효과를 검증하려는 시도는 목표의 난이도 및 목표의 구체성만큼 활발한 연구가 이루어지지 못하였다. 이에 대해 Locke와 Latham은 목표 근접성 연구는 목표설정 연구의 관심 있는 주제가 아니었는데 이러한 원인은 장기목표와 단기목표의 시간적 간격의 구분에 어려움이 있기 때문이라고 지적했다. 그러나 Locke와 Bryan의 연구 이래 많은 연구가 이루어졌으나 이러한 연구결과는 일치하지 않고 있다.

4. 목표지향이란?

코칭은 주어진 환경 속에서 코치와 학습자가 신뢰를 바탕으로 목표를 향해 나아가는 과정이다. 신뢰는 코칭의 핵심 개념이라고 할 수 있다. 코치는 학습자의 가능성을 신뢰하며, 학습자는 자신의 가능성에 대한 신뢰는 물론, 코칭을 통해 목표에 이를 수 있다는 믿음을 포함하게 된다.

즉 코칭은 학습자의 발전가능성에 집중하고 학습자가 스스로 답을 찾을 수 있도록 지원하며 지속적인 피드백을 제공한다. 또한 과정 중심적이고 협력적이며 목표 지향적이면서 행동 지향적이라고 할 수 있다.

사람에게 있어서 목표는 매우 다양하다. 일반적으로 목표(Goal)는 개인이 의식적으로 달성하거나 성취하고자 하는 것이다. 즉, 행위의 목표 혹은 목적을 의미한다. 따라서, 대부분의 목표설정 연구에서 목표라는 용어는 과제 수행시 개인이 달성할 수 있는 구체적 기준 특히, 제한된 시간 내에 달성할 수 있는 것으로 사용되었다.

Locke와 Latham은 모든 목표란 두 가지 기본 요소를 포함한다고 강조하였다. 즉 결과의 방향, 질 또는 양이다. 여기에서의 방향은 개인의 행동을 어디에 초점을 맞출 것인가에 대한 선택을 의미하며, 질 또는 양은 획득해야할 최소한의 기준을 제시한다.

이러한 목표의 개념은 동기 이론가에 의해 두 가지 측면에서 이용되고 있다. 첫째, Locke은 목표를 직접적이고 구체적인 동기적 전략으로 보았다. 이러한 관계에서의 목표는 주로 심리적 상태와 같은 기능을 하고, 주의집중, 노력의 투입과 강도의 증대, 새로운 문제해결의 전략개발 그리고 실패에 직면해서 지속적인 노력을 투입하도록 동기유발을 위한 구체적 기준을 제공한다. 둘째, 특정한 활동의 참여를 위한 전체적인 목적(Global goal)의 제시를 위해 사용하고 있다. 여기서 목표는 성격특성을 의미하며, 개인이 획득하거나 성취하려는 것에 대한 동기유발과 참여의 경향이다.

최근의 이러한 논의는 스포츠 분야에 적용되고 있으며 이에 대한 연구들은 스포츠 장면에서 성공의 원인에 관한 분석에 활용되고 있다. 즉, 수행지향은 지각된 능력의 증가, 새로운 과제숙달, 기술향상에 관심이 있다. 이러한 개인은 성공을 스스로의 기준에 비교하여 따른다. 반면에 경쟁지향은 사회적 기준에 기초하여 성공과 실패를 평가한다. 따라서 높은 지각된 능력의 유지를 위하여 승리와 정적인 사회적 비교는 필수적이다. 이러한 개인은 과제숙달과 수행향상은 단지 남과 비교하기 위한 수단으로 볼 뿐이다.

이처럼 수행지향은 승리보다는 학습, 기술향상 및 과제숙달에 관심이 있고 성공을 자신의 기준으로 판단한다. 반면 경쟁지향은 승리와 자신의 우월한 능력의 입증에 관심이 있고, 성공을 다른 사람들이 인정하는 정도에 따라 판단한다.

5. 목표지향에 관한 이론

1) 목표조망이론

목표조망이론은 최근에 학교 교실과 스포츠 상황에 기초한 성취동기에 대한 모델 중의 하나이다. 여기에는 두 가지 목표성향이 있는데, 과제지향과 자아지향이다. 과제 지향적일 때, 개인의 학습경험, 과제숙달 그리고 개인향상은 성공감을 발생시켜 최선의 노력을 하는 것과 관계가 있다. 이러한 경우에 능력의 지각은 개인적으로 참조되어진다. 또한 수행자가 자아 지향적일 때, 주관적 성공은 자신의 우월한 능력을 나타내는 것으로 생각하며, 적은 노력으로 다른 사람과 비슷하거나 능가한 수행 역시 성공감을 갖는다. 이러한 목표성향에서의 능력의 지각은 다른 사람의 발휘된 노력과 개인적 수행결과와의 비교에 의한다.

2) Burton의 이론

Burton(1989)은 지금까지의 두 가지 주요 목표개념, 즉 개별적 과정(Locke,1968)과 전체적 과정(Elliott & Dweck, 1988; Nicholls, 1984)의 개념을 통합하여 목표의 동기와 스트레스 관리를 고려한 보다 쉽게 이해할 수 있는 단일한 모델을 위해 경쟁적 목표설정(CGS; Competitive Goal Setting)모형을 제시하였다. 이 CGS모형에 의하면, 목표지향은 지각된 능력수준과 서로 상호 작용하여 3가지의 목표설정 유형 즉 수행 지향적, 성공 지향적, 그리고 실패 지향적 유형을 형성한다. 이렇게 형성된 목표설정 유형은 상황(연습 또는 시합)과 수행기대에 따라서 구체적 목표를 설정한다. 이러한 개별적 목표는 수행자의 지각된 목표와 상호 작용하여 과제를 선택하고, 전략을 개발하고, 동기가 지속되는 것을 촉진시킨다. 이렇게 하여 획득된 수행결과에 대해 학습자는 자신의 기준을 통해 성공과 실패를 지각하고, 이러한 결과에 대한 원인을 추론한다. 여기서 형성된 지각된 능력은 수행자의 정서반응에 영향을 미치고, 미래기대를 예상하며, 활동의 중요성을 판단한다. 이러한 결과는 계속해서 목표에 영향을 미친다.

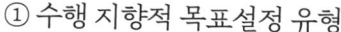

① 수행 지향적 목표설정 유형

수행 지향적 선수들은 학습과 수행향상을 목표로 한다. 성공했을 경우는 주로 노력에 귀인하며, 실패했을 경우에는 실패로 지각하지 않는다. 왜냐하면 이들의 학습의 초점은 승리가 아닌 학습과 개인의 향상이기 때문이며, 실패의 원인을 노력의 정도와 새로운 전략개발의 부족으로 볼 수 있다.

수행 지향적 선수들은 유능감 증가를 위해 실수할 가능성이 있는 모험에도 불구하고 도전적인 어려운 과제를 택한다. 이들은 자신들의 목표달성을 위해 최상의 상황에서 최선의 노력을 할 것이며, 실패할 경우에도 좌절하지 않고 문제 해결의 질을 높일 것이다.

② 성공 지향적 목표설정 유형

성공 지향적 선수들의 주목표는 높은 지각된 능력을 표명하기 위해 승리하는 것이다. 이들은 어떠한 상황을 자신의 능력의 표명을 위한 기회로 볼 것임에도 불구하고 오직 자신의 능력과 비슷한 상대와 경쟁할 때만 높은 자신감과 적절한 동기화로 최선의 경기를 하게 된다. 반면, 상대의 수준이 높거나 낮은 경우에는 자신감이 없거나 과신하는 경우가 있다. 이때는 낮은 동기와 수행이 예상된다. 이들은 성공을 자신의 높은 능력에서 찾지만, 실패는 노력부족이나 정신적 준비의 부족에서 찾게 될 것이다. 또한 성공할 경우에는 성공적인 사회적 비교를 확인케 하며, 실패할 경우에는 노력 확대와 새로운 전략개발을 위한 신호로 간주할 것이다.

③ 실패 지향적 목표설정 유형

실패 지향적 유형은 부정적인 사회적 비교로 인해 낮은 능력의 표출을 두려워하기 때문에 경쟁을 회피한다. 이들은 결국 자신감 부족과 불안한 상태로 경쟁에 임하며, 가끔 자신의 능력 이하로 수행을 나타낼 것이다. 또한 이들은 성공을 운이나 쉬운 상대와 같은 외적이고 비통제적인 요인에서 찾으려 할 것이고, 반면 실패에 대해서는 능력 부족으로 돌릴 것이다.

실패 지향적 유형은 낮은 능력을 다른 사람에게 감추는데 관심이 있기 때문에 쉬운 과제를 선택하여 많은 노력을 함으로써 실패에 대한 변명거리를 만든다. 또한 이들은 자신들의 낮은 능력에서 원인을 찾았던 이전의 비성공적인 원인으로 인해 부정적인 미래 기대를 나타낼 것이다. 또한 성공은 운이나 쉬운 상대와 같은 외적인 것에서 원인을 찾으면서 최소의 만족을 경험한다. 반면 실패는 불안과 부끄러움과 같은 부정적인 마음을 가지게 만든다.

VII. 학습코칭의 실천 :
시간관리

1. 시간 관리, 꼭 해야 하나?

시간을 관리한다는 것은 주어진 시간을 합리적, 체계적으로 조직하여 사용하는 것이다. 이것은 하루 24시간이라는 시간의 제약에서 시간으로부터 얻을 수 있는 만족을 극대화시키는 시간의 경제적 효용성을 뜻한다. 또한 합리적인 목표를 설정하여 효율적인 행동을 취하는 것을 말한다.

또한 시간관리 능력이란 일상생활 속에서 개인이 자신의 목표를 달성하기 위해 시간의 낭비를 줄이는 것을 의미한다. 또한 주어진 시간을 잘 사용하는 방법을 개발하고 습관화하는 등 시간을 계획하고 합리적으로 사용하는 것이다. 그리고 이러한 성과에 대해 평가하고 다음의 계획에 반영하는 능력이다. 이러한 시간관리 능력을 통해 우리는 한정된 자원을 효과적으로 쓰며, 욕구충족을 최대화하며, 삶의 질을 높일 수 있다.

2. 시간 관리를 잘 하려면?

합리적으로 시간을 체계적으로 관리할 때에 기본이 되는 것은 관리과정의 중요성이다. 시간관리 과정을 중요한 단계로 보는 이유는 목표 달성을 위한 계획을 어떻게 세우며 그를 위한 정보를 어떻게 탐색하고 적용할 것인지 조직하고 이를 평가하며, 필요할 때마다 통제를 통하여 조정하고 실행하는 모든 단계가 어떻게 관리되는가에 따라 목표 달성의 정도도 달라지고 자원의 사용도 달라지기 때문이다. 시간관리 능력은 목표 세우기, 우선순위 정하기, 계획하기, 실행하기, 평가하기 등을 잘 해야만 한다.

이 중 목표세우기, 우선순위 정하기, 계획하기는 준비 행동이다. 실행하기, 평가하기는 실천 행동이다.

목표 세우기를 잘하기 위해서는 시간관리의 필요성을 알아야만 가능하다. 이 부분은 학습자 스스로 깨달을 수도 있지만, 어려운 경우 코치나 부모님이 도와준다면 원활하게 이루어질 수 있다. 경우에 따라서는 부모님이나 코치와 함께 사명서를 만들고, 그 사명서에 따라 목표를 세우는 방법도 좋은 방법이 된다.

우선순위 정하기는 계획을 짜기 위해 매우 필요한 부분이다. 하루는 24시간이기 때문에 아무리 의욕이 넘친다고 하더라도 하고 싶은 모든 일을 다 한다는 것은 불가능하다. 따라서 제한된 시간 안에서 어떤 것을 먼저 해야 하는지 정하는 것이 중요하다.

계획하기는 우선순위를 고려하여 하루일정표를 짜는 것을 말한다.

실천하기는 계획한 것을 매일 실천하는 것이다. 작심삼일(作心三日)이라는 말이 있다. 마음먹은 것이 삼일을 가지 못한다는 말이 된다. 이는 반대로 마음 먹은 일은 삼일을 가지 어렵기 때문에 삼일이 지나기 전에 다시 마음을 먹어야 한다는 뜻이 된다. 아무리 좋은 계획이라 할지라도 실천하지 않는다면 아무런 가치가 없을 것이다. 실천을 잘하기 위해서는 집중력, 태도와 같은 정서적인 면에 대한 관리가 매우 중요하다.

평가하기는 실천한 내용을 중심으로 자기 스스로 평가를 하는 것이다. 그리고 그 평가한 내용을 가지고 다음 주간계획과 하루일정표 짜기를 반복 훈련하는 것이다. 단기계획이 잘 작성되어야 주간이나 월간과 같은 장기계획이 잘 세워질 수 있다.

3. 시간 관리는 무엇에 영향을 받을까?

1) 성별에 따라 차이가 있을까?

시간 관리 능력에 관련된 연구를 살펴보면 대체로 여학생이 남학생보다 시간관리 능력이 더 나은 것으로 나타났다. 박경애와 김택호는 중·고등학생들의 시간관리 연구에서 중학생들은 여학생이 남학생보다 시간 관리를 더 잘하는 것으로 밝혔다. 이원휘는 고등학생들의 시간 관리와 학업성취도와의 관계에서 시간관리에 있어서 남녀 간의 차이가 나타나지 않았다고 하였다. 김외숙과 Geistfeld 는 한국과 미국 대학생의 시간 관리에 대한 비교연구에서 한국은 남녀 대학생간에 차이가 없는 반면 미국은 여자 대학생이 남자 대학생보다 시간관리를 더 잘하는 것으로 연구되기도 했다.

2) 학년에 따라 차이가 있을까?

박경애와 김택호의 연구 결과 저학년들보다 고학년 학생들이 시간관리를 잘하는 것으로 나타났다. 그러나 다른 연구를 보면 한국에서는 대학교 4학년 학생들이 3학년 이하의 학생들보다 시간관리를 더 잘하는 반면에 미국에서는 학년이 낮은 대학생일수록 시간관리를 더 잘한다고 보고하고 있다.

3) 부모 연령에 따라 차이가 있을까?

부모의 연령에 따른 시간관리 능력의 차이는 없는 것으로 보고한 연구도 있다. 그러나 부모 중 엄마의 연령이 적을수록 효율적인 시간관리에 필요한 지식과 정보를 많이 가지고 있어 시간관리 태도가 높은 것으로 나타나기도 했다.

4) 부모 학력에 따라 차이가 있을까?

여러 연구에서 아빠의 학력수준이 높은 집단이 높은 점수를 보였다. 엄마의 경우 도 대졸이상에서 시간관리를 더 잘하는 것으로 나타났다. 이는 청소년기 아동이 일반적으로 어머니에 의하여 양육되기 때문에 어머니의 학력이 높을수록 시간관리 전략을 많이 사용한다고 분석되었다.

5) 부모 직업에 따라 차이가 있을까?

부모의 직업과 학생의 시간관리 능력의 관련성을 연구한 연구를 보면, 엄마가 미취업 상태이고 아빠가 전문직에 종사할 경우 청소년들의 시간관리가 가장 양호한 것으로 나타났다. 반면 아빠가 농·임축산업에 종사하거나 무직인 경우 청소년들의 시간관리 능력은 낮게 나타났다. 다른 연구에서도 아빠의 직업이 전문직 집단일 경우 시간관리능력에서 가장 높은 점수를 보이고, 노동판매 서비스직 집단이 가장낮은 점수를 보이기도 했다. 그러나 엄마의 취업 여부에 따라 자녀의시간관리 능력은 차이가 나타나지 않아서 부모의 직업이 청소년의 시간관리 능력에 미치는 영향은 일관성이 없음을 볼 수 있다.

6) 용돈에 따라 차이가 있을까?

시간관리 행동에 관한 연구에서 용돈을 많이 받을수록 표준설정을 잘하는 것으로 나타났다. 촉진행동 역시 용돈을 더 받는 학생들이 촉진행동을 더 많이 하는 것으로 나타났다.

7) 거주 지역에 따라 차이가 있을까?

중학생을 대상으로 한 박은정의 연구에서 거주 지역에 따른 시간관리는 큰 차이가 없는 것으로 나타났다. 반면 박경애와 김택호의 연구결과에서는 대도시나 중·소도시 지역의 중·고등학생들이 읍면지역 학생들보다 시간관리를 잘하는 결과가 나왔다. 또한 김외숙과 Geistfeld의 한·미 대학생을 대상으로 한 연구에서 도시에서 성장한 대학생들이 시골에서 성장한 대학생들보다 시간관리를 더 잘하는 것으로 연구되기도 했다.

4. 시간 관리와 만족감

만족도란 목표나 요구의 달성에 대한 개인의 주관적인 감정이라고 할수 있다. 이는 계획과 수행의 결과를 얻게 되는 충족감뿐만 아니라 생활전반에 대해 경험하는 충족된 느낌까지 합쳐서 말하게 되는 것이다. Newton은 관리에 대한 만족감이 가족자원 관리체계의 산출을 측정하는 요소라고 보았다. 따라서 관리행동을 효과적으로 하는 관리자는 관리만족도가 크고 관리만족도가 큰 관리자는 생활만족도도 크다고 하여 만족감이 생활만족도에 영향을 미침을 밝혔다. 이렇듯 만족도의 일반적 개념에서 관리만족도, 더 나아가서는 생활 전반에 걸친 만족감 수준인 생활만족도까지 확장된 개념으로 만족도를 분석하고 있다.

관리 중 시간관리에 대한 만족도에 대하여 시간을 사용하고 관리하는 과정 및 결과에 긍정적인 평가를 의미하며 심리적으로 느끼는 충족감을 말한다. 시간관리 만족도는 자신이 시간관리 행동을 얼마나 잘하고 있는지에 대해 스스로 느끼는 정도이다.

5. 시간 관리 잘 하면 성적은 오를까?

학업성적에 대해 학문적으로는 학업성취도라는 용어를 쓴다. 학업성취도는 교육목표 달성의 정도를 나타낸다. 학업성취도는 국가, 사회 전체의 관심사이기도 하다. 또한 학업성취는 학생 개인의 학업적응뿐 아니라 부모, 교사, 또래들 간에도 관련이 깊다. 또한 자신감 등 심리 내적 요인에 작용함으로써 학생의 생활 전반에 영향을 주는 중요한 요인이 된다.

김용준은 학업성취도란 교과목의 성적만을 뜻하는 것이 아니라 학습자가 가진 특성, 학습과제의 종류와 성질, 그리고 교사가 행사는 수업방법 간에 일어나는 상호작용의 산물이라 하였다. 학업성취도를 보통 학문적 교과인 국어, 산수, 사회, 자연 등의 교과 성적만을 생각하기 쉬우나, 일정한 교과 과목을 포함하여 아동이 획득한 능력 및 행동경향을 포함하는 것이 된다.

또한 교육학 용어 사전에는 학업성취도란 후천적으로 학습에 의해서 습득한 능력이라고 하였다. 즉 연습이나 경험의 결과 일어나는 행동의 지속적인 변화로 학습에 의해서 획득한 지식이나 기능을 모두 포함하는 것으로 본다. 그리고 학업성취도가 한 개인의 사회적 지위, 위신, 성취 등의 획득에 중요한 요인이 되고 있음은 많은 연구결과를 통해서 알 수 있으나, 학업성취도와 관련되는 요인들은 그 내용이 너무 다양하다.

학습자의 학업성취도는 그 개인의 능력에 의해서만 결정되는 것이 아니라 어떤 상태, 조건, 방법으로 학습하느냐에 따라서 달라진다. 학습자의 능력, 태도, 동기 등은 학습자 변인이라고 할 수 있다. 반면 어떤 상태, 조건, 방법 등은 교수변인이라고 할 수 있다.

학업성취도의 정도를 결정하는 변인은 크게 학습자 변인과 교수변인으로 나눌 수 있다. 학습자 변인은 적성, 수업이해력 및 수업 지속력을 들고 있다. 교수변인으로는 학습의 기회와 수업의 질 두 가지가 있다. 비록 학습이 경험이나 훈련을 통한 행동의 변화라 할지라도 학습자 자신이 가지는 요인이 영향을 주기 때문에 학습능력에 따라 학습효과는 달라진다.

학습자가 공부를 함에 있어서 필요한 지적 능력(지능, 독서력, 선수학력 등)과 정의적 상태(적절한 동기, 태도, 가치 등)를 학습자 요인이라고 한다. 이 학습자 변인을 학습의 내적 조건이라고 한다. 반면 어떤 환경적, 사회적 사태에서 어떤 자료, 어떤 절차를 거쳐 어떻게 학습 하는가 등은 학습 외적 조건이 된다.

그런데 가정환경과 학교환경이 학업성적에 미치는 영향을 분석한 결과에 따르면 우리나라 학생의 경우에는 학교환경보다 가정환경이 더 많은 영향을 미친다는 것을 밝혔다. 또한 가정환경 중에서는 가정의 사회·경제적 배경과 가정 분위기가 거의 비슷한 영향을 미치고 있는 것으로 연구되었다. 그리고 가정 분위기는 가정의 사회·경제적 배경에 의해 가장 큰 영향을 받는다고 하였다.

가정 분위기는 가정의 환경에 따라 영향을 받지만, 가정 분위기가 좋은 가정에서 생활하는 자녀의 경우에는 그렇지 못한 가정의 자녀에 비해 시간관리가 잘 되고 있다는 여러 연구들이 있다.

그렇다면 아래 설문 문항을 보고 자신과 일치하는 점수에 표시해보자. 합계 점수가 38점 이상이 나온다면 시간관리가 비교적 잘 되고 있다고 하겠다. 20점 이하라면 시간관리 계획을 한번 세워보는 것이 좋겠다.

7) 김은실(2016), 중학생의 코넬식 노트필기법이 자기주도학습 준비도 및 학업성취도에 미치는 영향, 숭실대 국내논문.

※ 문항을 잘 읽어보고 자신과 일치하는 점수에 표시하시오[7]

	문항	그렇지 않다(1)	별로 그렇지 않다(2)	약간 그렇다 (3)	그렇다 (4)
1	나는 무슨 일이든 하기 전에 해야 할 일들에 대한 목록을 작성한다.				
2	나는 어떤 일을 하기 전에 먼저 계획을 세운다.				
3	나는 하루 일과에서 내가 꼭 해야만 하는 활동에 대해서는 계획을 세운다.				
4	나는 매일 나 자신을 위한 목표를 세우고 목표를 메모하거나 써놓는다.				
5	나는 매일 어떤 계획을 세우는 데 시간을 투자한다.				
6	나는 학교에서 방해가 되는 일은 거의 하지 않는다.				
7	대체적으로 나는 나 자신의 시간을 잘 관리하고 있다고 느낀다.				
8	평균적으로 나는 개인적인 일보다 학교 일에 더 시간을 보낸다.				
9	나는 지금 내가 시간 관리하는 방식보다 더 발전할 여기가 거의 없다고 믿는다.				
10	나는 쓸모없는 일이나 활동들은 거의 하지 않는다.				
11	나는 하고 있는 일을 깨끗이 정돈한 다음 다른 일을 시작한다.				

	문항	그렇지 않다(1)	별로 그렇지 않다(2)	약간 그렇다 (3)	그렇다 (4)
12	나는 한 학기 전체를 위한 목표를 세운다				
13	나는 중요한 숙제의 제출 마감 전날 밤에 대개 그것을 작성한다.				
14	할 일이 많을 때는 각각 조금씩 하는 것이 최선이라고 생각한다.				
15	나는 일정이 잡혀 있는 중요한 날들은 꼭 지킨다.				

역채점 문항 : 13번 (반대로 채점합니다)

VIII. 학습코칭의
실천:
노트 필기

1. 노트 필기는
중요한가?

갠(Gagnè)은 인간이 학습의 결과로 습득된 영역을 다섯 가지로 분류하였다. 인지전략은 그 중의 하나로 개인의 학습, 기억, 사고 행동을 지배하며 개념과 규칙의 활용을 조정해 주고 점검해 주는 등 내재적으로 조직된 기능이다. 즉 학습자의 내재적 정보처리 과정을 조정·통제하는 기능이다.

내재적 정보처리 과정은 네 가지 과정이 있다. 주의집중·선택적 지각 과정, 장기 저장하기 위해서 입력된 정보를 부호화하는 과정, 재생과정, 문제해결 과정이 그것이다. 그것을 위해 학습자들은 학습하는 방법, 기억하는 방법, 학습을 촉진시켜 주는 반성적 사고와 분석적 사고를 수행하는 방법을 배우게 된다. 이것과 밀접한 실천전략이 노트 필기라고 할 수 있다.

김판수, 최성우는 인지전략의 구체적인 전략을 세 가지로 나누어 설명하였다. 첫째, 단기기억에서 정보가 사라지지 않게 하기 위한 전략으로 학습내용을 자기화하기 위한 여러 가지 기억법과 관련이 있는 시연(rehearsal), 둘째, 학습 자료가 의미를 가질 수 있도록 새 정보를 이전 정보와 관련시켜서 특정한 관계를 지니도록 하는 정교화, 셋째, 중요한 개념을 중심으로 내용을 분석해보거나 이들 간에 어떤 관계가 존재하는지를 추론하는 조직화가 이에 해당된다.

이들은 또한 자신들의 공동저서에서 정보처리 이론과 코넬식 노트를 관련지어 설명하고 있다. 정보처리이론에 따르면 우리가 받아들인 정보는 단기기억을 거쳐 장기기억으로 넘어가고, 인출할 수 있는 정보로 저장이 된다. 정보를 언제든 떠올리기 위해서는 인출단서를 찾고 노트필기를 잘 해 두는 것이 필요한데 이때 가장 유용한 노트필기로 코넬식 노트필기를 들고 있다. 그들은 코넬식 노트필기의 장점으로 다섯 가지를 든다. 첫째, 학습내용에 대한 깊이 있는 이해를 돕는다. 둘째, 학습 내용을 한눈에 알아볼 수 있게 한다. 셋째, 학습 내용을 체계적으로 정리하고 조직화하는데 도움을 준다. 넷째, 내용을 더 잘 기억할 수 있게 할 뿐만 아니라 학습에 대한 적극적 태도, 책임감 및 동기를 증진시킬 수 있게 한다고 강조한다.

Woolfolk(울포크)에 따르면 어떤 것을 처음에 학습한 방식이 나중에 그 지식을 얼마나 쉽게 기억하고 얼마나 적절히 활용하는가에 영향을 끼친다고 하였다. 따라서 학생들은 전문적인 학생이 되기 위해 자료의 중요한 측면에 주의를 기울여야 한다. 또한 깊이생각하고 처리할 수 있기 위해 노력을 투자하고, 정보를 연결하고 정교화하며, 번역하고, 조직하고 또 다시 조직해야 한다. 그리고 자신의 학습을 조절하고 점검해야 한다.

이때 필요한 것이 학습목표를 달성하기 위한 전체적인 계획인 학습전략과 그 계획을 구성하는 세부적인 기법들인 학습전술이다. 그것을 구체적으로 살펴보면 학습한 내용 중에 무엇이 중요한지를 결정하기, 요약하기, 밑줄치기, 노트정리 등이다.

네 번째 단계에 속하는 노트정리의 장점은 수업 중에 주의를 집중시켜 주며 정보의 부호화 작업을 도움으로써 정보가 장기기억으로 옮겨 갈 기회를 만들어 준다는 점을 든다. 핵심개념을 자신의 말로 기록하기 위해서는 번역하고, 연결하고 정교화하고 조직해야 한다. 그런데 노트는 학습한 내용을 다시 살펴볼 수 있게 해 주는 외부저장고의 구실을 한다.

이 때문인지 노트를 사용해서 공부하는 학생들은 시험을 잘 보는 경향이 있다. 그리고 숙련된 학생은 자신의 예상에 맞게 노트를 정리하며 시험을 보거나 숙제를 끝마친 후 노트정리 전략을 변경한다. 낯설거나 어려운 부분을 자기 나름의 부호를 사용하여 표시해두고 반 친구나 부교재의 도움을 받아 빠진 부분을 채워두며, 때론 있는 그대로의 정보를 기록해 둔다. 전략적으로 노트를 정리하고 활용하는 것이다.

교실에서 학생들에게 가르쳐 학습효과를 높이기 위한 다양한 학습전략으로 요약하기, 밑줄 치기, 노트정리, 기억법 등이 있다. 노트정리는 수업시간에 주의집중을 시켜주고 정보의 부호화를 도움으로써 학습정보가 장기기억으로 저장되는데 도움을 준다. 이 때 교사가 판서하는 것을 기계적으로 적기보다는 자신만의 방식으로 표나 그림, 도표 등과 같이 시각화, 도표화하여 자료를 정리하면 실제 시험을 볼 때 매우 유용한 자료요약집이 될 수 있다. 이를 위해 노트는 한쪽 면을 비워 두거나 충분한 여백을 만들어 추가설명이나 강조점 등을 정리해 놓으면 학생 스스로 자신의 언어로 재개념화 하는데 도움이 된다.

Schunk는 또 하나의 정교화 기법인 노트필기가 학습자들로 하여금 교과서에 표현된 가장 중요한 아이디어들을 유의미한 구절들로 만들게 한다고 주장한다. 학습자들은 노트 필기를 하는 동안 새로운 교과서적 내용을 다른 정보와 개인적으로 유의미한 방식으로 통합할 수 있다. 이때 노트가 효과적이려면 교과서와는 다른 방식이 필요하다.

내용을 기계적으로 복사하는 것은 되뇌임의 한 형태이며 회상을 증진할 수 있지만 정교화는 아니기 때문이다. 노트 필기를 하는 이유는 정보를 정교화(통합하고 적용)하기 위한 것이며 그 노트들이 학습 목표에 매우 적절한 내용들을 포함하고 있을 때 가장 효과적이기 때문에 학습자들은 이 방법을 효과적으로 사용하기 위해 효과적인 노트 필기 방법에 대한 교수를 받을 필요가 있다고 말하고 있다.

필기 전략은 수업과 밀접한 관련이 있으며 예습을 위해 필기하는 수업 전 노트 필기, 수업을 경청하고 수업 내용을 정리하기 위한 수업 중 노트 필기, 학습 내용을 다시 정리하고 복습하기 위한 수업 후 노트 필기를 구분하여 말하고 있다. 각 단계의 노트 필기 방법은 목적이 다르므로 표현 방식도 다를 수밖에 없다. 여기서는 어떤 노트 종류든 상관없이 수업 시간에 자유롭게 기록하는 노트 형태에 대해 설명하고자 한다.

2. 코넬식 노트필기법

교사가 칠판이나 자료를 나눠주고 설명하는 내용을 기록하면서, 수업 시간에 자기가 중요하다고 생각하는 내용을 노트에 적는 코넬식 노트 필기법은 네 가지 영역으로 구분되어 있다. 강의 주제와 일자를 적는 제목영역, 강의를 들으면서 중요하다고 판단되는 정보와 아이디어를 적는 필기영역, 핵심어를 적는 단서영역, 필기영역의 내용을 요약 정리하는 요약영역이 그것이다.

날짜	① 학습목표 1. 2.	교재	페이지
② 인출단서	③ 정리		
⑤ 메모	④ 요약		

코넬노트 양식 (출처: 숭실대CK 교수학습개발연구소)

이렇게 네 영역으로 구분되어 있는 노트를 활용한 코넬 노트 필기법은 논리적이면서 기억하기 쉽도록 하는 시스템을 제공하고 있다. 기록(Record), 축약(Reduce), 암송(Recite), 성찰(Reflect), 복습(Review) 등 5R로 이루어져 있다.

교사의 강의내용이나 칠판에 쓰여진 내용을 필기영역에 기록(Record)하며, 그것을 보고 중요한 단어를 이용해 간단한 구문 혹은 질문을 적어 단서영역에 축약(Reduce)하고, 그 단서를 암송하여 오른쪽 필기영역을 가린 후 그 내용을 떠올려 보는 것이다. 그리고 이렇게 작성된 노트를 보며 필기영역을 보충하고 삭제할 것을 지우는 발전시키기의 과정인 성찰과 복습 등이 있다.

수업 중에는 왼쪽과 아래쪽에 공간을 남겨두고 페이지의 오른쪽에만 필기를 한다. 그리고 수업 후에 복습을 하면서 남겨 둔 왼쪽에 필기한 내용의 핵심어를 적고, 필기한 내용을 한 두 문자로 요약한 것을 아래쪽에 적는 방식으로 활용할 수 있다.

코넬식 필기노트의 주요 내용을 설명하면 다음과 같다.

① 학습목표   학습을 시작하기 전에 목차를 참고하여 그날의 학습목표를 먼저 적어본다.

② 인출단서   학습내용 중에서 나중에 기억을 떠올릴 때 도움이 될 만한 어휘나 문구를 적어둔다.

③ 정리   학습내용을 기록한다.

④ 요약   학습내용을 재구성하여 요약한다.

⑤ 메모   과제나 기록해야 할 내용을 기록한다.

지문과의
대화

Conversation with
Fingerprinted

PART 3

진로코칭

PART 3. 진로코칭

진로와 직업이 혼용되어 사용기도 하지만, 의미는 다르다. 우선 직업은 생계의 유지와 사회적 역할분담 및 자아실현을 목표로 하는 어느 정도의 계속적인 노동이나 일을 일컫는 말이다.

직업의 넓은 의미인 Vocation은 조물주로부터 소명받은, 즉 어떠한 일을 하든지 자기가 하는 일에 최선을 다하는 것이 하늘의 뜻을 따르는 것이라고 생각하는 천직관에 의미를 두고 있다.

직업의 좁은 의미인 Occupation은 자활의 한 수단으로 혹은 생활을 위한 개인의 계속적인 일, 또는 사업으로서 일의 대가에 따른 경제적 보수가 반드시 고려되는 일이다.

반면 진로는 좁은 의미에서는 직업(Occupation)이고 넓은 의미에서는 일생을 통해 행해지는 모든 행동을 포함한 보편적인 생활형태이다.

진로란 한 개인이 일생동안 참여하는 일과 여가활동의 연속적 과정을 포괄하는 생활양식을 뜻하는 개념이다.

또한 진로란 개인에 의해 수행되는 일을 통하여 계획된 삶을 이루게 하는 시간적으로 계속되는 일, 또는 자신이 종사하는 직업의 연속 또는 일련의 직업인 것이다.

2. 진로코칭이란?

직업코칭은 인간이 최적의 상태로 직무에 임하도록 돕는 것으로 직업의 선택, 직업생활 준비와 적응, 직업전환 및 은퇴과정에서 일어나는 개인의 문제를 예방하고 지원하며 돕고 처치하는 활동이다.

반면 진로코칭은 코칭의 기본원리와 기법에 기초하여 진로검사나 진로정보의 도구를 사용하고 학습자를 돕고 처치하는 활동으로 오늘날 개인의 진로발달 문제에 초점을 두고 있다.

또한 진로코칭이란 진로성숙을 가져오도록 하는 코칭을 말한다. 여기서 말하는 진로성숙이란 1940년대 청소년들의 진로행동에 관한 연구들에서 출발되어 1950년대 발달이론가들에 의해서 연구되기 시작하였는데 특히 1955년 수퍼가 직업성숙(vocational maturity)이라는 개념을 소개한 이후, 미국에서는 진로성숙(career maturity)에 관한 개념을 광범위하게 연구하기 시작했다.

진로성숙에 대해서 수퍼(Super)는 한 개인이 속해 있는 연령단계에서 이루어야 할 직업적 발달과업에 대한 준비도로 설명한다. 반면 크라이티스(Crites)는 동일한 연령층의 비교에서 나타나는 상대적인 직업준비의 정도로 개념화하고 있다. 따라서 진로성숙이란 '발달적 개념이면서 다음단계로 이행하기 위한 준비의 정도'란 개념으로 종합할 수 있다.

따라서 진로코칭은 인간의 전 생애과정을 통하여 자기 자신을 이해하며 진로정보를 제공하고 개인의 진로성향을 평가하며 진로의식을 촉진시키는 것이다. 진로코칭은 한 개인의 삶의 궁극적인 목표를 달성할 수 있도록 개인의 진로발달을 촉진시키는 데 도움을 주는, 인생전반에 걸친 진로선택과 연관된 모든 코칭활동을 의미한다. 진로계획, 직업탐색, 일에 대한 태도와 지식 등 진로의식과 진로성숙에 관한 활동까지 포함한다.

3. 진로코칭, 정말 필요할까?

진로에 대하여 스스로 결정하면 좋겠으나, 이는 쉬운 일이 아니다. 우선 청소년의 경우 인생에 대한 경험과 지식이 부족하기 때문이다. 이런 경우 경험과 지식을 갖춘 다른 사람이 도와준다면 많은 도움이 될 수 있을 것이다. 진로코칭(Career Coaching)은 학습자가 자기 주도적으로 자신의 진로를 찾도록 코치가 도와주는 것이다. 이때 중요한 것은 스스로 체험하고 깨우치게 하는 것이다. 진로코칭을 통한 진로의 탐색과 개발은 학습자가 스스로 개발하고 경험과 지혜를 나눌 수 있으며 진로코칭을 통하여 학습자가 선택권을 행사하도록 돕는 것이 코치의 역할이다.

그런 점에서 학습자는 코치에게 의지하지 않고 스스로 주도권을 가지려고 노력해야 한다. 그리고 진로판단은 자신의 독립성과 결단력을 필요로 한다. 자신의 약점과 강점, 기회와 위기에 어떻게 노출되어 있는지를 파악할 수 있도록 진로코칭을 해야 한다. 그리하여 미래의 직업과 공부와의 연계성으로 자신이 선택하고자 하는 전공에서 자신의 직업에 대한 전문성을 갖도록 도와야 한다. 또한 진로를 선택할 때 내적가치와 외적가치를 동시에 고려하도록 하여 균형감을 갖도록 하는 것이 참으로 중요하다.

Colombo와 Werther에 따르면 코치는 학습자가 미처 자신에 대해 알지 못하는 능력을 확인하게 하고, 이미 내재하는 탁월함과 기술들을 개발하도록 도와야 한다. 코치들은 학습자가 자신을 보다 잘 인식하고 성장할 수 있도록 돕는 것이다. 즉 진로코칭은 미래지향적이다. 그래서 문제를 가진 사람의 문제해결을 도와주는 것이 아니다. 그보다는 정상적인 사람의 변화와 성장을 위한 과정이라고 말할 수 있다.

현재 우리나라에서 실시되고 있는 진로교육이 청소년들의 수동적인 참여로 이루어지고, 학교 내에서 교과 과목과 동일시하게 이루어지는 데 반해 진로코칭 프로그램은 청소년 스스로 참여 의사를 밝히고 능동적인 참여로 이루어지는 프로그램이다. 이러한 요인은 "코치는 학습자의 가능성을 신뢰하며 학습자는 자신의 가능성에 대한 신뢰는 물론, 코칭을 통해 목표에 이를 수 있다는 믿음을 포함한다.

팀 활동은 참가자들이 자기탐색을 통하여 서로를 이해하고 각자의 진로탐색 과정에서 구성원과의 상호작용으로 인한 추가적인 시너지를 얻음으로써 자기효능감과 진로성숙도에 유의미한 효과를 줄 것으로 기대한다. 또한 일대일 코칭의 경우 대상자 개개인의 특성을 고려하여 진행할 수 있는 장점이 있으며, 코치가 학습자에게 더욱 집중할 수 있다. 따라서 학습자가 정확한 목표를 설정하고 이를 실행에 옮기는 데 더욱 효과가 있을 것으로 기대할 수 있다.

4. 진로, 어떻게 생각하니?

4. 진로, 어떻게
   생각하니?

.

진로발달에 대해서는 크게 두 개의 주장이 존재한다.

첫 번째, 1900년대 초 파슨스에 의하여 시작된 관점이다. 직업상담은 개인의 적성과 흥미를 고려하여 가장 적합한 직업을 선택하도록 도와주는 지시적 직업상담으로 발전했고, 1950년대에 이르러서는 심리학과 사회학의 발달에 힘입어 인간발달의 한 측면으로 인정해야 한다는 단계에 접어들게 된다. 두 번째는 1970년대에 이르면 진로발달이라는 관점에서 인식되었다.

구조론적인 입장은 개인의 성격구조의 특성에 초점을 맞추었다. 반면 직업발달적 입장은 왜 사람들은 특정한 직업을 선택하는가에 대한 탐색이다 이 이론은개인의 발달 단계에 따라서 진로에 관한 태도와 정보, 적성과 직업적 능력 등이 발달한다는 의미이다.

진로발달 연구에 있어서 파슨스의 기여는 괄목할 만하다.

파슨스(Parsons)는 직업지도 운동의 선구자로서 노동자들이 능력과 흥미에 맞는 직업을 선택할 수 있도록 교육과 사회제도를 개혁할 것을 제안하였다.

그는 특성-요인이론의 주춧돌이 된 3요소 직업지도모델을 구체화하여 개인분석, 직업분석, 과학적 조언을 통한 매칭을 주장하였는데, 이는 자신의 강점과 약점을 포함한 개인적 성향을 충분히 이해하고, 주어진 직업에서의 성공조건 및 보상과 승진에 관한 정보를 알아야 하며, 입수한 정보를 바탕으로 한 선택과정의 중요성을 강조하였다.

진로코칭 시 학습자의 문제를 유형별로 분류하는 것은, 학습자 문제에 대하여 코치와 코치 간의 전문적인 의사교류를 위해서나 보다 효율적인 진로 예측이 가능하기 때문에 필요하다. 여기서는 크릿츠의 직업상담시 문제 유형에 대한 견해를 소개하기로 한다. 크릿츠는 직업상담을 하면서 학습자들이 가진 문제점을 분석하여 유형에 따라 7가지로 분류하였다.

적응형은 흥미와 적성이 일치하는 분야를 발견한 사람이다.

부적응형은 흥미와 적성에 맞는 분야를 찾지 못한 사람이다.

다재다능형은 재능이 많아 흥미와 적성을 가진 직업 사이에서 결정을 못 내리는 사람이다.

우유부단형은 흥미와 적성에 관계없이 성격적으로 선택과 결정을 못 내리는 사람이다.

비현실형은 흥미를 느끼는 분야는 있지만 그 분야에 대해 적성을 가지고 있지 못한 사람이다.

불충족형은 자신의 적성 수준보다 낮은 직업을 선택한 사람이다.

강압형은 적성 때문에 선택했지만 흥미를 못 느끼는 사람이다.

진로를 결정하는데 있어서 이런 문제가 생기는 것은 나름대로 다양한 이유가 있을 것이다.

우선은 학습자가 지나치게 의존성이 강한 경우를 생각해 볼 수 있다. 이런 경우 자신의 문제임에도 불구하고 자신의 문제를 책임지고 해결하지 못하는 경우가 발생한다. 이런 경우 학습자는 자신의 선택의사를 표현할 수 없고 자신이 무엇을 원하는지조차 모른다고 대답하는 경우가 있게 된다.

정보의 부족으로 인하여 진로결정에 어려움을 겪는 경우도 많다. 이런 경우 선택한 진로가 있으나 자신의 결정에 대하여 의심을 나타내는 경우가 생긴다.

그런데 요즘 들어 많이 나타나는 현상 중의 하나는 흥미와 적성의 불일치로 인하여 겪는 갈등이다. 흥미를 느끼는 직업에 적성이 없거나, 적성을 가지고 있는 직업에 흥미를 느끼지 못하는 등 흥미와 적성이 일치하지 않는 경우이다.

또한 자아와 다른 심리적 기능간의 갈등으로 직업결정에 어려움을 겪는 경우이다. 집안의 어려운 형편과 자신의 꿈과의 차이로 고민할 때는 이런 자아갈등의 한 예이다.

선택불안은 자신이 바라는 선택과 부모가 바라는 선택이 다를 때 불안을 겪는 경우다. 이런 경우 부모는 비교적 안정적인 직업을 선호하지만, 자녀들은 자신의 적성을 좀 더 반영하는 선택을 하면서 불안이 발생하는 경우가 많다.

확신의 부족은 자신이 선택한 직업에 대해 정보가 부족하거나, 자신감이 적어서 확신이 부족한 경우이다.

이런 문제 유형의 학습자를 위해 파슨스는 문제해결을 위한 3가지 단계를 제안하였다. 파슨스의 3단계는 개인분석, 직업분석, 과학적 조언이다. 이것은 특성-요인 이론의 주춧돌이 된 3요소이다

| 첫째 | 개인분석은 자기 자신에 대한 이해를 하는 단계이다. 그러기 위해서 자신의 적성, 흥미, 가치 등 개인적 성향을 충분히 이해하고 수용해야 한다. |

| 둘째 | 직업분석은 직업세계에 대한 이해를 하는 단계이다. 여러 직업의 자격조건, 장·단점, 보수, 취업기회, 장래전망, 성공조건, 승진에 관한 정보를 통해 지식을 얻는 것이다. |

| 셋째 | 과학적 조언은 입수한 정보를 바탕으로 선택과정에서 '합리적 추론'을 해 나간다. 진로 코칭이 필요한 부분이 바로 이러한 합리적 추론을 돕기 위한 것이다. 진로선택에 있어서 코치는 좋은 흑기사 역할을 하고 있는 것이다. |

파슨스의 이론은 각 개인들은 객관적으로 측정될 수 있는 독특한 능력을 지니고 있으며, 이를 직업에서 요구하는 요인과 합리적인 추론을 통하여 연결시켜 나가면 가장 좋은 선택을 할 수 있다는 것으로 요약될 수 있다.

인생을 살면서 의사결정할 일이 많은데, 여러분의 의사결정 스타일은 어떤지 점검해보면 좋을 것 같다. 다음의 검사를 한번 해보시기 바란다.

하는 방법은 <의사결정 유형검사지>를 1번에서 30번 까지 다 표시한 다음, 표시한 내용을 <의사결정유형 검사채점지>에 옮겨 적으시면 된다. 그 결과 A가 높으면 합리적, B가 가장 높으면 즉흥적, C가 가장 높으면 의존적이 된다.

의사결정유형검사

이름: _____

이 검사는 개인이 어떤 방식으로 의사결정을 내리는지를 알아보기 위한 것입니다. 문항들을 하나씩 읽어가면서 그 내용이 자신이 입장과 똑같거나 거의 같으면 『그렇다』에, 자신의 입장과 매우 다르거나, 상당히 다르면 『아니다』에 O표를 해주시기 바랍니다. 자신의 의사결정 유형을 정확히 알 수 있도록 정확하고 솔직하게 응답하시기 바랍니다.

번호	내용	그렇다	아니다
1	어떤 의사결정을 할 때 나는 시간을 갖고 주의 깊게 생각해 본다		
2	나는 내 자신의 욕구에 따라 매우 독특하게 의사결정을 한다		
3	의사결정을 할 때, 이 의사결정과 관련된 결과까지 고려한다		
4	의사결정을 할 때 내 친구들이 나의 결정을 어떻게 생각할 것인가를 매우 중요시 한다		
5	나는 얻을 수 있는 모든 정보를 수집하지 않고는 중요한 의사결정은 거의 하지 않는다		
6	나는 다른 사람의 도움 없이는 중요한 의사결정을 하기가 힘들다		
7	나는 어려운 문제에 부딪치면 재빨리 결정을 내린다		
8	나는 의사결정을 할 때, 나의 즉각적인 느낌이나 감정에 따른다		
9	나는 내가 하고 싶은 것보다 다른 사람이 어떻게 생각하느냐에 영향을 받아 의사결정을 한다		
10	나는 중요한 의사결정을 할 때 한 단계 한 단계 체계적으로 한다		
11	나는 문제의 본질에 대해 찰나적으로 떠오르는 생각 에 의해 결정을 한다		
12	나는 친한 친구에게 먼저 이야기하지 않고는 의사결정을 거의 하지 않는다		
13	나는 중대한 의사결정 문제가 예상될 때, 그것을 계획하고 생각할 시간을 충분히 갖는다		

번호	내용	그렇다	아니다
14	나는 의사결정을 못한 채 뒤로 미루는 경우가 많다		
15	의사결정을 하기 전에 올바른 사실을 알고 있나 확인하기 위해 관련된 정보들을 다시 살펴본다		
16	나는 의사결정에 관해 실제로 생각하지는 않지만 갑자기 생각이 떠오르면서 무엇을 해야 할지를 알게 된다		
17	어떤 중요한 일을 하기 전에 나는 신중하게 계획을 세운다		
18	의사결정을 할 때 다른 사람의 많은 격려와 지지를 필요로 한다		
19	나는 의사결정을 할 때, 마음이 가장 끌리는 쪽으로 결정을 한다		
20	나의 인기를 떨어뜨릴 의사결정은 별로 하고 싶지 않다		
21	나는 의사결정을 할 때, 예감 또는 육감을 중요시 한다		
22	나는 조급하게 결정을 내리지 않는데, 그 이유는 올바른 의사결정임을 확신하고 싶기 때문이다		
23	어떤 의사결정이 감정적으로 나에게 만족스러우면 나는 그 결정을 올바를 것으로 본다		
24	올바른 의사결정을 할 수 있는 능력에 자신이 없기 때문에 주로 다른 사람의 의견에 따른다		
25	종종 내가 내린 각각의 의사결정을 일정한 목표를 향한 진보의 단계들로 본다		
26	내가 내리는 의사결정을 친구들이 지지해 주지 않으면 그 결정에 대해 확신을 갖지 못한다		
27	의사결정을 하기 전에, 나는 그 결정을 함으로써 생기는 결과에 대해 가능한 많이 알고 싶다		
28	나는 "이것이다"라는 느낌에 의해 결정을 내릴 때가 종종 있다		
29	대개의 경우 나는 주위 사람들이 바라는 방향으로 의사결정을 한다		
30	여러 가지 정보를 수집하거나 검토하는 과정을 갖기보다, 나에게 떠오르는 생각대로 결정을 내리는 경우가 자주 있다		

의사결정유형검사채점지

▶ **채점요령**

① 여러분 각자 작성한 검사지를 보고 아래의 각 번호에 대하여 '그렇다'와 '아니다'각각에 ∨표 하십시오.

② 맨 아래의 합계란에 '그렇다'에 해당하는 번호의 갯수를 세어 적어 넣으십시오.

③ 합계의 갯수가 가장 많은 유형이 현재 자신의 의사결정유형 입니다.

일련 번호	문항 번호	그렇다	아니다	문항 번호	그렇다	아니다	문항 번호	그렇다	아니다
①	1			2			4		
②	3			7			6		
③	5			8			9		
④	10			11			12		
⑤	13			16			14		
⑥	15			19			18		
⑦	17			21			20		
⑧	22			23			24		
⑨	25			28			26		
⑩	27			30			29		
합계	A 유형: 　 개			B 유형: 　 개			C 유형: 　 개		

PART 3. 진로코칭

277

II. 자신을
이해하기

1. 나는 누구일까?

이번 장에는 자신에 대한 이해에 대해 설명하기로 한다.

청소년 중에서 중학생 시기는 발달 단계 상에서 야기되는 여러 가지 독특한 신체적 정신적 변화로 인하여 갈등 및 정체감 등의 혼란을 일으킬 수 있는 성향과 가능성을 지니고 있다.

또한 현대 사회의 급격한 변화는 질서와 사회, 생활의 방식을 근본적으로 바꾸고 있다. 이러한 구조적 변화의 소용돌이는 새롭게 형성된 상황에 적용해야 할 인간과 사회, 특히 보다 성숙하고 사회화 되어야 할 중학생이 속한 청소년이란 세대는 단순한 하나의 연령층으로서의 세대가 아니라 현대 사회에서 그 의미가 한층 부각된 현대 사회에서 새롭게 탄생된 세대라고 할 수 있다.

중학생 시기를 심리적인 측면에서 본다면 사춘기라고도 할 수 있다. 사춘기를 "질풍노도"의 시기라고 하는 것은 이 시기의 정서 변화를 요약한 표현이다. 사춘기에는 격렬한 환희, 심한 수치감과 열등감, 때로는 자기를 영웅시하는 자기도취 , 심한 우울증의 정서에 자주 휩싸이게 된다.

따라서 늘 불안해 보이고 위험해 보이면서 자주 화를 내고 동정적이기 보다는 부정적 정서로 기울어지는 경향을 보인다. 사춘기에는 불안한 신체적 .정서적 .성격 변화가 급격히 생긴다. 즉, 이런 급격한 변화가 조화를 이루지 못하면 자기 무능력, 행동상의 불만과 결함, 요구의 불만족, 불확실한 장래, 대인관계 등에 대한 불안으로 나타나곤 한다.

불안과 분노는 깊은 상관관계를 나타낸다. 사춘기에는 자신의 요구가 방해를 받게 되면 나타나는 정서적 분노가 매우 심하다.

이런 중요하고 변화가 심한 시기를 살고 있는 중학생들이 자신을 알기 위해서는 스스로 자신을 사정(査定)할 수 있어야 하다. 사정이란 조사하고 심사하여 결정하는 것을 말한다. 그런데 사정이란 용어는 일상에서 자주 쓰는 용어는 아니다. 그러나 직업 중에 '사정'이 들어가는 직업이 있다. 바로 손해사정사이다. 사고현장에 출동하여 사고현장을 조사하여 손해율을 정하는 직업이다. 또한 최근에 수요가 늘고 있는 직업 중에 입학사정관이 있다. 이 또한 학생들의 가능성을 조사하여 입학 여부를 결정하는 직업으로 사정이 주 업무이다. 사정의 종류로 는 동기·역할사정, 흥미사정, 가치사정, 성격사정 등이 있다.

2. 심리검사는 해야 할까?

자신을 잘 알 수 있는 방법 중의 하나가 심리검사이다. 1차 세계대전 이후인 1940년경에는 언어성과 미언어성 지능검사, 성격검사. 흥미검사. 적성검사 등이 500개 이상 발간되었다. 이전에는 아동에 대한 심리검사가 주를 이루었으나 성인에게도 심리검사가 시행되었다. 이 시기에는 로르샤하검사. 주제통각검사와 같은 정신역동적인 원리에 입각한 투사적 검사가 활용되었다.

스위스 정신과 의사인 로르샤하가 개발한 로르샤하 검사는 10장의 카드에 인쇄된 대칭적인 잉크반점으로 구성되어 있다. 이 잉크반점이 피검자에게는 무엇으로 보였는지, 왜 그렇게 보였는지 등을 알아보아 그의 성격특성을 알아내는 것이다.

비네검사가 주로 아동용 지능검사인 점을 고려하여 웩슬러는 성인에게 적합한 개인용 지능검사인 웩슬러 지능검사를 개발하였다. 또한 현재 폭넓게 사용하고 있는 객관적 성격검사인 미네소타 인성검사(MMPI)도 개발되었다.

심리검사란 성격, 지능, 적성 같은 인간의 다양한 심리적 구성개념에 대해서 파악하고자 하는 목적을 가지고, 다양한 도구들을 이용하여 이런 특성을 양적 질적으로 진단하고 예언하기 위해 실시하는 표준화된 측정도구이다. 다시 말하자면, 인간 행동에 관련된 인지적 영역, 정의적 영역, 신체적 영역의 모든 행동 뿐 아니라 이러한 행에 직접, 간접으로 관련이 있는 환경, 생태, 분위기 등 인간외적 변인을 개념화하고 측정하는 체계적 절차이다.

다 비슷해 보이는 사람들이지만 자세히 살펴보면 사람마다 각자의 특성을 가지고 있다. 즉, 사람마다 지능, 적성, 성격, 가치관 등이 모두 다르다는 것이다. 이러한 특성들은 눈에 드러나 보이는 것이 아니기 때문에 파악하는 것이 쉽지 않다. 그래서 사람들의 내적/심리적 과정을 신뢰할 수 있고 타당하게 측정하는 방법을 모색하게 되었고, 이런 목적으로 심리검사라는 측정도구가 만들어지게 되었다.

인간이란 존재는 매우 다양한 심리적 속성으로 구성된 복잡한 개체이다. 심리검사는 인간의 행동을 표집하는 도구이다. 따라서 다양한 종류의 심리검사를 필요한 상황에 맞추어서 적절히 활용할 수 있는 능력을 갖추면 개인의 다면적인 심리적 속성들을 어느 정도 측정해 낼수 있다. 심리검사는 특정 개인을 상대로 반복 실시해서 그 사람의 안정적인 심리적 속성을 찾아낼 수 있다. 또한 같은 검사를 여러 사람에게 실시해서 검사결과를 비교해 보는 방식으로 사용할 수 있다. 검사는 검사결과를 가지고 피검자의 현재 능력이나 정서상태와 같은 심리적 특성에 대해 진단할 수 있고, 그의 미래 행동에 대해서도 어느 정도 예측할 수 있다. 모든 것이 빠르게 변화하고 있는 요즘의 상황에서 인간의 행동을 객관적으로 측정할 수 있는 심리검사에 대한 필요성은 점차 증가하고 있다.

심리검사의 필요성을 주장한 파슨스는 특성-요인이론에서 심리검사와 관련된 몇 가지 시사점을 주장하였다.

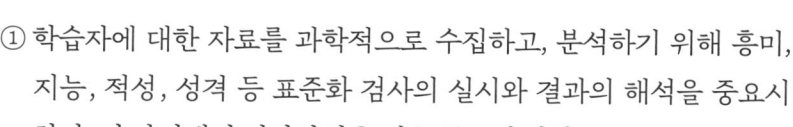

① 학습자에 대한 자료를 과학적으로 수집하고, 분석하기 위해 흥미, 지능, 적성, 성격 등 표준화 검사의 실시와 결과의 해석을 중요시 한다. 이 과정에서 진단과정을 매우 중요시 한다.

② "직업과 사람을 연결시키기"라는 심리학적 관점을 대표한다.

③ 특성-요인 직업코칭시 코치 역할은 교육자 역할이다.

④ 미네소타대학의 직업심리학자들이 이 이론에 근거한 각종 심리검사를 제작하였다.

⑤ 학습자에게 정보를 제공하고 학습기술과 사회적 적응기술을 알려주는 것을 중요시함.

⑥ 사례연구를 코칭의 중요한 자료로 삼는다.

⑦ 개개인은 신뢰할 만하고 타당하게 측정될 수 있는 고유한 특성의 집합체이다.

⑧ 직업선택을 일회적인 사건이나 행위로 간주한다.

⑨ 모든 사람에게는 자신에게 적합한 하나의 직업이 존재한다는 가정에서 출발한 이론이다.

⑩ 심리검사이론과 개인차 심리학에 그 기초를 두고 있다.

3. 내가 좋아하는 건 뭐지?

흥미는 선호하는 것, 관심이 있거나 호기심을 자극하거나 일으키는 어떤 것이다. 즉, 하고 싶어 하는 것이나, 즐기거나 좋아하는 것의 지표가 되는 것이다. 또한 흥미란 사람이나 활동 또는 사물에 대해 가지는 긍정적인 느낌을 말한다. 어떤 개인의 흥미, 좋아하고 싫어하는 것, 선호활동에 대한 정보는 다양한 방법을 통해 수집할 수 있다. 사람들은 각기 다른 흥미를 가지고 있으며, 그 흥미를 어떤 사람은 많이 혹은 조금 개발하며 살아가고 있다.

흥미검사를 하는 이유는 자기인식을 발전시키고, 직업대안을 규명하며, 여가선호와 직업선호를 구별하며, 직업·교육상의 불만족의 원인을 규명하기 위함이다.

흥미 검사의 방법은 여러 가지가 있다. 매우 자기 인식적인 학습자의 경우, 개방적 질문을 통해 흥미를 사정할 수 있다. (예 : 어떤 일을 하면 즐겁나요?) 이런 개방적인 질문에 대답하기 어려운 학습자나 흥미의 종류가 매우 적은 학습자는 확실히 부가적인 기법이나 질문이 필요하다. 다음은 코치가 사용할 수 있는 부가적인 검사의 방법이다.

① 흥미평가기법 : 종이에 알파벳을 쓰고, 그 알파벳에 맞춰 흥밋거리를 기입하는 방법, 신문·잡지를 보면서 흥미가 있다고 여겨지는 직업을 적도록 하는 방법, 가족과 친구들로부터 학습자가 즐거워할 수 있다고 보는 직업에 대해 토론하는 방법이 있다.

② 작업경험분석 : 학습자가 자신이 경험해 본 직무를 코치와 함께, 특정 주제와 불일치성(예: 가족과 시간을 보내고 싶은데, 일에 많은 시간을 뺏김) 등에 대해 정보를 총괄 정리하는 방법이다.

③ 직업카드 분류전략 : 직업카드는 홀랜드의 유형론에 따라 각 유형별로 동수로 제작된 직업카드를 사용한다(일반적으로 6개 유형별로 각각 15개씩 총 90장의 카드가 많이 쓰임) 선택하고 싶은 것(선호군), 선택하고 싶지 않은 것(혐오군), 잘 모르겠거나 확신이 가지 않는 직업군(미결정/중성군)으로 분류하도록 한다. 이 카드를 이용하여 선호하는 직업군과 혐오하는 직업군을 분류하도록 하고, 선택한 이유와 선택하지 않은 이유를 규명하는 방법이다. 학습자는 그 직업을 선택하는 이유와 선택하지 않는 이유를 규명한다.

4. 홀랜드 검사

흥미검사는 학습자가 자신의 흥미와 직업 간의 연관성을 결정하도록 돕는 것이다. 코치는 한 학습자의 흥미, 선호활동, 좋은 것과 싫은 것 등에 대해 아주 긴 목록을 가지고 있는데, 이는 활동이나 선호도를 연관짓는 데 도움을 준다.

흥미검사에서 자기 지시탐색, 스트롱 직업흥미검사 등은 학습자와 직업세계에서의 흥미를 연결시키는 체계로 사용되고 있다. 우리나라의 직업안정기관에서 사용되고 있는 직업선호도 검사는 홀랜드의 성격검사를 표준화한 것이다.

홀랜드는 제 2차 세계대전 당시 모병관으로 군에 있으면서 진로이론에 관심을 갖기 시작했다. 홀랜드는 특히 안정성과 진로변경에 관한 개인·환경 특성에 흥미가 있었는데, 그의 이론은 "직업적 흥미는 일반적으로 성격이라고 불리는 것의 일부분이기 때문에, 개인의 직업적 흥미에 대한 설명은 개인의 성격에 대한 설명이다"라는 가정에 기초한다.

홀랜드의 분류체계는 일반적 이론에 기초하고 있다. 6가지 유형의 사람과 6가지 유형에 대응하는 작업환경이 있다고 가정한다.

1) 주요개념

홀랜드는 인간의 흥미를 6가지로 유형화하여 이론을 체계하였다. 그가 제시하는 여섯 가지 흥미유형이 인간의 직무환경에도 응용되면서 이러한 분류체계가 직업선택, 직업계획 등의 과정에서 실용적으로 적용되고 있다. 홀랜드 이론의 주요개념은 다음과 같다.

① 사람들은 현실형, 탐구형, 예술형, 사회형, 진취형, 관습형의 성격유형 중에서 어느 하나의 유형과 닮게 되고, 그 유형과 비슷한 정도에 따라 사람들을 특징지을 수 있다. 또한 특정유형과 많이 닮을수록 그 유형의 성격특성과 관련된 행동이 더 많이 나타난다.

② 사람들이 생활하고 일하는 환경은 6가지 환경모형, 즉 현실형, 탐구형, 예술형, 사회형, 진취형, 관습형인 환경유형과 닮은 정도에 따라 특징 지워진다.

③ 사람과 환경을 연결 짓고 성격유형과 환경유형에 대한 지식을 쌓아감으로써 앞날을 보다 잘 예견하고 이해할 수 있게 된다. 그 결과 직업선택, 직업의안정성과 직업성취, 교육선택과교육성취, 개인능력과 사회행동, 외부세계에 대한 민감도가 달라질 수 있다.

2) 이론의 주요 가정

홀랜드검사는 홀랜드(Holland, 1992)의 개인·환경 간의 적합성 모형을 토대로 하여 개발된 것이다. 홀랜드에 의하면 개인은 유전과 환경의 산물이라고 가정된다. 유전적인 잠재력이 계속되는 영향과 환경에 대한 개인의 상호작용의 결과로 인하여 사회적, 환경적 과업을 다루는데 있어서 타고나거나 또는 선호하는 방식의 위계가 발전된다. 환경에 반응하는 개인에게 있어서 가장 전형적인 방식은 전형적인 성격유형으로 기술되는데, 이러한 홀랜드 이론의 핵심이 되는 4가지 가정은 다음과 같다.

3) 기본가정 (1차 B, 2차 B)

① 대부분의 사람들은 여섯 가지 유형으로 분류될 수 있다. 여섯 가지 성격유형은 '현실형(R), 탐구형(I), 예술형(A), 사회형(S), 진취형(E), 관습형(C)'이다.

② 6가지 종류의 직업환경이 있으며, 서로 다른 사람들은 서로 다른 기술이나 능력을 가지고 있으므로, 자신과 비슷한 사람들과 함께 어울려 일하는 것을 더 선호한다.

③ 사람들은 자신에게 맞는 환경을 찾는다. 즉, 자신의 능력과 기술을 발휘하고, 태도와 가치를 표현하며, 자신에게 어울리는 문제와 역할

을 담당할 환경을 찾는다.

④ 인간행동은 자신의 성격과 환경의 특성 사이의 상호작용으로 나타 난다. 개인의 성격유형과 잘 맞는 환경유형이 무엇인지 알면 중요한 결과를 예측할 수 있다.

4) 홀랜드(Holland)가 말하는 사람들의 6가지 흥미유형의 특징(1차 A, 2차 A)

① 현실적 유형 :

* 선호 경향 : 사물 지향적이며, 현장에서 몸으로 하는 활동을 좋아한 다. 도구나 기계를 사용하여 일하거나 체력을 필요로 하는 활동을 선호한다.

* 인생가치 : 세상일에 대하여 단순하고 분명하며 보수적인 견해를 가진다.

* 자신에 대한 신념 : 사물이나 도구, 동물에 관한 체계적인 조직 활동 에 능력이 뛰어나고 잘 숙련될 수 있다고 생각하나, 비사교적이고, 부끄러움을 잘 타며 단순한 사람이라고 여긴다.

* 대표직업 : 운동선수, 농부, 엔지니어

② 탐구적 유형 :

* 선호경향 : 복잡한 원리나 방법을 이해하거나 추상적이고 애매한 문제를 풀어가는 직업활동을 선호한다.

* 인생가치 : 자신의 창의성과 아이디어를 발휘하는 것에 가치를 두 고, 호기심이 많고 여러 가지 문제들을 분석하고 이해하는 욕구가 커서 세상의 현상을 해석하고 싶어하는 욕구가 강하다.

* 자신에 대한 신념 : 자신의 학문적 능력이나 지적인 능력에 대해 자

신감을 느끼고 있지만 리더십 기술이 부족하고 여긴다.

*대표직업 : 과학자, 의사

③ 예술적 유형 :

*선호경향 : 변화와 다양성을 선호하고, 창의성을 지향한다. 감성적
이고 충동적이며 독창적인 활동을 선호한다.

*인생가치 : 심미적 활동이나 성취를 중요한 가치로 여긴다. 관습과
보수성을 싫어한다.

*자신에 대한 신념 : 스스로 정서에 민감하다고 생각하며, 표현이 풍
부하고 독창적이며 비순응적이고, 규범적인 기술은 부족하다고 생
각한다.

*대표직업 : 음악가, 미술가, 작가

④ 사회적 유형 :

*선호경향 : 타인의 문제를 듣고, 도와주는 활동을 선호한다. 또한 남
을 가르치거나 치료하는 역할을 선호하며 후원자·자선가 타입이
다. 다른 사람과 함께 일하거나 다른 사람을 돕는 것을 즐기지만, 기
계적이고 과학적인 능력이 부족하다.

*인생가치 : 사회적이고 윤리적인 활동이나 성취를 중요한 가치로
생각한다.

*자신에 대한 신념 : 자신을 협력적이고 타인에게 친근감을 주는 사
람으로 인식한다.

*대표직업 : 상담사, 교사, 바텐더

⑤ 진취적 유형

*선호경향 : 목표달성을 위해 타인을 통제하고 지배하는데 관심이 있고 권력과 통제를 강조한다. 조직목표나 경제적 목표를 달성하기 위해 계획, 통제하는 활동을 즐기며, 다른 사람을 관리하고 조종하는 것을 선호한다. 체계적인 활동은 싫어하며 과학적 능력이 부족하다.

*인생가치 : 진취적인 상황을 선호하고, 경제나 정치분야에서의 성취를 가치있게 여긴다.

*자신에 대한 신념 : 야심있고 모험을 즐기며 타인을 잘 설득하며 리더십을 갖고 있는 것으로 생각한다.

*대표직업 : 사업가, 기자, 법관

⑥ 관습적 유형

*선호경향 : 틀에 박힌 언어나 수를 취급하는 활동 및 종속적인 역할을 좋아한다. 정해진 원칙과 계획에 따라 체계적으로 자료나 기록을 정리하거나 자료의 재생산을 좋아하지만 심미적 활동은 싫어한다.

*인생가치 : 경제적인 보상에 관심이 있지만, 진취형과는 달리 순응적이고 지시에 따라 행동함으로써 성과를 내는 것을 중시한다.

*자신에 대한 신념 : 여성의 비율이 높은 유형으로 성실하고, 꼼꼼하며 주어진 일을 묵묵히 잘 수행한다고 생각한다.

*대표직업 : 회계사, 사무원, 은행원

5) 흥미의 육각형 모형

육각형의 모양은 흥미의 방향을 결정하고, 육각형의 크기는 흥미의 정도를 나타낸다.

		육각형의 모양	
		한쪽으로 찌그러진 모양	**정육각형에 가까운 모양**
육각형의크기	크다	특정 분야에 뚜렷한 관심을 보인다. 흥미가 잘 발달되어 있고 안정적인 형태이다. 수검자의 성격, 능력, 경험 등이 관심분야와 조화로운지 살펴보는 것이 바람직하다.	관심분야가 폭넓은 경우이다. 거의 모든 분야에 호기심이 있지만 자신의 진정한 흥미분야가 무엇인지는 잘 모를 수 있다. 능력, 성격, 경험 등을 고려하여 흥미분야를 좁혀보는 것이 바람직하다
	작다	대체로 흥미발달이 잘 이루어지지 않았다. 특정분야에 관심이 있긴 하지만 그 정도가 크지 않다. 조금이라도 관심이 있는 분야에 대한 적극적인 탐색을 시도해 보는 것이 바람직하다.	뚜렷한 관심분야가 없다. 무엇에 관심이 있는지, 무엇을 잘 할 수 있는지 등과 같은 자기이해가 부족한 경우이다. 과거에 즐거워했거나 잘 할 수 있었던 작은 경험부터 떠올려 본다.

흥미의 육각모형

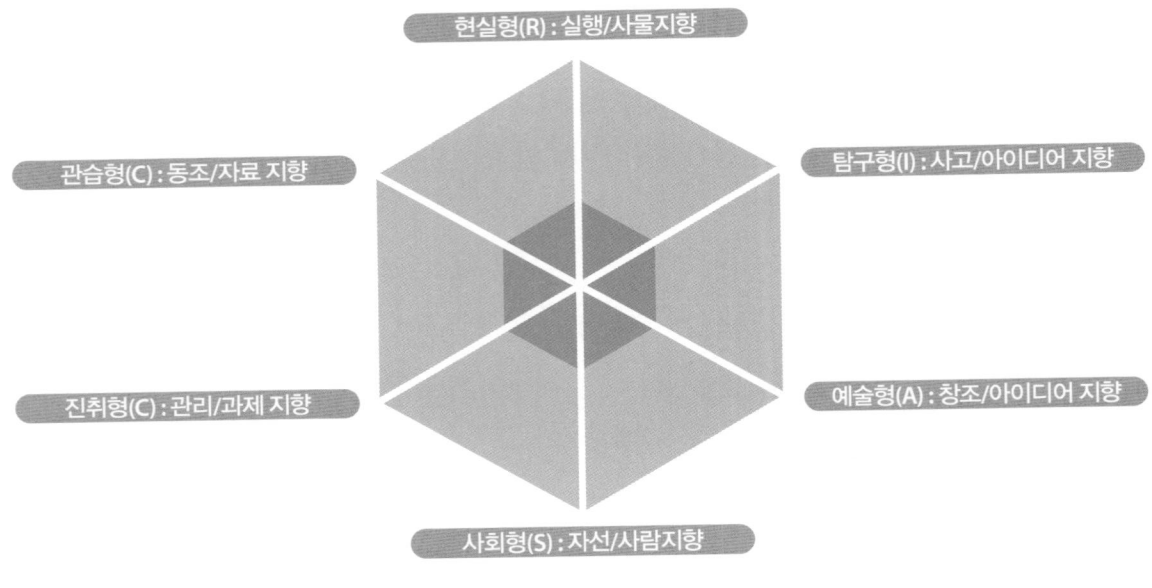

현실형(R) : 실행/사물지향

관습형(C) : 동조/자료 지향

탐구형(I) : 사고/아이디어 지향

진취형(C) : 관리/과제 지향

예술형(A) : 창조/아이디어 지향

사회형(S) : 자선/사람지향

5. 내가 잘하는 건 뭘까?

1) 적성의 일반적 특징

인간의 능력이란 여러 가지가 합쳐서 하나로 나타나기 때문에 그것을 분석하여 명백히 규정하기란 어렵다. 대체로 심리학자들은 인간의 능력을 일반능력과 특수능력의 둘로 나누고 특수능력을 흔히 적성이라고 표현하고 있다. 적성은 선천적으로 타고나거나 또는 장기간에 걸쳐서 발달되는 상대적으로 안정된 능력을 말하는 것이기도 하고, 또는 어떤 직업이나 구체적인 일에 대한 장래의 성공가능성을 예언하는 심리적 특성으로 보기도 한다.

또한 적성은 '무엇에 대한 개인의 준비상태'를 의미하기도 하며, 최근에는 유능성(ability)과 기술(skill)을 포괄적으로 나타내는 개념으로 사용되고 있기도 하다. 적성의 개념은 다음의 세 가지 특징을 구성요소로 포함하고 있다고 할 수 있다. 첫째, 적성은 "미래의 예언"이라는 속성을 가진다. 둘째, 적성은 어떤 특정 분야, 활동, 영역에서의 지적 활동과 밀접한 관련을 가진 개념이다. 셋째, 적성이란 개념 속에는 인간의 능력적인 특성뿐만 아니라 인간의 정의적인 특성도 포함된다는 것이다.

적성이란 다음과 같은 특징을 가진다.

연습으로 만들어진 소질적인 능력이다.

하고 싶은 마음이 적성을 만들어 간다.

적성은 미래 가능성이기 때문에 밖으로 표출되지 않은 채 잠재되어 있는 능력을 밖으로 발휘시키는 것이 중요하다.

적성은 사람마다 다르며, 그 다른 적성에 따라 소질의 정도가 다른 것이다.

2) 직업적성에서 고려할 3가지

직업적성에서 고려할 세 가지는 다음과 같다.

첫째   자신이 조직생활에 적응력이 뛰어난 사람인지, 혼자서 자영업을 하는 것이 더 적성에 맞는지 파악하는 것은 필요하다.

둘째   자신이 조직 적응력이 뛰어난 사람이라면 기업 적성을 살펴볼 필요가 있다.

셋째   자신의 기업적성을 파악했다면 희망직업에 대한 적성을 고려해 볼 필요가 있다.

3) GATB 직업적성검사

(1) 구성요소 : 적성검사는 좀 더 구체적이고 특수한 영역에서 개인이 얼마나 성공할 수 있는지를 예측하는 검사이다. 적성검사는 직업코칭, 진로지도에 가장 많이 활용되는 검사이다.

그 중에서 'GATB 일반적성 검사'는 가장 널리 알려진 적성검사인데, 이 검사는 미국의 노동부가 1947년 각 주의 고용사무국에서 직업상 담프로그램에 사용하도록 개발한 검사를 토대로 우리의 실정에 맞게 재표준화한 검사로 'GATB 직업적성검사'또는 '적성종합검사'라는 이름으로 사용되고 있다. 직업적성검사란 개인이 맡은 특정의 직무를 성공적으로 수행할 수 있는지 측정하는 도구로서 개인의 잠재적 직업 능력을 측정한다.

GATB 직업적성검사는 15개의 하위검사를 통해 9개 분야의 적성을 측정하는데, 15개의 하위검사 중 11개는 지필검사, 4개는 수행검사이다.

(2) 검출되는 적성

① 지능(G) : 일반적인 학습능력, 설명이나 지도내용과 원리를 이해하는 능력, 추리판단하는 능력, 새로운 환경에 빨리 순응하는 능력을 말한다.

② 형태지각(P) : 실물이나 도해 또는 표에 나타나는 것을 세부까지 바르게 지각하는 능력, 시각으로 비교 판별하는 능력, 도형의 형태나 음영, 근소한 선의 길이나 넓이 차이를 지각하는 능력, 시각의 예민도 등을 말한다.

③ 사무지각(Q) : 문자나 인쇄물, 전표 등의 세부를 식별하는 능력, 잘못된 문자나 숫자를 직관적으로 비교하고 판별해서 교정하는 능력을 말한다.

④ 운동반응(K) : 눈과 손 또는 눈과 손가락을 함께 사용해서 빠르고 정확하게 운동할 수 있는 능력, 눈으로 겨누면서 정확하게 눈이나 손가락의 운동을 조절하는 능력을 말한다.

⑤ 공간적성(S) : 공간상의 형태를 이해하고, 평면과 물체의 관계를 이해하는 능력, 청사진을 읽거나 기하학적 문제를 해결하는 능력, 2차원이나 3차원의 형체를 시각으로 이해하는 능력을 말한다.

⑥ 언어능력(V) : 언어의 뜻과 그에 관련된 개념을 이해하고 사용하는 능력, 보고 들은 것이나 자신의 생각을 발표하는 능력을 말한다.

⑦ 수리능력(N) : 빠르고 정확하게 계산하는 능력을 말한다.

⑧ 손의 재치(M) : 손을 마음대로 정교하게 조절하는 능력, 물건을 집고, 놓고 뒤집을 때 손과 손목을 정교하고 자유롭게 운동할 수 있는 능력을 말한다.

⑨ 손가락 재치(F) : 손가락을 정교하고 신속하게 움직이는 능력, 작은 물건을 정확 또는 신속하게 다루는 능력을 말한다.

(3) 적성의 기능

① 개인의 특수 능력이나 잠재력을 개발한다.

② 개인이 미처 인식하지 못하고 있는 잠재력을 발견한다.

② 학업이나 진로를 결정하는데 중요한 정보를 제공한다.

③ 다른 발달이나 교육적인 목적에 따라서 학생들을 적성에 따라 분류할 수 있다.

⑤ 개인의 미래 학업이나 직업에 이어서의 성공가능성을 예측할 수 있다.

6. 나도 헷갈리는 내 성격은?

1) 성격검사의 개념

개인의 성격측면을 잘 파악해서 그에 적합한 직무를 파악하기 위해 실시하는 검사이다. 성격검사는 직업과 직접적인 관계가 없고 미래의 성공 가능성을 거의 예측하지 못한다 하더라도 학습자가 자기를 인식하고 작업환경, 작업역할에 대한 선호와 관련된 자기 이미지를 구축하는 데에는 매우 유용하다고 할 수 있다.

2) 종류

질문지법, 동작검사법, 투사법이 있다. 질문지법은 일상생활에서 자신의 행동이나 정서 및 감정 등을 자기 자신이 내적으로 관찰하여 질문지에 구성된 문항에 답변하는 방식을 통해 성격을 분석한다. 동작검사법은 단순한 작업을 통하여 성격을 분석한다. 투사법은 미완성된 문장을 완성하게 하거나 내용이 불투명한 그림이나 도형을 통하여 성격을 분석하는 검사이다.

3) 성격검사의 목적

성격검사의 목적은 비정상적인 성격특성의 진단 및 치료방법 제시와 개인의 적응 등을 주로 진단 예언하는 것이다. 그러나 일반 기업체에서 성격검사를 활용할 때의 중요목적은 대부분이 정상인 가운데에서 어떤 사람이 특히 어떠한 성격 특성이 발달되어 있고 어떤 측면은 얼마나 부족한지 보기 위함이다.

그것이 해당 기업체의 직무특성과 얼마나 일치·부합될 수 있으며 다른 업무를 맡긴다면 어떤 내용의 직무가 적합한지 해결책을 구하는데 있다.

4) 성격사정

대표적인 성격사정 방법으로 가장 빈번히 사용되는 마이어스-브릭스 유형지표 (MBTI)와 성격 5요인을 살펴보고자한다.

5) MBTI

MBTI는 이사벨 브릭스 마이어스와 캐서린 쿡 브릭스(Lsabel Briggs Myers & Katharine Cook Briggs)가 심리학자 칼 융(K. Jung)의 심리유형론을 근거로 보다 쉽고 일상생활에 유용하게 활용할 수 있도록 1941년 이후 계속적으로 연구 개발한 인간 성격 유형에 대한 심리검사로 마이어-브리그스 유형지표(Myers-Briggs Type Indicator)의 약어이다. 성격진단, 성격유형지표라고도 한다. 이 검사는 사람들이 정보를 지각하고 처리하고 의사결정하는 방식을 나타낸다. 4가지 양극 척도를 사용하여 점수를 산출하고, 그 결과를 16가지 성격 유형 중의 하나로 나타낸다.

그들의 연구는 사람들의 차이점과 갈등을 이해하고자 하여 자서전 연구를 통한 성격분류로 시작되었고, 1921년 C.G Jung의 이론을 접하면서 인간관찰에 대한 본격적인 연구가 시작되었다. 융의 심리유형론은 인간행동이 그 다양성으로 인해 종잡을 수 없을 것 같이 보여도, 사실은 아주 질서정연하고 일관된 경향이 있다는 데서 출발하였다. 그리고 인간행동의 다양성은 개인이 인식하고 판단하는 특징이 다르기 때문이라고 보았다.

① 융(Jung)의 유형론을 바탕으로 한 자기보고식 강제선택 검사이다.

PART 3. 진로교정

293

4가지 양극 선호차원에 대해 각 개인이 할당하는 각 분류의 다양한 조합에 의해 16개 성격유형이 만들어 질 수 있다. MBTI는 여러 성격측정 도구 가운데 직업코칭에서 가장 많이 활용하고 있다.

㉠ 외향성과 내향성 : 주위 집중 방향과 에너지의 원천으로 개인이 사람과 사건들과 같은 외부세계에 관심이 있는지(외향형) 아니면 관념과 내적 반응과 같은 외부세계에 관심이 있는지(내향형)를 나타내는 지표를 말한다.

㉡ 감각형과 직관형 : 정보수집 기능으로 사물을 볼 때 개인이 선호하는 정보수집방법 및 인식방법을 말한다. 오감을 통해 수집하고 사실에 초점을 맞추는가(감각형), 직관을 거친 육감에 초점을 맞추는가(직관형)를 나타낸다.

㉢ 사고형과 감정형 : 판단과 결정을 말하며 수집한 정보에 근거한 의사결정을 선호하는 판단방법이다. 논리와 이성에 의거하여 정보를 사정하는가(사고형), 아니면 개인의 정서와 관계성에 의거하여 정보를 사정하는지(감정형)를 나타낸다.

㉣ 판단형 - 인식형 : 외부세계를 받아들이는 방식이나 외부세계에 대한 개인의 태도를 나타내는 지표로서 개인의 생활양식 및 행동양식을 반영한다. 일을 신속하고 확고하게 결정하는가(판단형), 정보를 더 수집하기 위해 결정을 미루는지(인식형)를 나타낸다.

MBTI 4가지 양극차원

외향형(E)	에너지 방향	내향형(I)
주의집중이 자기 외부로 향함 폭 넓은 대인관계 외부 활동과 적극성 경허만 다음 이해 여러 사람과 동시 대화 사교성이 있고 말로 표현 소모에 의한 에너지 충전	에너지 방향	주의집중이 자기 내부로 향함 깊이 있는 인관관계 내부 활동과 집중력 이해한 다음 경험 일 대 일 대화 사교성이 적고 글로 표현 비축에 의한 에너지 충전
감각형(S)		직관형(N)
오감(五感)을 사용 지금, 현재에 초점을 둠 사실적이고 구체적 실제경험 현실수용 정확하고 철저한 일처리 관례에 따르는 경향 나무를 보는 경향 일관성과 일상성	정보수집 과정	육감(六感)을 사용 미래, 가능성에 초점을 둠 상상적이고 영감적 아이디어 미래지향 신속비약 일처리 새로운 I도 경향 숲을 보려는 경향 변화와 다양성
사고형(T)		감정형(F)
진실과 사실에 관심을 둠 객관적 진실 원리와 원칙 논리적, 분석적 간단명료한 설명 객관적 판단-원인과 결과 맞다, 틀리다 규범, 기준을 중시	판단과 결정	사람, 관계성에 관심을 둠 보편적인 선 의미와 영향 상황적, 포괄적 정상을 참조한 설명 주관적 판단-상황적 좋다, 나쁘다 나에게 주는 의미를 중시
판단형(J)		지각형(P)
체계적 정리, 정돈, 계획 신속한 결론 분명한 목적의식과 방향감각 뚜렷한 기준과 자기의사 의지로 추진	생활 양식의 채택	자율적 상황에 맞춘 개방성 유유자적 융통과 적응 목적과 방향은 변할 수 있다는 개방성 재량에 따라 처리될 수 있다는 포용성

PART 3. 진로코칭

295

② 마이너스-브리그스(Myers-Briggs) 유형지표는 학습자가 선호하는 작업역할, 기능, 환경 등을 찾아낼 때 매우 유용하며, 또 작업적응이나 불만족스런 관련사항들의 원인들도 지적해 줄 수 있다. 또한 학습자가 스스로를 생각해 볼 수 있도록 하여 학습자의 자기인식을 증진시켜 주는 기능도 한다.

5) 성격 5요인 검사

① 이론적 배경 : 'Big Five'이론을 토대로 개발된 것이다. 'Big Five'란 성격 심리학자들이 정상인 성격을 기술하는 기본차원인 외향성, 친화성, 신경성, 성실성, 경험에 대한 개방성을 말한다.

㉠ 외향성 : 타인의 관심을 끌고 상호작용하려는 정도이다. 외향적인 사람은 사교적일 뿐만 아니라 활달하고 말을 많이 하며 자기주장을 잘한다. 또한 그들은 흥분과 자극을 좋아하며, 명랑하고 힘이 넘치며 선천적으로 낙관적이다. 영업사원들은 전형적인 외향적 특징을 가지고 있다고 볼 수 있다. 내향적인 사람은 외향성의 반대라기보다는 외향성 특징이 없는 것으로 보아야 한다.

㉡ 친화성 : 친화성은 외향성과 함께 대인관계적인 양상과 관련된 차원으로 타인과 편안하고 조화로운 관계를 유지하려는 정도이다. 그는 타인과 공감을 자라고 기꺼이 도와주며 상대방도 자신에게 도움을 줄 것이라고 생각하는 사람이다. 호감성이 높은 사람은 이타적이며 타인과 공감을 잘한다. 반면 호감성이 부족한 사람은, 자기중심적이고 타인의 의도를 의심하고 경쟁적이다. 이 차원의 양극단은 사회적으로 바람직하지 않고, 개인의 정신 건강에도 유익하지 않다. 예를 들면 낮은 점수는 자기애적, 반사회적, 편집증적 성격장애와 관련이 있고, 높은 점수는 의존적 성격장애와 관련이 있다.

㉢ 성실성 : 사회적 규칙이나 원칙, 규범을 지키려는 정도이며, 매사에 꼼꼼히 계획하고 일정을 조직화하고, 끈질기게 과제를 수행하는 과정에서 반드시 필요한 일종의 자기통제력이다. 이 점수가 높은 사람은 꼼꼼하고 정확하며, 믿을만 하며, 목표를 가지고 행동하며, 의지가 강하다. 하지만 학문적 및 직업적 성취와 관련하여 까다로움, 강박적인 깔끔함, 일중독자 증상을 보일 수도 있다.

㉣ 신경성 : 개인의 신경성 수준 정도를 나타내는 것으로, 적응 또는 정서적 안정

성을 부적응 또는 정서적 불안정성과 대비시키고 있는 차원이다. 두려움, 슬픔, 당혹감, 분노, 죄책감과 같은 부정적인 정서의 경험이 핵심적 내용이다. 부정적 정서의 경험은 부적응, 불합리한 사고, 충동 통제의 어려움, 스트레스 대처의 어려움, 그리고 정신병리적 문제들과 관련이 있다.

점수가 낮은 사람은 정서적으로 안정되어 있고, 어려운 상황에 큰 두려움 없이 대처한다.

　　ⓔ 경험에 대한 개방성 : 새로운 경험에의 관심과 수용성 또는 상상력과 호기심의 정도이다. 개방적인 사람은 자기 자신과 자신을 둘러싼 세계에 관심이 많고, 새로운 윤리 · 사회 · 정치사상을 기꺼이 받아들인다. 그들의 삶은 풍부한 경험으로 가득하고, 관습에 얽매이지 않은 가치와 새로운 아이디어를 받아들이며, 억압적인 사람들에 비해 감정의 긍정적인 면과 부정적인 면 모두를 예민하게 경험한다. 개방성은 창의성과 관계있는 지능과 상관이 있기는 하지만 지능과 동일하지는 않다.

점수가 높을수록 더 건강하고 성숙한 사람으로 보이기 쉽지만, 이것은 상황의 요구조건에 따라 달라진다.

6) 성격사정의 용도

① 현재 직업의 불만족 원인을 탐색하는데 요긴하게 활용할 수 있다.

② 학습자를 도와 직업대안을 찾고, 적합한 직업장면을 탐색하는데 활용이 가능하다.

③ 흥미검사와 함께 성격검사를 활용하면 보다 유용한 정보를 얻을 수 있다.

7) 성격사정의 목표

① 자기인식을 증진시킬 수 있다.

② 좋아하는 일역할, 작업 기능, 작업환경을 확인할 수 있다.

③ 작업불만족의 근원을 확인할 수 있다.

1) 가치관이란?

가치란 어떠한 방식으로 행동하는 것이 개인적 또는 사회적으로 좀 더 바람직한지에 대한 장기적으로 지속되는 믿음으로 정의할 수 있다. 또한 가치란 우리를 자극하여 나침반처럼 어떤 활동이나 마음상태로 다가가거나 멀어지게 하는 기본 신념 같은 것으로, 신념은 사람들이 가장 신성하게 간직하고 있는 것이다. 가치는 동기의 원천이자 개인적인 충족의 근거가 되며, 일정 영역에서의 개인적인 수행기준 그리고 한 개인의 전반적인 목표달성의 원천이 되기도 한다. 예를 들어 정신적인 가치를 중시하는 사람은 물질적인 가치를 중시하는 사람과 다른 진로를 선택하고 다르게 행동할 것이다.

가치관이란 일이나 사물, 삶에서 가치와 기준을 어디에 두느냐 하는 개인의 관점이다. 그리고, 가치란 사람으로 하여금 어떤 방식으로 행동하게 하는 원리나 믿음 또는 신념을 가리킵니다.

직업가치란 직업선택에 있어 영향을 미치게 되는 가치관이라 볼 수 있다. Judge와 Bretz는 가치란 흔히 무엇이 옳고 잘못되었는지에 대한 고유하고 일관된 관점이며, 이러한 관점이 직업 및 일의 장면에 적용된 것이 직업가치라고 주장하였다.

2) 가치를 측정하는 방법

① 과거의 선택 회상하기 : 이 방법은 과거에 선택한 중요한 결정 등을 조사하는 방법이다. 예컨대 학교에서 선택한 과목, 시간을 보낸 사람들의 유형, 선택했던 직업에 대한 질문들을 통해 과거의 선택에서 보여주는 가치들을 살펴볼 수 있고, 학습자 가치에 관한 정보를 얻을 수 있다.

② 절정경험 조사하기 : 삶에서 가장 희열을 느끼고 충만감을 느꼈던 시기를 학습자로 하여금 찾아보게 하고, 그 이유를 설명해 보게 하며, 어떤 사건이나 경험이 그런 절정감을 맛보게 했는지도 질문한

다. 절정경험 조사는 인간이 경험할 수 있는 최상의 것을 조사하는 것이다. 즉, 가장 흥분되고 각성되며, 생생하고 충만해 있을 동안의 시간을 조사하는 것이다.

③ 자유시간과 금전의 사용 : 학습자에게 자유시간이 생기면 그 시간을 어떻게 보낼 것인지를 묻거나 자유 시간에 대한 활동계획을 짜 보도록 함으로써 개인의 가치를 알아보는 방법이다. 또한 만일 자유롭고 여유롭게 허용된 금전이 생기면 어떻게 활용할 것인지에 대한 조사 또한 가치사정에 중요한 방법이 된다.

④ 백일몽 말하기 : 학습자의 백일몽을 통해 환상을 밝혀내고 이를 가치라는 측면에서 분석할 수 있다. 왜냐하면 개인적 환상은 직업계획과 관련 있고, 직업선택에 대한 비교적 좋은 예언이라고 인정받기 때문이다.

⑤ 존경하는 사람 기술하기 : 코치가 학습자에게 존경하는 사람들의 목록을 만들게 하거나 인명목록에 응답하게 하는 방법을 말한다. 특히 이름보다는 선택의 배경이 더 중요한데, 학습자들이 존경하는 사람들에 대한 정보는 학습자의 가치를 보여주기 때문이다. 또한 이러한 인물의 생애를 관찰하고 동일시하여 모방하는 경향이 있기 때문이다.

⑥ 체크목록의 가치에 순위 매기기 : 학습자에게 체크목록을 주고 중요한 가치에는 +를 표시하고 중요하지 않은 가치에는 —를 표시하게 한 다음, +표시를 한 것들 가운데 상위 5개의 순서를 정하게 하는 방법이다. 체크목록의 가치에는 사회적 지위, 돈, 안정성, 권력과 권위, 지적 지위, 창의성, 집단에서 인정 등이 포함된다.

3) 브라운의 가치중심적 진로접근 모형

브라운(Brown)의 진로개발에 대한 가치중심적 접근법은 인간의 기능은 가치에 의해 상당 부분 영향을 받고 형성된다고 본다. 여기서 가치란 개인이 자신의 행위와 타인의 행위를 판단하는 규칙들이라고 본다. 브라운은 가치를 행동역할을 합리화하는데 강력한 결정요인으로 보았고, 세습된 특성과 경험의 상호작용을 통해 개발된다고 보았다.

(1) 가치중심 모형의 6가지 명제(1차 C)

① 개인이 우선권을 부여하는 가치들은 얼마 되지 않는다.

② 생애역할 가치를 만족시키려면 한 개의 가치를 선택할 수 있어야 하며, 선택한 생애역할 가치는 명확하게 그려져야 한다.

③ 가치가 학습되는 경우는 환경 속에서 가치를 담은 정보를 획득할 때이다.

④ 생애역할에서의 성공은 많은 요인들에 의해 결정되는데, 이들 중에는 학습된 기술과 인지적·정의적·신체적 적성도 있다.

⑤ 한 역할의 특이성은 필수적인 가치들의 만족정도와 직접 관련된다.

⑥ 생애만족은 긴요한 모든 가치를 만족시키는 생애역할에 학습된다.

(2) 진로결정에 있어서의 흥미와 가치

① 이 이론에서는 흥미가 진로결정에 별로 큰 역할을 하지 않는다. 즉, 흥미는 가치만큼 행동형성에 큰 역할을 하지는 않는다.

② 그와 반대로 가치들은 진로결정과정에서 가장 중요한 작용을 하게 되는데, 원하는 목표에 방향을 제공하고 목표설정에 중추적인 역할을 하기 때문이다.

4) 가치사정의 용도

① 자기인식(self-awareness)의 발전에 기여한다.

② 현재의 작업불만족 근거에 대한 확인한다.

③ 역할갈등의 근거 확인한다.

④ 저수준의 동기·성취의 근거 확인한다.

⑤ 흥미나 성격 같은 개인의 다른 측면들을 사정할 수 있는 예비단계
에 사용한다.

⑥ 직업선택이나 직업전환의 전략에 활용된다.

8. 나의 동기와 역할 알아보기

1) 동기 결여와 학습자 문제

동기와 역할을 사정하는 데에는 자기보고 방법이 가장 많이 사용된
다. 자기보고 방법은 학습자가 스스로 자기를 탐색하여 보고하게 하
는 것으로 인지적 명확성이 있는 학습자에게 매우 효과적이다. 그러
나 인지적 명확성이 낮은 학습자는 보고에 익숙하지 못하고 명료성이
낮아 해석이 어려우므로 개인코칭을 한 후 직업코칭을 실시하는 것이
좋다.

코칭을 하기 위해 찾아온 학습자들은 다양한 요인들에 의하여 동기가
결여되어 있는 경우가 많다. 따라서 코치는 이러한 동기상의 문제를
예측하는 법에 대해 잘 알고 있어야 하며, 동기문제가 직업선택에 영
향을 줄 경우에는 이러한 문제를 사정하고 해결할 수 있도록 조력해
야 한다.

2) 동기 사정자료 사용하기

낮은 동기는 직업코칭 과정에 위협이 되며, 학습자의 동기를 유발시
키지 않으면 불완전한 종결 또는 부적절한 선택을 초래할 수 있다. 다
음은 낮은 동기에 대처하는 방법이다.

① 진로선택에 대한 중요성 증가시키기 : 진로선택에 동기가 어떻게

작용하는지를 논의하기 위해 생동감 있는 모형이나 비디오테이프를 이용한다.

② 좋은 선택이나 전환을 할 수 있는 자기효능감 증가시키기 : 학습자와 비슷한 인물이나 비디오테이프를 제공하거나, 학습자의 장점을 강조하면서 격려하거나, 학습자가 계획을 완수했을 때 자기강화 방법을 가르쳐주는 방법이 있다.

③ 기대한 결과를 이끌어 낼 수 있는지에 대한 확신 증가시키기 : 직업 계획의 결과로 성공한 인물이나 비디오테이프를 보여주거나 성공 사례를 들려준다.

④ 직업코칭의 결과를 최대화하기 위해 학습자가 충분한 노력을 기울였는지를 확인하는 기준 증가시키기 : 수행기준이 낮은 사람에게 직업코칭에서의 높은 수행기준의 필요성을 인식하도록 돕고, 수행 기준을 증가시키는 목표설정에 학습자가 가담하도록 한다.

3) 엘리스 (Albert Ellis)의 합리적-정서적 상담(REBT)

인간은 합리적으로 사고하는 가능성과 함께 왜곡된 사고를 할 수 있는 가능성을 가지고 태어났다. 인간은 비합리적인 신념들의 희생물이 되며 비합리적인 신념들을 끊임없이 독단화하는 경향이 있다. 인지적 접근을 강조하는 코치들은 어떤 형태로든지 불합리한 사고를 고통스런 감정과 해로운 행동의 원인으로 간주한다. 인간의 병적인 반응이 무엇보다도 잘못된 인지과정(cognitive process) 및 병적인 행동습관에서 비롯된다는 전제 하에 병적인 인지과정과 행동을 교정하고 코칭하려는 이론이다. 코칭은 인지적, 행동주의적 실천을 지향하며 생각하고 분석하고 실천하고 재결정하는 것을 강조한다.

인지상담의 종류로는 가장 대표적인 것이 엘리스의 합리적 정서적 치료이다. 이러한 치료방법은 단기적이고 시간이 제한적인 점이다. 또한 지금 그리고 여기 나타나고 있는 문제 해결에 초점을 두고 있으며, 능동적이고 지시적인 경향이 있다.

① 엘리스는 REBT(Rational Emotive Behavior Theraphy)이론을 창안하였다. 이 이론은 인지·정서·행동상담이라고도 부르는데, 인지·정서·행동이 서로 상호작용하는 과정에서 인지 부분이 중심이 되어 정서와 행동에 영향을 준다고 강조한다. 인간이 자극을 어떻게 인지하는가에 따라 반응이 달라진다고 보는 입장이다.

② 엘리스는 인간의 정서적, 행동적 문제의 근원은 비합리적 사고에 있다고 보고, 비합리적 신념(경험적 증거가 없는 신념)을 합리적 신념으로 바꾸는 것을 치료목적으로 한다. 즉, 학습자로 하여금 그들의 정서적 혼란과 관련되는 비합리적인 신념을 논박하여 합리적인 신념체계로 바꿀 수 있도록 도와줌을 목표로 한다.

③ 엘리스는 정신분석적으로 치료하면서 더 나빠지는 경우도 있으며 새로운 증상이 나타나는 것을 발견하였다. 심리적 장애 증상의 기저에는 생활철학이나 행동양식을 규정한 비합리적인 신념이 있기 때문이라는 것을 발견했다. 즉, 인간의 공포, 분노, 죄의식 등의 정서적 문제의 원인이 정신분석의 주장처럼 성격발달측면에서 어린 시절의 취약성이나 치료자에 대한 저항, 전이의 문제라기보다는 성장하면서 스스로에게 주입시켰던 상황에 대한 신념, 평가, 해석에서 나온 비합리적인 신념 때문이라는 것을 밝히게 되었다.

④ 학습자의 공포, 불안 등을 제거하기 위해서는 그런 정서에 관계되는 학습자의 불합리한 생각을 노출시키고, 그 불합리한 생각이 어떻게 해를 끼치고 있는지를 인식시키고 보다 합리적이고 논리적인 사고를 하도록 가르쳐야 할 것이다. 비합리적, 비논리적, 비현실적 속성이 바로 좌절감, 소외감, 불안 등의 정서적 문제와 불만스러운

행동의 결과를 초래한다고 볼 수 있다. 코치는 비합리적인 생각을 버리고 합리적 사고를 하도록 격려, 설득하며 때로는 달래기도 하고 명령도 한다.

⑤ 엘리스의 상담방식은 1. 학습자에게 비합리적인 신념이 있다는 것을 보여준다. 2. 비합리적인 생각이 자신의 심리적 장애를 유지시키고 있다는 것으로 제시해주고 치료자가 논박하거나 합리적 신념에 대한 예시를 보여준다. 3. 비합리작인 사고를 수정하고 변화시켜 합리적인 사고로 대치할 수 있도록 도와준다. 4. 이는 훈련과 연습과정이 필요하다. 4. 삶의 과정에서 합리적 행동을 발전시킬 수 있도록 격려하고 지지한다.

⑥ 인간관점

인지치료적 접근에서는 인지가 느낌이나 행동의 중요인자라는 가정에 기초한다. 이를 인지적 결정론이라고 한다. 사람들의 느낌을 결정하는 것은 사건 그 자체가 아니라 사건을 지각하고 해석하는 방식에 달려있다고 본다. 자격증 시험에 낙방한 두 사람이 있다. 한사람은 낙방으로 인한 실망과 패배감으로 자신감이 상실된 상태이고, 다른 사람은 다음기회에 시험을 보기 위해 자신이 부족했던 영역이 어떤 부분인지 찾아보고 열심히 공부하기 위해 마음을 가다듬고 있다. 이처럼 상황을 해석하는 방식에서 사람들 간에 개인차가 있으며 각각의 상황에 대해 해석하고 생각하는 형태에 따라 감정과 행동이 다르다는 것을 알 수 있다.

⑦ 인지치료의 특징

코치와 학습자와의 관계에 있어서 협력적 경험주의를 강조한다.

소크라테스식 문답법과 길잡이식 발견과정을 통해 역기능적인 사고와 믿음을 식별하고 합리적 사고로 대치하게 한다.

인지치료의 핵심적 변화 기제는 탈중심화이다. 이것은 객관적인 시각으로 자기를 볼 수 있도록 현재의 경험을 객관화하는 것이다. 믿음이란 실재가 아니므로 관찰하는 자기의 모습을 강화하여 자신을 알게 하는 것이다. 자신이 무능해서가 아니라 무능하다는 생각을 하는 것이 문제라는 시각이다.

인지치료의 치료적 요인은 경험을 통한 반증이다. 정신역동치료에서는 과거를 분석하여 통찰을 통한 현재의 행동을 반증해 보인다면 인지치료에서는 현재의 자신의 행동이 왜곡되어 있다는 것을 행동실험과 주의를 기울이지 않았던 경험들을 통해 반증해보고, 자신의 생각이 잘못된 것을 알게 한다. 즉 자신에 대한 관찰을 통해 역기능적 인지도식과 자동적 사고를 발견하게 하고 이를 논박함으로서 자신의 비합리적인 믿음과 신념을 깨닫고 현실적인 새로운 인지구도로 대체할 수 있도록 한다.

⑧ 엘리스의 A-B-C-D-E-F 이론 사례

그럼 여기서 비합리적인 생각을 가지고 있는 학습자에 대한 이야기를 적어보기로 한다. 수아는 집안에서 기대하는 바가 크기 때문에 한번 중간고사를 잘못 보게 되면 자신이 무가치한 사람이라는 생각에 빠지는 경우이다. 그녀의 비합리적 신념 체계를 논박하여 자신이 무가치한 존재가 아니라는 것을 일깨워 주며, 자신에 대한 긍정적인 태도와 감정을 갖게 만드는 코칭기법이다. 하지만 요즘은 긍정만으로 안 되고, 긍정에 초를 한방을 쳐서 초긍정적인 사고를 가져야만 될 것 같다.

A(선행사건-Activating Event): 일반적으로 어떤 감정의 동요나 행동에 영향을 끼치는 사건을 의미한다. (예 : 시험 준비하지 못해 성적이 나쁘다.)

B(신념체계-Belief System) : 선행사건에 대한 학습자의 신념체계나 사고체계를 의미한다. (예 : 점수가 나쁜 나는 무능하다.)

C(결과-Consequence) : 선행사건을 경험한 후 자신의 신념체계를 통해 그 사건을 해석함으로써 느끼게 되는 정서적, 행동적 결과를 말한다. 불안, 우울, 열등감, 시기, 질투,죄의식 같은 정서적 반응을 의미한다. (예 : 우울하며, 내 자신이 가치 없게 느껴지며, 앞으로 내 인생에 희망이 없다.)

D(논박-Dispute) : 학습자가 가지고 있는 비합리적인 신념이나 사고에 대해서 그 사상이 사리에 맞는 것인지 논리성, 실용성, 현실성에 비추어 반박하는 것이다. (예: 왜 좋은 성적을 절대 가질 수 없다고 생각하는가?)

E(효과-Effort): 논박으로 인해 나타난 효과로서, 학습자가 가진 비합리적인 신념을 철저하게 논박함으로써 합리적인 신념으로 대치된다. 새로운 철학이나 새로운 인지체계를 가져오는 결과를 낳게 된다. (예: 모든 사람이 다 원하는 점수를 맞는 것은 아니다. 앞으로 더 많은 시간이 있으니 더 많이 노력할 수 있다. 시험을 잘 보려면 많은 노력을 해야 할 것이며, 긴장하는 습관을 없애야 한다.)

F(새로운 감정-Feeling) : 효과 때문에 바뀐 합리적 신념에서 비롯된 새로운 긍정적 감정을 나타낸다. (예 : 다소 실망은 되지만 절망하고 우울해하지는 않는다.)

9. 종합적인 이해와 진로

직업을 선택하고 준비하는 데 있어 자신의 적성, 흥미, 성격, 가치관, 신체적인 특성 등을 이해하고 이에 적합한 직업들을 탐색하는 일이 무엇보다 중요하다. 지금까지 여러 심리검사를 소개하면서 여러 영역에서 자신의 특성에 적합한 직업들을 탐색하는 방법에 대해 설명하였다. 이를 토대로 아래의 표에 자신에 대한 이해를 종합적으로 정리해보자. 그리고 자신의 각 특성에 맞는 적합한 직업도 조사해보기로 하자.

	자신의 특성	적합한 직업
직업적성		
직업흥미		
성격유형		
직업가치관		
인지적 명확성		
신체 특성		

Ⅲ. 자신의
진로 정하기

1. 생애진로사정법

1) 생애진로사정의 방법

① 생애진로사정은 초기코칭에서 사용을 고려해 볼 수 있는 구조화된 면접기법으로 아들러(Adler)의 개인심리학에 기초한 것이다. 학습자에 대한 가장 기초적인 직업코칭 정보를 얻는 질적인 평가절차로 시간이 많이 걸리지 않는다. 전체 면접은 30-45분에 끝낼 수 있거나, 10-15분으로 나누어 몇 번에 걸쳐 접촉할 수도 있다. 생애진로사정은 작업자, 학습자. 그리고 개인의 역할을 포함한 다양한 생활역활에서의 학습자의 기능수준 뿐만 아니라 그들의 환경을 어떻게 극복할 것인가에 대한 정보의 산출까지 고려된다.

② 생애진로사정은 코치가 학습자와 긍정적인 관계를 형성하는데 도움을 주며, 학습자의 진로계획을 향상시킬 수 있는 면담법이다. 이를 통해서 학습자의 강점과 직면할 수 있는 장애를 발견하고, 생활의 다양한 장면에서 학습자의 기능 수준을 발견하여 수립된 목표를 제시할 수 있으며, 이 목표에 도달하기 위한 행동으로 변화시킬 수 있다.

2) 생애진로사정의 내용

① 아들러 개인심리학은 프로이드의 생물학적인 본능과 무의식적인 사회적·의식적 측면을 강조하였고, 개인의 가족관계(가족크기)와 출생순위가 성격발달에 결정적 요인을 작용한다고 보았다. 아들러 심리학의 주요 개념은 열등감의 극복에 있으며 새로운 생활양식을 구성하고 사회적 기능을 높이는 데 있다.

② 아들러는 세계와 개인의 관계를 일(직업), 사회(사회적 관계), 성(우정) 등 세 가지 평생과제로 구분했다. 이 세 가지 과제는 뒤얽혀 있어 분리될 수 없는 것으로, 생애의 한 부분에서 어려움은 나머지 부분에서의 어려움과 연관된다. 사람들은 세 가지 모든 영역에서 비슷한 방식으로 보상 혹은 만족을 얻으려 시도하는 경향이 있다. 이런 세계와의 일관된 타협방식을 서술하기 위해 생애진로주제의

단계를 사용한다.

③ 생애진로사정의 주요 목적은 학습자가 생애에 대한 그들의 근본적인 접근 등을 명백하게 하도록 돕는 과정에서 시작한다. 생애진로사정은 코치가 학습자를 이해하는데 도움이 될 뿐만 아니라 학습자가 자신의 생애주제를 보다 잘 이해하도록 돕는 협동적인 노력이다.

3) 생애진로사정의 구조

생애진로사정의 구조는 진로사정, 전형적인 하루, 강점과 장애, 요약 등 4개의 주요부분으로 이루어진다.

① 진로사정

㉠ 일의 경험 : 학습자에게 과거나 현재의 직업을 서술케 한다. 학습자에게 수행한 직무를 서술하게 하고, 그 직무에 관하여 가장 좋았던 것과 가장 싫었던 것을 서술하게 한다. 좋고 싫음을 논의할 때, 나타난 주제들은 반복되거나 명백하거나 반영되어서 학습자가 주제를 통해 지속된 일관성을 깨닫게 된다.

㉡ 교육 또는 훈련과정 및 관심사 : 면접 부분의 시작을 위해 학습자에게 그들의 교육 또는 훈련경험에 대한 일반적인 경력을 작성하게 한다, 학교와 학습에서 가장 좋은 것과 싫은 것에 대해 질문하여 구조를 진전시킨다. 이 주제는 반복되고 명확히 하며 반영되어야 한다. 이 주제를 통해 학습자는 주제들을 통해 계속되는 일과성 혹은 불일치를 깨닫는다. 교사 특성에 대한 싫음과 좋음도 기술하게 한다. 코치는 이 부분에서 학습자의 학습유형에 관한 단서를 얻을 수 있다.

㉢ 오락(여가) : 오락영역을 사정하기 위하여 학습자들의 여가시간 활용에 대하여 질문하여야 한다. 오락활동이 일, 교육적 주제와 일

치하는지 아닌지가 중요하다. 사회활동(여가내용 중), 친구(사랑과 우정관계 탐색)에 대해 기술하게 하고, 주말이나 일요일 저녁을 어떻게 보내는지 질문한다. 이를 통해 사랑과 우정관계에 대한 좋은 정보를 얻게 되는데, 이는 학습자의 민감한 여러 사항을 탐색하는 것에 비한다면 덜 위협적인 방법이다.

② 전형적인 하루 : 개인이 자신의 생활을 어떻게 조직하는지를 발견하는 것이다. 생애진로사정을 실시하는 동안 나타나는 주제들은 활동적-수동적, 사교적-수줍음 등과 같은 본질적인 대립들이 있다. 생애진로사정에서 전형적인 하루동안 검토해야할 두 개의 성격차원이 있다. 그것은 의존적-독립적, 자발적-체계적이다. 전형적인 하루의 탐색목적은 개인이 자신의 생활을 어떻게 조직하는지를 발견하는 것이다. 이 사정은 학습자들에게 단계적 방식으로 전형적인 하루를 기술하도록 함으로써 가능하다.

의존적-독립적 차원은 예를 들어 "당신은 아침에 스스로 일어납니까? 아니면 누군가 당신을 깨웁니까?" "혼자서 일을 합니까? 아니면 모든 시간을 어떤 사람의 일을 도와줍니까?"라고 물음으로서 탐색될 수 있다. 자발적-체계적 차원은 예를 들어"매일 정해진 일정이 있는가? 매일 해야 할 일이 있는가? 생활을 체계적으로 조직하나?" "매일 자발적으로 반응합니까?"라고 물음으로서 탐색한다. 학습자가 늦잠자는 것을 즐긴다고 털어놓는다면 일에 관한 참석과 정확성을 예견할 수 있다.

③ 강점 및 장애 : 학습자가 믿고 있는 세 가지의 주요 장점과 주요 장애가 무엇인지 질문한다. 코치는 학습자의 세 가지 강점을 말한 후, 이 강점들이 학습자를 위해 무엇을 하는지 질문을 통해 좀 더 깊이

조사하는 것이 좋다. 잘하는 일과 못하는 일이 무엇인지 물어본다. 장애에 대해서도 똑같이 조사한다. 강점과 장애에 대한 사정은 학습자가 다루고 있는 문제와 학습자를 돕기 위해 학습자가 가지고 있는 자원과 장애에 대하여 직접적인 정보를 준다. 이를 통하여 학습자의 숨겨진 장점을 찾아내고 높은 자아존중을 갖도록 도와준다.

④ 요약 :

㉠ 수집된 정보의 강조 : 면접동안 수집된 정보들을 강조하는 것이다. 수집된 모든 정보를 검토할 필요는 없지만, 주도적인 생애주제, 강점 그리고 장애 등은 반복하여 검토한다. 이 부분에서 코치가 학습자에게 깨달은 것을 요약하도록 부탁하는 것이 도움이 된다. 코치는 학습자가 무엇을 획득했는지 알지만 어떤 경우는 놓치게 되므로 학습자가가 요약을 마쳤을 때 빠뜨린 부분을 부언할 수 있다.

㉡ 진로계획 향상 : 학습자가 자신의 가능한 직업선택, 진로탐색, 혹은 진로계획을 향상시키기 위해 코칭을 통해 목표를 성취하도록 자극하는 내용 등이 강조된다. 드러난 생애주제는 강점과 장애를 통해 학습자의 긍정적인 면이 좀 더 개발될 수 있도록 나타날 수도 있다. 또한 주목할 필요가 있는 약점이 뚜렷해질 수 있고, 어떤 경우에는 코치와 학습자가 세운 목표에 도달할 행동계획을 수정하게 하기도 한다.

2. 알고 보면 어렵지 않은 진로

1) 진로코칭의 단계

진로코칭에서는 학습자가 독립적이고 현명한 의사결정을 할 수 있게 하는 진로의사결정에서 요구하는 적절한 태도와 능력을 학습하는 것을 목적으로 한다. 이를 위해 코칭에서는 면담을 하고, 심리검사를 활용하기도 하며, 직업정보 등에 대한 정보제공을 하기도 한다.

진로코칭에서는 다음과 같은 절차에 따라 진행하면 무난하다.

① 진단의 단계 : 학습자의 직업문제를 진단하기 위해 코칭을 통하여 학습자의 태도, 능력, 의사결정 유형, 성격, 흥미 등 학습자에 대한 폭넓은 자료를 수집하는 단계이다. 이 단계는 코칭 GROW 단계에서 GR단계에 해당한다.

② 명료화 단계 : 의사결정의 과정을 방해하는 태도와 행동을 확인하며 더불어 대안을 탐색하는 단계이다. 이 단계는 코칭 GROW 단계에서 O단계에 해당한다.

③ 문제해결의 단계 : 학습자가 문제를 확인, 참여하여 문제해결을 위해 앞으로 어떤 행동을 취해야 하는가를 결정하는 단계이다. 이 단계는 코칭 GROW 단계에서 W단계에 해당한다.

2) 인지적 명확성 개념과 평가

① 인지적 명확성이란 자기 자신의 강점과 약점을 객관적으로 평가하고, 그 평가를 외부의 환경상황에 연관시킬 수 있는 능력을 말하는 것이다.

② 인지적 명확성이 뛰어난 사람은 자기 자신에 대한 자료를 잘 수집할 수 있고, 자기지식을 바탕으로 환경에 적용할 수 있다.

③ 인지적 명확성이 부족한 사람은 어떤 잘못된 논리체계에 사로잡혀 자기 자신을 잘 이해하지 못하고 환경에 제대로 적응하지 못하는 사람인데, 인지적 명확성의 결여는 정신건강 문제에 기인한다.

3) 잠정적 직업선택

부모, 교사, 친구 등 주변 사람들이 권했던 직업목록을 포함하여 작성한다.

그리고 평소 본인이 원했던 직업목록을 작성한다.

앞서 정리한 자신의 이해를 중심으로 목록에 작성된 직업들을 평가하여 네모 칸에 써 넣는다.

마지막으로 평가 결과를 보고 적합한 직업 5개를 잠정적으로 선택한다.

구분	직업목록
아버지	
어머니	
선생님	
친구	
친척	
나	

4) 적합한 직업선택

예비로 선택한 5개의 직업을 <직업선택을 위한 대차대조표>에 적고, 각 항목별로 점수를 준 다음 가장 점수가 높은 직업 1개를 택한다. 그리고 최종 선택한 직업을 가지기 위한 자격과 조건을 파악한다.

직업선택을 위한 대차대조표

▶ **최종적으로 선택된 직업을 적어보고 각각에 대해 비교해 봅시다.**

※ 각 비교 항목은 개인이 더 첨가할 수 있으며 1-5점으로 점수를 준다. 각 항목에 해당 정도가 높을수록
　높은 점수(최고 5점)를 주고 점차로 낮은 점수의 순으로 나간다.

※ 직업 목록은 앞에서 했던 '잠정적 직업선택'에서 했던 것을 떠올려 적어보도록 한다.

직업 목록 비교 항목					
나에게 이 일을 할 만한 능력이 있나?					
나는 이 일에 대한 흥미가 있는가?					
내가 추구하는 가치와 일치하는가?					
이 직업이 나의 동기와 일치하는가?					
이 직업이 나의 성격과 맞는가?					
이 직업은 나의 입장에서 실현가능한가?					
최종 점수					

5) 진로계획 준비

자신의 진로목표를 세운다. 직업을 가진 5년 뒤, 10년 뒤, 20년 뒤의 자신의 모습을 그려본다. 목표설정에 대한 기법은 브라운과 브룩스(Brawn & Brooks, 1991)의 기법에 근거한다.

(1) 목표설정의 의의

① 직업코칭을 할 때의 목표는 코칭의 방향을 제시하는 것이며, 노력

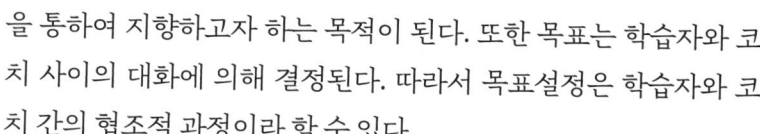

을 통하여 지향하고자 하는 목적이 된다. 또한 목표는 학습자와 코치 사이의 대화에 의해 결정된다. 따라서 목표설정은 학습자와 코치 간의 협조적 과정이라 할 수 있다.

② 코치의 개입이 필요한 이유는 학습자가 명확하고 구체적인 목표를 설정하도록 돕기 위한 것으로서, 내담 초기 목표는 변화, 수정될 수 있다.

(2) 목표설정의 용도

① 코칭의 방향을 제시한다.

② 코칭전략의 선택 및 개입에 관한 기초를 제공한다.

③ 코칭결과를 평가하는 기초를 제공한다.

(3) 학습자가 가져야 할 목표의 특성

① 목표는 구체성을 가져야 한다.

② 목표는 실현가능해야 한다.

③ 목표는 학습자가 원하고 바라는 것이어야 한다.

⑥ 목표는 코치의 기술로서 도움을 줄 수 있는 것이어야 한다.

(4) 진로시간전망에 대한 검사 – 코틀(Cottle)의 원형검사

① 진로시간전망 검사 중 가장 효과적인 시간전망 개입의 방법으로 코틀(Cottle)이 고안해 낸 원형검사이다. 이는 어떤 시간차원이 개인의 시간전망을 지배하는지, 어떻게 시간차원과 개인이 연관되어 있는지를 알기 위한 검사이다.

② 코치는 시간적인 지배성과 연관성을 평가하고 개인과 집단의 시간 전망을 향상시키고자 원형검사를 사용하게 된다. 원형검사를 받을 때에 사람들은 과거, 현재, 미래를 의미하는 세 가지 원을 가리킨다. 원의 크기는 시간차원에 대한 상대적 친밀감, 원의 배치는 시간 차원이 각각 어떻게 연관되어 있는가를 나타낸다. 원형검사에 기초한 시간전망 개입은 시간에 대한 심리적 경험의 세 가지(방향성, 변별성, 통합성) 측면에 반응하는 국면으로 나뉜다.

③ 진로코칭을 통하여 코치는 학습자가 미래에 대한 낙관적 입장을 구성하여 미래지향성이 증진되도록 하게 한다. 또한 미래를 현실처럼 느끼고 목표를 신속하게 설정하도록 한다. 또한 현재 행동과 미래의 결과를 연결시키면서 진로에 대한 인식을 증진시키도록 도울 수 있는 것이다.

시간전망 개입의 세 가지 측면에 반응하는 국면

	① 방향성	② 변별성	③ 통합성
목표	미래에 대한 낙관적 입장을 구성하여 미래지향성을 증진시킨다.	미래를 현실처럼 느끼게 하고, 목표를 신속하게 설정하도록 한다.	현재 행동과 미래의 결과를 연결시키고, 진로에 대한 인식을 증진시킨다.
원리	진로계획을 위한 시간조망은 미래지향적인 것으로서, 과거나 현재지향은 진로선택 및 계획에서 결정력과 현실감을 약화시킨다.	변별된 미래는 개인의 목표설정에 의미 있는 맥락을 제공한다. 학습자는 자신의 공간을 미래 속에서 그려볼 수 있기 때문에 미래에 대한 불안을 감소시킬 수 있다.	과거, 현재, 미래 간의 관계를 개념화하는 것은 학습자가 계획을 수립할 수 있도록 학습자에게 인지적 도식을 제공한다. 그러한 인지적 도식을 통해서 학습자는 자신의 직업행동의 방향을 설정할 수 있다.
절차	과거, 현재, 미래에 대한 원을 그리게 하고 그 원의 의미를 탐색하도록 한다. 탐색을 통해 미래가 중요하고 낙관적이라는 것을 강화받게 된다.	미래에 일어날 것 같은 사건 10가지를 작성하고, 백지에 진로를 의미하는 직선을 그린 다음 그 위에 10가지 사건을 배열한다.	10가지 과거 성취사건을 작성한 후 어떤 욕구를 경험했는지 분석한다. '미래계획질문지'를 사용한다.

아래의 표 <미래의 내 모습 그려보기>는 미래의 모습을 그림처럼 그려보기 위한 작업이다. 직업인으로서 자신의 미래 모습을 상상하면서 보다 구체적으로 그려보면 좋겠다.

또한 <미래 준비 계획서>는 자신이 바라는 진로목표를 이루기 위하여 향후 5년 후까지 목표를 정하고, 그 목표를 달성하기 위해 실천해야 할 활동을 구체적으로 적어보기 위한 것이다. 이런 작업을 통해 변별성이나 통합성이 커지게 될 것이다.

진로계획이란 살아가면서 변하기 마련이다. 그리고 또한 아무리 잘 세운다 하더라도 완벽한 계획이란 어려운 일이다. 하지만 미래에 대한 구체적인 계획을 세울 수 있다면 미래에 대한 불안을 감소시킬 수 있다.

미래의 내 모습 그려보기

	하고자 하는 일	지위	보수
5년후			
10년후			
20년후			

미래 준비 계획서

	목표	세부 활동계획
1년후		
2년후		
5년후		

참고문헌

- 구은미, 대학부설 평생교육원의 취업지원을 위한 코칭기반 교육 프로그램 수혜자의 요구도 분석, 한국코칭학회, 2017, 코칭연구, Vol. 10 No. 1.

- 김봉환, 청소년의 선호 직업 편중 현상과 진로지도의 과제, 한국진로교육학회 2009 진로교육연구 Vol. 22 No. 4

- 김영재, 여가스포츠활동 참여자들의 활동태도 수준에 따른 성격 프로파일 분석, 한국코칭능력개발원, 2006, 코칭능력개발지, Vol. 8 No. 3.

- 김은실(2016), 중학생의 코넬식 노트필기법이 자기주도학습 준비도 및 학업성취도에 미치는 영향, 숭실대 국내논문.

- 민세홍, 김미영, 정현옥, 자기주도 학습 능력 향상을 위한 진로·학습코칭 시스템 모형 개발, 한국기술교육학회 2010 한국기술교육학회지 Vol. 10 No. 2

- 박동철, 권두순, 황찬규, NCS환경에서 ICT분야 교육에 ARCS 동기이론이 상호작용성과 학습몰입을 통해 학업성취도와 학습전이에 미치는 영향, 디지털산업정보학회, 2015, 디지털산업정보학회논문지, Vol. 11 No. 3.

- 박윤희, 기영화, 커리어코칭 전개 과정에 대한 연구, 중앙대학교, 한국인적자원개발전략연구소, 2010, 역량개발학습연구, Vol. 5 No. 2.

- 서지윤, 김미경, 송수용, 초등학생의 직업기대와 능력지각 및 흥미 일치도 분석, 한국산학기술학회, 2013, 한국산학기술학회논문지, Vol. 14 No. 1.

참고문헌

- 안미영, 박혜진, 유학생 대상 학습전략 비교과 프로그램 운영의 실제와
  방향성 고찰 - K대학의 유학생 대상 노트필기 전략교육을 중심으로,
  한국문화융합학회, 2019, 문화와 융합, Vol. 41 No. 4.

- 이수미, 패턴영어 학습법을 적용한 성인영어 학습코칭의 효과에 관한
  연구, 한국코칭학회, 2016, 코칭연구, Vol. 9 No. 1.

- 장명옥, 특성화고등학교 학생의 학교생활적응과 학력향상을 위한
  코칭적용 효과의 탐색적 연구, 한국코칭학회 2016 코칭연구 Vol. 9 No. 4.

- 정덕현, 코칭 학습을 활용한 자기소개서 지도방식 연구,
  한국 리터러시 학회, 2015, 리터러시 연구, Vol. 1 No. 11.

- 정덕현, PBL과 MBTI를 활용한 글쓰기 수업에 관한 연구,
  한국사고와표현학회, 2015, 사고와표현, Vol. 8 No. 1.

- 최민기, 사상체질과 의사결정 유형에 관한 연구, 상지대학교,
  일반대학원, 2008, 국내석사.

- 황완희, 윤천성, 간호대학생의 셀프리더십과 진로준비행동의 관계에서
  진로의사결정유형의 조절효과 연구,
  한국경영교육학회 2014 경영교육연구 Vol. 29 No. 5.

실적 및 활동 내용

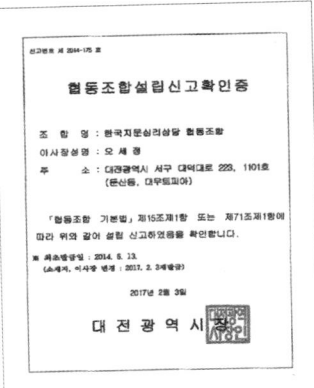

협동조합 기본법에 의한 설립 신고
(대전광역시)

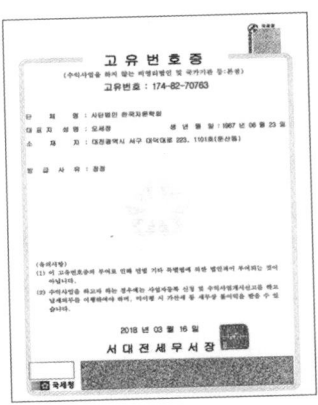

학술대회 및 연구발표를 위해 설립된
교육부소관 사단법인

지문과 관련된 연구목적의
일반과세 사업자등록(2009.07.01)

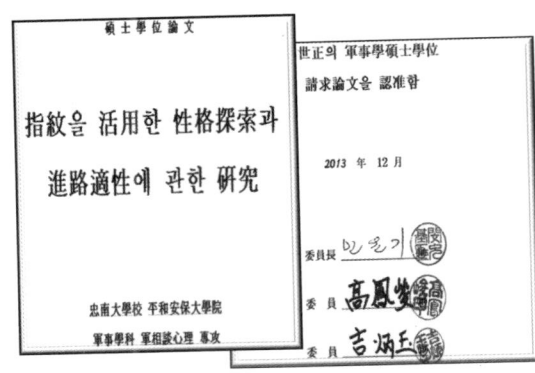

"지문을 활용한 성격탐색과 진로적성에 관한 연구"
충남대학교 대학원에서 국내 처음으로 지문관련 연구논문 발표함

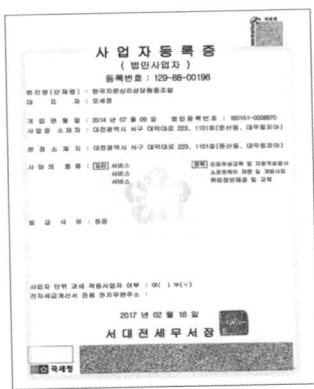

협동조합 기본법에 의해 설립된 소상공인협동조합 법인
중소벤처기업부 및 소상공인시장진흥공단 지원기관

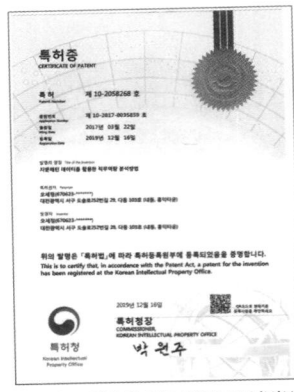

"지문패턴 데이터를 활용한 직무역량 분석방법" 특허출원

실적 및 활동 내용

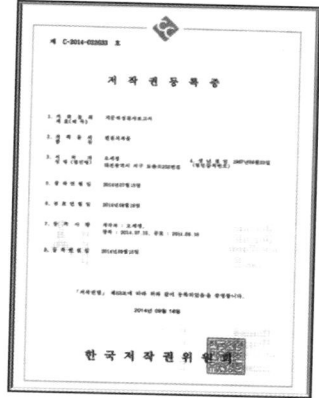

지문적성검사보고서 70페이분량 어문 및
편집저작물 등록

스마트폰 어플리케이션에 사용되는
상담노트 브랜드 등록

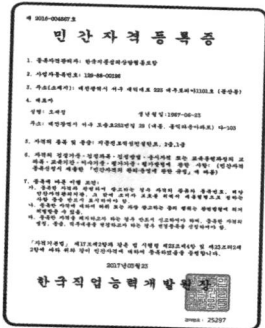

"지문진로적성컨설턴트"
2급, 1급 민간자격등록(교육부)

검퓨터 프로그램 컨텐즈 사용뇌는
지문적성검사 보고서의 브랜드 등록

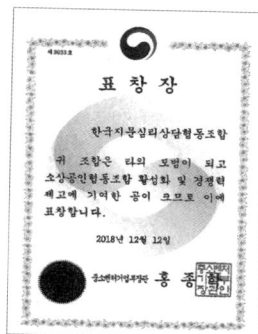

협동조합의 지속적인 발전 및 사회적 공헌
(진로적성교육 및 진로상담)에 이바지한 공로가 인정되어 수상

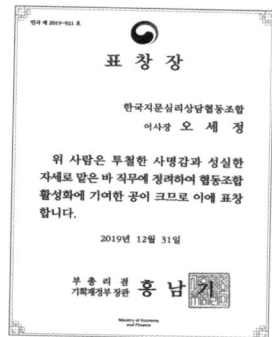

협동조합의 지속적인 발전 및 사회적 공헌
(진로적성교육 및 진로상담)에 이바지한 공로가 인정되어 수상

실적 및 활동 내용

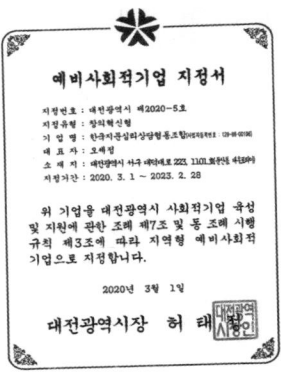

예비 사회적 기업 지정서 (창의 혁신형)

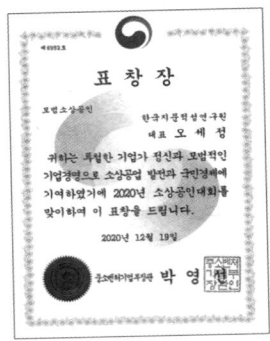

한국지문적성연구원이 국민경제에 기여한 업적을 인정받아
모범소상공인으로 인정되어 수상.

지문유형에 따른 해석방법의 기초적인 지식 습득의 기본서 출간

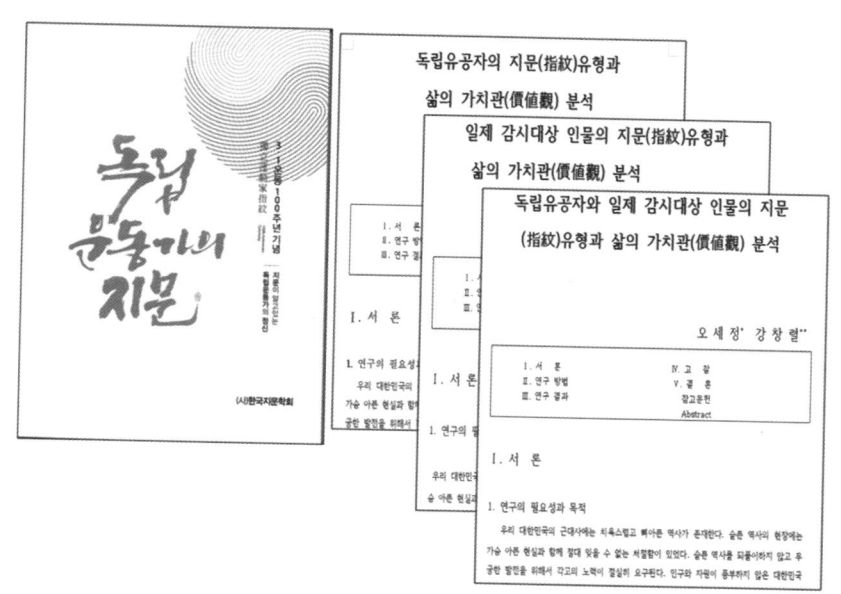

독립유공자 221명과 일제감시대상인물 870명의 지문기록을
분석한 학술논문3편 발표
2019년 3월1일 (대한민국임시정부 100주년 기념사업으로 백서 출간)

Conversation with
Fingerprinted

지은이	오세정 정덕현
삽화그림	오지헌
발행인	오세정 / 한국지문심리상담협동조합
발행처	디자인 INPO COOP
등록	오세정 정덕헌
주소	대전시 서구 대덕대로 223 1101호(둔산동, 대우토피아)
연락처	010-5421-0077 / osj0077@naver.com
홈페이지	kfpc.co.kr
블로그	blog.naver.com/osj0077
ISBN	979-11-975217-0-6